U0779726

东宁市革命老区发展史

东宁市老区建设促进会　编

黑龙江教育出版社

图书在版编目（CIP）数据

东宁市革命老区发展史 / 东宁市老区建设促进会编
. -- 哈尔滨 : 黑龙江教育出版社, 2021.5
ISBN 978-7-5709-2201-7

Ⅰ. ①东… Ⅱ. ①东… Ⅲ. ①东宁－地方史 Ⅳ.
①K293.54

中国版本图书馆CIP数据核字(2021)第078435号

顾　　问　于万岭
丛书主编　杜吉明
副 主 编　白亚光　张利国　李树明　李　勃

东宁市革命老区发展史
Dongningshi Geming Laoqu Fazhanshi
东宁市老区建设促进会　编

责任编辑　李中苏　高　璐
封面设计　朱建明
责任校对　杨　彬
出版发行　黑龙江教育出版社
地　　址　哈尔滨市道里区群力第六大道1305号
印　　刷　哈尔滨博奇印刷有限公司
开　　本　787毫米×1092毫米　1/16
印　　张　21.5
字　　数　260千
版　　次　2021年5月第1版
印　　次　2021年5月第1次印刷

书　　号　ISBN 978-7-5709-2201-7　　**定　　价**　48.00元

黑龙江教育出版社网址：www.hljep.com.cn
如需订购图书，请与我社发行中心联系。联系电话：0451-82533097　82534665
如有印装质量问题，影响阅读，请与我公司联系调换。联系电话：0451-51789011
如发现盗版图书，请向我社举报。举报电话：0451-82533087

《东宁市革命老区发展史》编审委员会

主　任　时　林　中共东宁市委书记

　　　　　周振海　东宁市人民政府市长

副主任　鞠　晨　中共东宁市委常委宣传部长

　　　　　赵　春　东宁市老区建设促进会会长

成　员　吕清河　中共东宁市委办公室主任

　　　　　郭振田　东宁市政府办公室主任

　　　　　李　政　中共东宁市委组织部副部长

　　　　　时培峰　中共东宁市委宣传部副部长

　　　　　庄俊刚　东宁市文联主席

　　　　　李智明　东宁市档案局局长

　　　　　王玺阳　中共东宁市委党史研究室主任

　　　　　李树志　东宁市财政局局长

　　　　　刘　冰　东宁市民政局局长

《东宁市革命老区发展史》编辑部

主　　编　赵　春
副 主 编　张传林　庄俊刚
执行主编　庄俊刚
责任编辑　陈学泉
编　　辑　庄俊刚　陈学泉　刘志成　李慧莉
　　　　　　谢　芳　张艳红
编　　务　刘文多　冯哲荣
校　　对　韩　咏
摄　　影　姜国玲　宿伟东　闫　肃　黄　林
　　　　　　程立君　申德平　宿　巍　吴永仁
　　　　　　周伟民　吕艳玲

总 序

在举国欢庆新中国成立70周年前夕，中国老区建设促进会王健会长请我为《全国革命老区县发展史》丛书作序，作为一名在老区战斗过并得到老区人民生死相助的老兵，回首往事，心潮澎湃，感慨万千，深感义不容辞，欣然应允。

中国革命老区，是以毛泽东为代表的中国共产党人在领导人民推翻帝国主义、封建主义和官僚资本主义三座大山，争取民族独立和人民解放伟大斗争中建立的革命根据地，在这片红色的土地上，诞生了无数可歌可泣的革命英雄儿女，为后人树起了一座不朽的丰碑。她是新中国的摇篮，是党和军队的根。

在艰苦卓绝的战争年代，老区人民把自己的命运与中华民族的命运紧紧地联系在一起，与中国共产党和人民军队的命运紧紧地联系在一起，他们生死相依，患难与共。我曾亲历过战争年代，并得到过老区红哥红嫂的救助，切身感受到发生在身边的一幕幕撼天动地的革命故事，在那极其艰难的条件下，老区人民倾其所有、破家支前，不怕艰难困苦，不怕流血牺牲。“最后一碗米送去做军粮，最后一尺布送去做军装，最后一件老棉袄盖在担架上，最后一个亲骨肉送去上战场”，这是当时伟大的老区人民为建立新中国做出巨大牺牲的真实写照，它将永远镌刻在中国共产党、中国人民解放军、中华人民共和国的历史丰碑上。他们的光辉业绩永载史册，他们的革命精神必将影响一代又一代的革命新人，造就一代又一代的民族脊梁。

在社会主义革命和建设时期，革命老区和老区人民响应党的号召，面对落后的面貌、脆弱的经济、恶劣的生态环境，他们本色不变，精神不丢，自力更生，艰苦奋斗，干一行爱一行。始终坚持“革命理想高于天”，自觉做共产主义远大理想的坚定信仰者和忠实实践者，勇于向恶劣的自然环境和贫穷落后宣战，他们在各条战线上为国建功立业，用平凡的双手创造了一个又一个不平凡的奇迹，彰显了老区人的崇高精神和人格力量。

在改革开放的伟大进程中，老区人民解放思想，勇于创新，发奋图强，攻坚克难，老区的经济社会建设取得了辉煌成就。特别是在改变中国的面貌、中华民族的面貌、中国人民的面貌、中国共产党的面貌的伟大实践中发挥了至关重要的作用。老区人民既是改革开放的参与者，也是改革开放的推动者。

艰苦练意志，危难见精神。老区人民在近百年的革命战争、社会主义建设和改革开放的伟大实践中，孕育形成了伟大的老区精神：爱党信党、坚定不移的理想信念；舍生忘死、无私奉献的博大胸怀；不屈不挠、敢于胜利的英雄气概；自强不息、艰苦奋斗的顽强斗志；求真务实、开拓创新的科学态度；鱼水情深、生死相依的光荣传统。这是党和人民宝贵的精神财富、丰厚的政治资源，是凝心聚力、振奋民族精神的重要法宝，也是社会主义核心价值观的重要内容。

中国老区建设促进会怀着强烈的政治责任感和历史使命感，组织全国各地老促会人员克服困难，尽心竭力编纂《全国革命老区县发展史》丛书，记录老区的光辉历史和辉煌成就，传承红色基因，弘扬老区精神，是功在当代，利及千秋的一件大事。手捧这部丛书的部分书稿，读着书中的故事，倍感亲切，深感这部丛书具有资政、育人、存史的社会功能，有着重要的时代和历史价值。它是不忘初心、牢记使命的源头活水，是赞颂共产党、讴歌老区人民的一部精品力作，是弘扬老区精神、传承红色记忆的丰厚载体，是一项继承优秀传统文化、弘扬革命文化、发展社会主义先进文化，坚定“四个自信”的宏大文化工程。它必将成为一种文化品牌，为各界人士了解老区宣传老区支持老区提供一部有价值的研究史料。希望读者朋友们能从中了解并牢记这些为党和民族的利益不断奉献的老区人民，从中得到教益，汲取人生奋斗的精神动力。

新时代赋予新使命，新起点开启新征程。让我们更加紧密地团结在以习近平同志为核心的党中央周围，坚持以习近平新时代中国特色社会主义思想为指导，增强“四个意识”，坚定“四个自信”，做到“两个维护”，弘扬老区精神，铭记苦难辉煌。为实现“两个一百年”奋斗目标，实现中华民族伟大复兴的中国梦做出新的更大的贡献！

2019 年4 月11 日

编写说明

2017年6月，中国老区建设促进会组织全国各地老促会启动编纂《全国革命老区县发展史》丛书，按照“建立中国共产党、成立中华人民共和国、推进改革开放和中国特色社会主义事业”三大里程碑的历史脉络，系统书写革命老区百年历史，深入挖掘革命老区红色文化资源，这对于充实丰富中国革命史籍宝库、在新时代传承红色基因、弘扬革命精神、强固根本，对于激励人们在新的历史条件下夺取中国特色社会主义伟大胜利，实现中华民族伟大复兴的中国梦具有重要意义。

丛书编纂以习近平新时代中国特色社会主义思想为指导，以《中国共产党历史》《中国共产党的九十年》等重要文献为基本依据，以党的领导为核心，以老区人民为主体，以老区发展为主线，体现历史进程特征，突出时代发展特色，坚持辩证唯物主义和历史唯物主义相统一、历史真实性与内容可读性相统一的原则，书写革命老区从站起来、富起来到强起来的光辉革命史、不懈奋斗史、辉煌成就史，把老区人民的伟大贡献、伟大创造、伟大成就、伟大精神充分展示出来，形成一部具有厚重历史特征和鲜明时代特色的精品力作。这是一部培根铸魂、守正创新，既为历史立言，又为时代服务，字里行间流淌着红色血脉、催生着革命激情的传世之作。丛书的编纂出版将成为讴歌党讴歌人民讴歌时代、传播红色文化、为革命老区和老区人民树碑立传的重要载体。丛书按照编年体与纪事本末体相结合、以编年体为主的编写体例确定框架结构；运用时经事纬、点面结合的方式记述史实；坚持人事结合、以事带人的原则处理人与事的关系；采取夹叙夹议、叙论结合以叙为主的方法展开内容。做到史料与史论、历史与现实、政治与学术统一，文献性、学术性、知识性相兼容。

为编纂好《全国革命老区县发展史》丛书，打造红色文化品牌，中国老区建设促进会认真组织积极协调，提出政治立场鲜明、史料真实准确、思想论述深刻、历史维度厚重、时代特色突出、编写体例规范、篇目布局合理、审读把关严格、出版制作精良的编纂出版总要求，力求达到革命史籍精品的精神高度、思想深度、知识广度、语言力度，增强丛书的权威性和社会影响力。各省（区、市）、市（州、盟）、县（市、区、旗）老促会的同志，以强烈的使命感、责任感和紧迫感，勇于担当，积极作为，认真实施，组织由老促会成员、专家学者等参加的十余万人编纂队伍。编纂工作主体责任在县，省、市组织协调、有力指导、审读把关。各方面人员以高度负责的精神和科学严谨的态度，满腔热情地投入工作，为丛书编纂出版做出了重要贡献。丛书编纂工作还得到了党和国家有关部委、地方各级党委政府及有关部门的大力支持和积极参与，社会各界也给予了热情帮助。中共中央政治局原委员、中央军委原副主席、原国务委员兼国防部长迟浩田上将，对老区人民怀有深厚感情，对革命老区建设发展十分关注，欣然为《全国革命老区县发展史》丛书作总序。

丛书由总册和1 599 部分册（每个革命老区县编纂1部分册）组成，共1 600 册。鉴于丛书所记述的史实内容多、时间跨度长和编纂时间紧，不妥之处，敬请批评指正。

中国老区建设促进会

目 录

序 言

在全国喜迎新中国成立70周年之际，《东宁市革命老区发展史》编纂发行了。该书是东宁市老区建设促进会多年来的研究成果，本着“存史、资政、育人”的宗旨，系统叙述了在中国共产党领导下，东宁人民创建老区、建设老区的革命史、奋斗史。本书的出版，为广大读者特别是东宁人民提供了一部具有浓郁乡土气息的革命传统教材，是十分有意义的，可喜可贺。

《东宁市革命老区发展史》是抵御外敌、弘扬爱国精神的革命史。东宁是一块有着光荣革命传统的土地。繁衍、生息在这块土地的人民，为抵御侵略者，前赴后继，浴血奋战，用血与火书写了可歌可泣的光辉篇章。东宁早在1926年就建立了党的基层组织，带领东宁人民进行了艰苦卓绝的抗日战争。今天读这本书，就是缅怀为中华民族解放事业而牺牲的英烈，牢记“落后就要挨打”的道理，发奋图强。

《东宁市革命老区发展史》是建县设市、兴边富民的奋斗史。东宁这块沃土，早在清政府设立招垦局时，就有大批外地人来此淘金、垦荒。日伪时期，东宁人吃的是配给的橡子面，穿的是水泥袋子，过的是牛马不如的生活。新中国成立后，东宁市（县）和全国各地一样，历经土地改革、合作化、“人民公社”及“文化大革命”等数次社会变革，人民生活有了基本保障，工农商各业全面发展。党的十一届三中全会后，特别是党的十八大以来，东宁市（县）走上了快速发展的轨道，城市舒适宜居，百姓生活富裕。常读一下此书，能从过去的艰难困苦与现在的和平安逸之间的强烈对比中，有所警示启迪，能更加珍惜来之不易的幸福生活。

《东宁市革命老区发展史》是不忘老区、展望未来的传承史。对于这段被侵略、被欺辱、被奴役的历史，对于这段穷则思变、怀揣着中国梦昂首走向世界的历程，当我们老有所养、病有所医、尽享幸福生活的时候，我们有责任、有义务告诉我们的子子孙孙，绝不能忘记当年国土沦陷的惨痛历史，绝不能忘记老一辈东宁人为建设美丽东宁的卓著功劳。

修史如此，必当珍视！

谨以此为序。

2021年4月27日

概 述

一

东宁市位于黑龙江省牡丹江市东南部，气候温和，素有“塞北小江南”之美誉。南与吉林省珲春市为邻，西南与吉林省汪清县相接，西北与穆棱市毗连，绥芬河市夹在东北中部，东与俄罗斯接壤，边境线长139公里。境内南北长156公里，东西宽75.5公里，地貌呈“九山半水半分田”特征，域内面积7 139平方公里。辖6镇102个行政村，总人口20.3万，有汉族、朝鲜族、回族等20个民族。北距绥芬河市50公里，南距珲春市240公里，距省会哈尔滨市519公里，距俄罗斯远东最大铁路编组站乌苏里斯克（双城子）53公里，距俄远东最重要港口城市符拉迪沃斯托克（海参崴）153公里，居中、俄、朝三角交界地带中心。301国道、鸡图公路、绥满铁路等交通干线纵贯全境，是东北亚国际大通道上重要的交通枢纽。

东宁历史悠久，是黑龙江省设治较早的县份之一。旧石器时代，这里就有人类活动。唐渤海国时期，属率宾府，已人烟密集。金、元时期由于战争滋扰，居民全被迁走。清朝时期为保护满族祖先发祥地，禁止各族人民进入。光绪七年（1881年）设招垦局后，这块富饶的土地重现了生机。1913年设治东宁县，隶属吉林省延吉道，以后数易隶属关系，1983年划为牡丹江市辖县，2015年12月撤县设市。

东宁市自然环境良好。属寒温带大陆性季风气候，三面崇山峻岭环抱，东面受日本海洋气候调节，形成了冬无严寒、夏无酷暑、四季分明的宜人气候。年平均气温5.5℃，有效积温2 900℃~3 000℃，无霜期150天，年均降雨量550毫米。耕地面积75万亩，农民人均6.2亩，主产水稻、玉米、大豆等粮食作物和黑木耳、烤烟、果菜等经济作物。煤炭、黄金、铁、锌等优质矿产含量丰富，是万两黄金县和全国百名重点产煤县之一。拥有绥芬河等大小河流160余条，年均流量12亿立方米，盛产人参、鹿茸、刺五加、松茸、蕨菜、滩头鱼、大马哈鱼等名贵药材和土特产品。

二

东宁早在1926年就在五站（今绥芬河市）成立了中共铁路支部。翌年，中共北满地委又派延伯真、于明智先后在东宁（三岔口）、五站（绥芬河）、六站（绥阳）、七站（细鳞河）等地发展党的组织。1932年5月，王德林率领救国军总司令部进驻东宁县城（三岔口），共产党员孟泾清、李延禄、金大伦、贺俭平等也随总部来东宁，在救国军中担任了重要的领导职务。由于救国军中有了党的领导，在打击日伪反动势力的斗争中，做了很多有益于国家和人民的事情。1933年1月10日，日本侵略军占领东宁县城以后，救国军在党组织的带领下，联合抗日武装，于同年3月和9月，两次攻占东宁县城（三岔口），大长了中国军民坚决抗日的志气。

日伪统治者实行了一系列的残酷统治手段，派出大批特工和武装部队，对全县城乡进行严密封锁，还实行了边民内迁和建集团部落（即归大屯）等手段，搞深沟壁垒，设警察、特务监视和管制，实行配给制等，妄图切断人民群众与抗日联军的联系。但是东宁县的爱国群众没有被敌人的血腥统治所吓倒，甚至还涌现出了反日会会长张传福和李擎天等一批又一批的爱国志士。他们在民族危亡的时刻，挺身而出，和日本侵略者作了不屈不挠的斗争，直到献出了宝贵生命。与此同时，东宁人民积极配合以抗日联军将领周保中、李延禄、柴世荣、季青等率领的部队，战斗在白山黑水之间。从1933年春到1940年冬先后与敌人作战数十次。著名的战斗有：长沟子袭击战、头道沟诱敌战、老宗家后沟歼灭战、万鹿沟截击战、三十三枪沟口袋战、杨木桥子战斗等，沉重地打击了侵略者的嚣张气焰。

1946年，国民党反动派网罗了一批伪军、警察、特务、土匪与暗藏在东宁县政府、绥阳县政府和绥芬河区政府的内奸分子相勾结，先后制造了东宁“五一”、绥芬河“五四”、绥阳“五八”三次暴乱事件，一度颠覆了民主政府，杀害了我党十余名干部与近百名战士和无辜群众，一时间白色恐怖笼罩着东宁大地。在这艰难的时刻，上级党组织派出了民主联军（解放军前身），一举击溃了国民党东北挺进军第十六支队王枚林旅的3 000余名匪众，于同年6月11日，解放了绥阳县和东宁县。在此基础上，又于1947年秋进行了土地改革运动，使广大的劳苦农民分得了土地，真正成了土地的主人。

东宁人民在解放战争和抗美援朝中，要人出人，要物出物。有1 154名青壮年踊跃参军，有224名优秀儿女为国捐躯，有4 200名民工出生入死地转战在全国各地，用肩背、人抬、车拉抢运伤员和军需物资。1946年冬到1948年末，在东宁县城设立了荣军学校，抢救和保护了千余名来自全国各地的伤病员，使其中的500余人重返了前线。

新中国成立后，东宁人民迅速医治了战争创伤，艰苦奋斗，勤奋向上，各项事业都取得了可喜的成就。

新中国成立初期，东宁农业生产还是一家一户的小农经济，使用旧式农具耕作。1958年“人民公社化”后，建立了拖拉机站，截至2018年年底，据统计，全县已有大中型拖拉机14 793台，农业机械总动力53.97万千瓦，实现了田间作业机械化。与此同时，东宁粮食产量也不断增长，1949年粮食总产4 872万斤，2018年粮食总产增长到161 327吨。各种经济作物和多种经营生产也都有了飞速发展，已成为黑龙江省的果树、木耳、人参和烟叶生产基地。

东宁境内森林遍布各地，为温带针、阔叶混交林区，分布最广的是柞木林，占林地面积的64.5%，其次是黑桦、白桦、山杨等。党和政府为了保护森林，广泛地开展了封山育林、植树造林和护林防火等工作。经过几十年的努力，沙俄和日本侵略者对东宁境内森林进行掠夺性采伐所造成的创伤，已经逐渐被人工林所覆盖，到2018年，有林地面积60万公顷，占全市总面积的85.3%，其中人工林32 725.6公顷，新中国建立初期栽种的红松、樟子松、落叶松已大量成材。

东宁在清末和民国初期，由于对俄贸易，商业繁兴，三岔口曾是吉林省东部（当时东宁县属吉林省管辖）的重要商品集散地。日伪时期，商店大多倒闭。

新中国成立后，东宁商业得到恢复和发展。20世纪50年代初，网点就普及全县城乡。到1985年年底，据统计，东宁已有百货、食品、五金、烟酒、粮食等专业商店和饮食、服务行业，农村供销社（部）等，共计172处。到2018年，全市共有商业网点

15 088处，其中企业2 430处，个体12 213处，合作社445处，是历史上最繁荣昌盛时期。

东宁的地方工业，经历了一个从无到有、从小到大的发展历程。1949年工业产值只有131万元，2018年达到152 418万元，全市规模以上工业企业31户，已初步形成了一个具有能源、轻工、建材、食品等多个骨干项目和乡、镇企业等地方工业生产体系，初步形成了以煤、电为骨干产品的生产项目，有一些产品还销往国外和港澳地区。

新中国成立后，东宁的文教、卫生、科技、体育事业都有了飞快的发展，到2018年年底，据统计：全县中小学校已发展到46所，全县适龄儿童入学率为100%。教职员工也由1946年的80多名，增加到1 919名。东宁已有卫生机构15个，卫生技术人员由新中国成立初期30名发展到862名。县内城镇、农村、重点学校、较大的厂矿、企业都有卫生院、卫生所或保健室，基本达到了哪里有人，哪里就有医、有药、有防、有治。

随着国民经济的发展，东宁人民的生活也有了很大改善，人均收入普遍增加，2018年年末全市城镇居民人均可支配收入达33 140元，农民人均可支配收入达25 189元。自21世纪后，高档家电、高档轿车已进入寻常百姓之家，众多农村居民进城买楼，过上了在农村挣钱、在城市消费的现代新生活。

三

面对改革开放大潮，东宁坚持以经济建设为中心，确立口岸经济发展方向，内建基地，外辟市场，实施工业兴县、外向带动、招商引资战略，持续做大做强对外贸易、进出口加工、特色农业，加快了沿边工贸旅游城市建设步伐。

借助国务院“国函〔1989〕81号《关于同意开放东宁、逊克两个对苏口岸的批复》”文件，东宁焕发勃勃生机，东宁人从劳务输出入手率先打开了中俄双方经贸合作的大门。1992年，借助“国办发〔1992〕33号《关于进一步积极发展与原苏联各国经贸关系的通知》”文件精神，迅速掀起边境贸易高潮。鼎盛时期，东宁边贸公司有1 500多家，全国有19个省市在东宁注册公司。至2018年，东宁进出口总值实现295 344万元，与38个国家（地区）开展了贸易往来，累计完成进出口货物537 551吨。在省内率先实施“走出去”战略，在俄兴办工厂、市场、农场、林场等23个，成功创建了以“境内半成品—低关税出口—境外成品及销售”为特征的跨国加工模式。

2016年4月19日，国务院批复同意设立绥芬河—东宁重点开发开放试验区，这是东北三省唯一沿边口岸重点开发开放试验区，面积1 284平方公里，以绥芬河、东宁主城区为核心，构建两核、三区、两带（两核：绥芬河现代服务业集聚区、东宁产业发展集聚区；三区：进出口加工功能区、特色农业功能区和旅游产业功能区；两带：绥芬河至绥阳经济带、绥芬河至东宁口岸经济带）的空间发展格局。东宁先行先试，将绥东重点开发开放试验区建设成为中俄战略合作及东北亚开放合作的重要平台、联通我国与俄罗斯远东地区的综合性交通枢纽、沿边地区重要的经济增长点、睦邻安邻的示范区，形成沿边开发开放可复制可推广的经验。截至目前，东宁市在俄先后建设了包括乌苏里斯克经贸合作区、华信中俄（滨海边疆区）现代农业产业合作区等4个境外园区，入驻互感器、彩钢、服装、鞋帽、木材、农副产品深加工等生产企业40多户，累计投资达24.8亿元，依托境内外园区，东宁市在全国率先创造了“中俄”“俄中”“俄中俄”等跨境连锁加工模式。

东宁工业在计划经济时期，形成了能源、机械、食品、冶金、轻纺、制药等十几个产业，但企业普遍规模小，产品技术含量低，属典型的“小而全”模式。2000年后，县委、县政府以口岸经济为导向，通过大上工业项目和扶持支柱产业，初步形成了能源、建材、木材、食品、轻纺、机电六大支柱产业，达到年加工鞋2 000万双、木材80万立方米、食品8万吨，生产原煤200万吨、发电5亿度的规模，规模以上工业企业达到35户，实现工业增加值34 595万元、利税12 944万元。东宁发展集约高效的园区经济，沿301国道、206省道和口岸公路两侧，先后辟建了城东对俄进出口加工园区、绥阳锯材加工园区、浙江工贸园三大园区，被国家发改委审核批准为黑龙江东宁经济开发区，成为黑龙江省重点发展的五大对俄出口加工基地之一。2005年起，东宁倾力打造经济开发区，辖经济开发区、互市贸易区和绥阳食品加工园区，批复面积4.085平方公里，2012年被认定为省级新型工业化示范基地。2017年入驻企业91户，主要产业有木材加工、宝玉石、绿色食品加工、黑木耳全产业链项目、有色金属加工、对俄商贸物流等产业。2018年完成工业总产值152 418万元，全市规模以上工业企业全年实现销售收入157 138万元，实现利润总额21 956万元。

东宁发展农业有良好基础，但属于山区半山区，人均耕地面积较少，种植粮食作物经济效益低。1986年“中央1号文件《关于1986年农村工作的部署》”提出“决不放松粮食生产、积极发展多种经营”，这为东宁非粮食主产区发展特色高效农业指明了方向。东宁确立“外向化带动、区域化布局、标准化生产、规模化经营、特色化发展”原则，突出发展黑木耳、烤烟、果菜、特色养殖四大主导产业。特别是将黑木耳产业作为富民、立镇、强县的支柱产业，通过与驻县森工企业绥阳林业局联手发展、建设绥阳黑木耳批发大市场、举办全国性黑木耳节、提供全方位扶持服务等措施，迅速培植壮大了黑木耳产业。加大对粮食作物科技和物质投入，实现种植面积减少、产量不减，2005年粮食产量达到15.5万吨，是1986年的1.75倍。产业结构调整成效显著，四大主导产业实现产值64 350万元，占农业总产值的60%，探索出了一条独具特色的沿边农业发展之路。拓宽农民增收渠道，年平均向境外、内地转移农村剩余劳动力近万人，实现农民人均劳务收入千元以上，成为全省优质外派劳务基地试点县。东宁黑木耳产量达到1.26万吨，占全国产量的1/5，成为中国黑木耳生产销售第一县，2018年东宁被国家农业农村部等九部委确定为黑木耳中国特色农产品优势区，“东宁黑木耳”被列入中欧互认地理标志农产品目录，入选首届中国农民丰收节100个品牌农产品名单。在一业做大的同时，还建成了全省优质配料烟生产基地、全国无公害农产品生产示范基地县、国家级苹果梨示范基地和中俄最大的出口果菜生产集散地。2018年，全市粮食总产量达到161 327吨，农民人均可支配收入达到25 189元。2018年新的领域增长点如佰盛农业生态园、黑尊黑木耳生物育种产业化二期、中新（东宁）肉牛产业园、富海公司进口大豆榨油等15个重点产业项目得到加快推进。

四

在经济实力显著增强的同时，市委、市政府统筹推进社会事业发展和城市基础设施建设，实现了经济、社会和谐并进。全市基本形成了以干线公路、铁路为骨架，城乡公路为辅助的四通八达的交通体系，全市公路管网密度16公里/百平方公里，有效破解了长期困扰东宁发展的交通瓶颈制约。至2018年，一批重要的民生工程启动建设。投资21亿元的国道丹阿公路吉黑省界（珲春）至东宁段改扩建工程开工建设，绥阳高铁站前道路改造完成，群众出行条件进一步改善。投资2 000多万元的万鹿沟区域山洪治理工程主体完工，有效解决了河北新区多年水患和城市内涝问题。投资2 400万元的寒葱河综合治理工程竣工，有效保障了绥阳镇及雨润绥阳黑木耳大市场防洪安全。市人民医院急诊急救中心、中医院、职教现代农艺培训中心、老黑山镇中学食宿楼项目开工建设，第五小学项目完成拆迁总量的91%。东宁要塞博物馆成为全国中小学研学实践教育基地。东宁先后被授予全省“文化先进县”和全国“边疆文化建设先进县”称号。加大广播电视基础投入，曾经被评为全国广播电视“村村通”建设先进县。构建覆盖全市、体系完整、设施齐全、功能完善的医疗保健网络，获得过国家卫生县城荣誉称号。

人居环境持续改善。按照“建设山水协调、环境优美、基础完善、具有田园风貌的中国陆路口岸名城”城市规划总体目标，稳步推进城市基础设施建设，市政府所在地建成区面积由1986年的6.5平方公里扩大到13.5平方公里，新建扩建道路50余条，城区已形成“六横五纵”道路网络。净化水厂、新水源地建设和供排水管线改造相继完成，基本解决了城镇生产、生活用水问题。到2018年，6个地块棚户区2 162户完成征收1 906户、15万平方米。城市供热管网改造工程竣工，80万平方米、近万户居民供热质量提升。城乡居民期待已久的城市公交车开通运行，60岁以上市民享受半票、免票待遇。

切实保障和改善群众生活。2018年全年发放特困供养金、医疗救助、临时救助、残疾人补贴、抚恤补助、捐资助学等3 200

余万元，城乡低保标准实现“十二连增”，保障了近万名困难群众基本生活。城乡医保财政补助标准由每人每年450元提高到490元，城乡居民养老保险基础养老金标准提高35%，企业和机关事业单位退休人员养老金标准分别提高5.3%和3.9%，实现了城乡居民收入与经济发展同步增长。①

①以上内容参见东宁县志办公室编《东宁县志》，95页，哈尔滨：黑龙江人民出版社，1989年版；中共东宁县委党史研究室编著《中共东宁县地方史》，62—67页，哈尔滨：黑龙江人民出版社，2012年版。

第一编 ★ 市域概况

第一章　行政区划历史沿革

第一节　中华民国建立前的行政区划

东宁市位于黑龙江省牡丹江市东南部，西南与吉林省汪清县相接，西北与穆棱市毗连（绥芬河市夹在东北中部），东与俄罗斯接壤。界内国境线长139公里，其中，陆界34公里（陆界分南北两段，南段北起无名小河河源，南至帕字牌南3.5公里处，北段南起绥芬河下水磨北岸，经“倭”字牌17、18、20记号，到“那”字牌北21记号），水界105公里（在南北两段陆界之间，从绥芬河下水磨起，溯瑚布图河而上，至无名小河河源止）。

东宁镇是全市政治、经济、文化中心，距俄罗斯远东最大铁路编组站乌苏里斯克（双城子）53公里，距俄远东最重要港口城市符拉迪沃斯托克（海参崴）153公里，北距绥芬河市50公里，西北距牡丹江市200公里。滨绥铁路经绥阳镇直达绥芬河市，206省道经东宁镇纵贯南北全境，居中、俄、朝三角交界地带中心。东宁市市境南北长156公里，西起黄泥河青山林场南端，东至三岔口朝鲜族镇新立村东，东西宽75.5公里，地貌呈“九山半水半分田”特征，域内面积7 139平方公里，辖6镇102个行政村，总户数84 536户，总人口20.3万人，有汉族、朝鲜族、回族等20个民族。

据黑龙江省考古队发掘认定，远在一万年前的旧石器时代东宁就有人类活动的遗迹。秦汉以来，原始部落已密布绥芬河、瑚布图河沿岸。团结遗址出土的文物证明，东宁地区汉代时居住的是沃沮人。汉代的沃沮人此后被北方的勿吉人驱逐到鸭绿江流域，这一带又居住着勿吉人。勿吉到隋唐时期（589—907年）改称靺鞨，辽金称女真，是满族的先世。唐王朝时期，始去靺鞨之号，专称渤海。

渤海时期，在绥芬河流域设立了率宾府（今东宁镇大城子村），满族称“锥子”为“率宾”，绥芬河蜿蜒曲折有如锥子之势，故当时称为率宾水，辖华、益、建三州，是绥芬河流域较早的行政建制。

金代，在绥芬河流域设置了恤品路，路治在双城子（今俄罗斯境内乌苏里斯克市），东宁属恤品路管辖。元初，绥芬河流域设开元路（今东宁镇大城子村古城），后开元路治移于黄龙府（今吉林省农安县），东宁地区属辽阳行中书省开元路万户府。明代，绥芬河流域属奴儿干都司，在双城子设立了率宾江卫。1881年11月清政府在三岔河口（今东宁市三岔口朝鲜民族镇）创办招垦局。1889年改招垦局为招垦总局，统管三岔口（今东宁市）。

1903年撤招垦总局，在三岔口设绥芬河厅（翌年厅治移驻宁古塔，三岔口设巡检管理）辖宁古塔、穆棱河、三岔口大区域。1909年绥芬厅改设绥芬府（府治仍设宁安），三岔口巡检衙门提升为厅。因三岔口位于宁古塔之东，遂命为东宁厅，始有“东宁”之称。

1913年改东宁厅为东宁县，属吉林省延吉道管辖。1928年改县知事为县长。

1931年“九一八”事变，中日战争爆发。10月熙洽投敌，下令全省改用大同年号。12月绥宁镇守使张治邦在下城子召集各县县长会议，决定在他辖区一律使用“中华民国”年号，不准向敌伪输送捐款。

第二节　伪满洲国期间的行政区划

1933年1月10日，日军侵占东宁县城（三岔口），4月组成伪县公署。1934年12月，伪满洲国划东北为14省，东宁县划归滨江省。1937年7月，增设牡丹江、通化两省，东宁划归牡丹江省。

1939年6月1日，划出东宁县的北部和穆棱县的细鳞河地区，新建绥阳县，东宁县城由三岔口迁至小城子（今东宁镇）。

1943年，设置东满总省，东宁划归东满总省牡丹江区域。1945年5月28日撤东满总省，将原牡丹江省与原东安省合并，新设东满省，东宁县、绥阳县划归东满省。

1945年8月9日东宁光复，伪县公署解体。

第三节　新中国成立后的行政区划

1945年12月，牡丹江地委派杨森来东宁，于1946年1月1日成立东宁县民主政府，2月绥阳县组建民主政府。4月成立绥宁省，东宁、绥阳两县隶属绥宁省。9月东北政联行政委员会决定，改绥宁省为政联直属牡丹江专区，东宁、绥阳两县归牡丹江专区管辖。1947年8月20日原牡丹江专区与合江省专区合并，成立牡丹江省，东宁、绥阳两县再次划归牡丹江省。

1948年7月9日撤销牡丹江省建制，东宁、绥阳两县隶属松江省。10月1日撤绥阳县并入东宁县，组成中国共产党东宁县委员会，县政府移驻绥芬河镇，划全县为七个行政区，各区管辖范围和伪满街村辖区同，唯三岔口区各村屯都系光复后重新建立的沿边境村屯。1949年4月21日重划行政区域，东宁县仍属松江省。10月1日中华人民共和国成立，东宁县民主政府改为东宁县人民政府。

1956年撤区划乡，全县划为19个乡镇。1958年撤乡镇，合并建立7个政企合一的人民公社。1962年3月，增设金厂、细鳞河两个公社。

1968年3月，成立绥芬河区（县级），绥芬河从东宁县划出由牡丹江专署直辖。1973年6月，撤绥芬河区建制并入东宁县，改为绥芬河人民公社。1975年12月1日，成立绥芬河市（县级），再次从东宁县划出。

1984年，政企分设，撤销人民公社，改设10个乡镇。1986年，东宁县行政区划为：东宁镇、绥阳镇、大肚川镇、老黑山镇、三岔口朝鲜族乡、南天门乡、金厂乡、道河乡、细鳞河乡、黄泥河乡，共计辖4镇6乡，150个村，39个自然屯。

2001年，经省政府批准，撤销细鳞河、金厂、南天门、黄泥河4个乡建制，行政区域分别并入绥阳、道河、东宁、老黑山镇，东宁成为牡丹江市第一个不设乡的县份。区划调整后，东宁县下辖东宁、绥阳、三岔口、大肚川、老黑山、道河6个镇，行政村由150个减少到102个。2003年3月27日，撤销东宁镇街道办事处，将其管辖的26个居民委员会划归城区办事处。

2016年1月8日，根据国家民政部（民函〔2015〕361号文件《同意撤销东宁县设立东宁市》）的批复，东宁县撤县设市（县级市）。

2018年，东宁市行政区划为6镇、102个行政村。

东宁镇：万鹿沟村、转角楼村、菜一村、菜二村、一街村、二街村、暖泉一村、暖泉二村、大城子村、太平沟村、胡萝卜崴村、北河沿村、南沟村、夹信子村、新屯村、东绥村、民主村，17个村。

绥阳镇：河南村、细鳞河村、鸡冠砬子村、新民村、蔬菜村、九里地村、二道岗子村、三道岗子村、太岭村、柳毛河村、北沟村、曙村、绥西村、三道河子村、联兴村、柞木台子村、双丰村、河西村、爱国村、先锋村、红旗村、太平村、细岭村、菜营村，24个村。

三岔口镇：新立村、永和村、南山村、朝阳村、东大川村、三岔口村、矿山村、幸福村、五大队村、东星村、泡子沿村、高安村、光星二村，13个村。

大肚川镇：大肚川村、团结村、浪东沟村、李家趟子村、胜利村、太阳升村、煤矿村、新城沟村、老城沟村、闹枝沟村、太平川村、西沟村、石门子村、马营村，14个村。

老黑山镇：老黑山村、南村、太平沟村、阳明村、上碱村、下碱村、黑瞎沟村、西崴子村、信号村、和光村、万宝湾村、二道沟村、奔楼头村、罗家店村、黄泥河村、永红村，16个村。

道河镇：道河村、地营村、河西村、岭后村、跃进村、砬子沟村、和平村、岭西村、洞庭村、通沟村、东村、西村、土城子村、八里坪村、沙河子村、兴东村、前进村、奋斗村，18个村。

第二章　自然环境

第一节　气候

一、气温

东宁地区年平均气温为5.5℃，1月平均气温零下13.5℃，7月平均气温21.7℃，最高气温39.0℃，最低气温零下30.2℃（寒区零下38.0℃），是黑龙江省较温暖县份之一。

全市可分为暖、温、凉、冷、寒五个积温区。

东宁镇、大肚川镇、三岔口朝鲜族镇的部分地区是全市平均气温最高的地区，年平均气温5.9℃，高温的1998年6.6℃，低温的1987年4.8℃。这一地区最低气温是零下30℃，最高气温39℃，热量充沛，生长季节平均积温2 802℃。

绥阳北部、黄泥河、老黑山南部、南天门等地，年平均气温只有3℃左右，最低气温为零下38℃，最高气温35℃，生长季节平均积温只有2 230℃。

市内有效积温时间长，大于10℃期间，平均积温2 700℃~2 800℃。各年间积温变化幅度大，明显地分出高温年和低温年。以暖区为例，高温年积温达3 000℃，低温年积温只有2 400℃，相差600℃。有效积温时间平均153天，一天最长达16个小时，接近长江流域的热量。

二、降水

东宁的自然降水，山区较多，海拔低的开阔地带偏少。平均年降水量为500～600毫米，山地林区在600毫米左右，河谷盆地约500毫米，各季雨量不一，雨量多集中在夏秋季节。

三、农业气候区划

（一）河谷盆地温暖半干旱区

此区包括东宁镇、大肚川镇和三岔口朝鲜族镇、道河镇的大部分，占有海拔250米以下的河谷盆地。该区热量资源充足，雨热同季，年降水量500～600毫米，年平均积温2 800℃以上，年日照时间2 376小时。生长季节（5—9月）平均降雨量409毫米，无霜期135天以上，可满足中晚期品种生长发育，是东宁市主要产粮区。

（二）河谷冷凉半湿润区

此区位于中部山间谷地，沿河形成很窄的条状地带，包括老黑山镇、道河镇的大部分和绥阳镇、大肚川镇的少部，占有海拔200～400米的河谷坡地，平均积温在2 800℃～3 200℃。年降雨量在550～600毫米，适合种植各种杂粮，海拔300米以下的河川地可种植水稻，300米以上的坡地可种植玉米、大豆、小麦。此区依山傍水，山产品和水利资源丰富，可充分开发利用。

（三）山区冷凉湿润区

此区位于西、北部海拔400米以上高寒山区，包括绥阳镇、老黑山镇和东宁镇部分地区。该区热量差，雨水多，平均积温在2 100℃以下，年降水量600毫米，易涝喜旱。适合种植小麦、大豆、马铃薯等耐寒作物，宜发展林牧业和多种经营。

第二节　自然资源

一、河流

东宁市境内主要河流为绥芬河，位于黑龙江省东部，是横跨中俄两国的国际河流。绥芬河发源于长白山老爷岭，流经吉林省汪清县和黑龙江省东宁市，于东宁镇10公里处流入俄罗斯境内，在符拉迪沃斯托克（海参崴）附近注入日本海。绥芬河有大小支流163条，流域总面积17 321平方公里，在中国境内流域面积为10 069平方公里，占流域总面积的58%。绥芬河全长443公里，在中国境内河流长度258公里。

绥芬河主要由大、小绥芬河及瑚布图河等河流组成，其中流域面积大于100平方公里的一级支流有大绥芬河、小绥芬河、瑚布图河（中俄界河）。大于100平方公里的二级支流有黄泥河、大寒葱河、小寒葱河、老黑山河、三道河、二道沟河、头道沟河、柳毛河、细鳞河、半截河、小通沟河、暖泉河、沙河子河、二十八道河、佛爷沟河（大肚川河）、石门子河等。大于100平方公里的三级支流有头道河（注入老黑山河）、黑瞎子沟河（注入老黑山河）、大石砬子沟河（注入三道河）、鸡冠砬子河（注入细鳞河）、大黄金河（注入沙河子河）、小乌蛇沟河（注入佛爷沟河）、水曲流沟河（注入佛爷沟河）。

二、土地资源

东宁市土地总面积713 900公顷。其中耕地面积84 690.33公顷，占土地总面积的11.9%；园果地面积3 764.24公顷，占0.53%；林地面积598 253.98公顷，占84.06%；草地面积4 487.34

公顷，占0.63%；城镇村及工矿用地8 017.21公顷，占1.13%；交通运输用地4 954.17公顷，占0.7%；水域及水利设施用地6 083.03公顷，占0.85%；其他用地1 438.91公顷，占0.2%。

三、生物资源

东宁市森林覆盖率为85.3%（含森工局）。

全市草资源共分两大类：一是草甸草原类，二是沼泽草甸类。全市有草资源28万亩，分布于6个镇102个村、市林业局和森工总局各林场。由于实施退耕还草工程和森保工程，使草资源得到了有效保护。

东宁市山野菜种类繁多，有蕨菜、薇菜、黄瓜香、刺老芽、猫爪子、桔梗、柳蒿芽、婆婆丁、山芹菜、黄花菜、刺五加、猴头蘑、元蘑、松茸、木耳等。这些山野菜和菌类被视为“山珍”“天然无污染绿色食品”，畅销国内外。

东宁市境内野生动物种类繁多，据不完全统计，境内各类野生动物可分为兽类、鸟类、鱼类、蛇虫类：

类　别	品　名
兽　类	东北虎、豹、黑熊、野猪、狍子、马鹿、梅花鹿、獾子、野兔、狐狸、水獭、狼、黄鼬、灰鼠、松鼠、刺猬、山狸子、猞猁等
鸟　类	飞龙、雉鸡、喜鹊、乌鸦、腊嘴、沙半鸡、啄木鸟、燕子、猫头鹰、麻雀、棒槌鸟、杜鹃、山雀、黄雀、老鹰、野鸽、水鸭子、松鸭、鸳鸯、云雀、百灵、雷鸟、大雁、鹌鹑、斑鸠等
鱼　类	大马哈、滩头鱼、细鳞鱼、鲇鱼、蜇罗、黑鱼、狗鱼、柳条鱼、板呈子、沙葫芦、鳊花、鲤鱼、草根、胖头、老头鱼、葫芦片、泥鳅、白漂子等
蛇虫类	土虬子蛇、野鸡、脖子蛇、水蛇、松花蛇、蜥蜴、林蛙、青蛙、蟾蜍、蜗牛、蚯蚓、蝼蛄、蚱蜢、蟋蟀、萤火虫、野蜂、蝴蝶、蜘蛛、蜻蜓等

四、矿产资源

东宁市境内矿产资源丰富，种类繁多，目前已发现的矿产有煤、泥炭、铁、铬、铜、锌、镍、镉、镓、金、银、铀、硫铁矿、磷、铅、蛇纹岩、大理岩、石墨、黏土、紫色黏土、白黏土、瓷石、绢英岩、叶蜡石、高岭石、葡萄石、硅灰石、沸石、硅石、水晶、钾长石、红柱石、玛瑙、玄武岩及花岗岩类饰面石材等36种，其中以煤、金、锌、大理岩、绢英岩、叶蜡石、葡萄石、水晶、钾长石、硅石及黏土类矿产居多。煤、金发现的时间最早，探采历史悠久，储量比较丰富，属东宁市优势矿种。陶瓷工业所用矿物原料的黏土类矿产，其储量丰富，品质优良，开采运输方便，是境内的又一优势。全市现有各类矿产地90处，其中矿床19个，矿点53个，矿化点18个。

五、特色物产

（一）黑木耳

黑木耳是东宁多年来的支柱产业，不仅具有悠久的发展历史，而且形成了独特的文化底蕴，品牌知名度得到了业内外的一致认可。2008年，东宁市启动“东宁黑木耳”农产品地理标志申报工作，2010年10月获得认证通过，成为黑龙江省8个地理标志农产品之一。

2014年，东宁被推荐为全国地理标志示范样板创建试点。

东宁黑木耳的地域保护范围为东宁全市境内，主产区域为六镇和绥阳林业局。东宁黑木耳色如墨玉，形似弯月，口感爽滑，质地柔软，优质，肉厚，品质极佳。

2016年，全市共发展地栽木耳124 200万袋，总产量56 697吨，实现产值419 560万元，实现增加值210 246万元，占第一产业增加值的54%。仅黑木耳产业一项可实现农民人均纯收入

14 230元。

2018年，东宁农民62.2%从事黑木耳产业， 全市黑木耳总产量3.8万吨，当地农民仅种植黑木耳收入占全年人均可支配收入41.5%，黑木耳种植已成为东宁农民致富的第一支柱产业。

（二）苹果梨

东宁苹果梨主要栽培在东宁镇、大肚川镇、三岔口镇3个镇39个村，主要种植在海拔200米以下的中山、低山和盆地地带。东宁因受日本海影响，气候温和湿润，年均气温5.5℃，大于等于10℃有效积温2 800℃左右，无霜期为137—153天，具有适宜苹果梨生长的良好气候条件，形成了东宁苹果梨奇异特性和独特内质。东宁苹果梨果实扁圆形，平均单果重180克，最大400克，阳面有红晕，金黄透红，果肉白色，细密无石细胞，质地脆，果心小，果肉多，有微香，汁液丰富，酸甜适度，耐贮性强，可储至翌年5月份。

基于东宁苹果梨独特的品质，东宁市于2013年11月启动“东宁苹果梨”国家地理标志申报工作，2014年4月正式上报国家农业部，同年7月“东宁苹果梨”被农业部认定为农产品地理标志。

2018年，东宁苹果梨等水果年产量达21 762吨。

（三）东宁大米

东宁大米外观晶莹透亮，米粒饱满，色泽洁白鲜亮，质地松软，米粒整齐均匀，蒸煮时饭香四溢，饭粒结构紧密、油亮，入口后滑爽，有黏性，不粘牙，软硬适度，口味甜，香浓郁，口感细腻，一直被人们所喜爱。2013年9月10日，东宁大米农产品地理标志获得认证通过。东宁大米农产品地理标志地域保护的具体地域是东宁、三岔口、大肚川、老黑山、道河、绥阳6个镇、三岔口镇五星等51个行政村。地域保护规模为66 673公顷，生产规模为3 640公顷。

2018年，东宁水稻年产量18 190吨。

（四）滩头鱼

滩头鱼，又名三块鱼、远东鸭绿，是一种生在河里、长在海中的溯河洄游性鱼类。滩头鱼对自然水域繁殖条件要求很高，只在沙石底质的浅滩哨口处产卵繁殖，因此得名为“滩头鱼”。滩头鱼是东宁市特产鲤科鱼类，黑龙江省只有绥芬河水域出产滩头鱼，每年4月中旬冰雪融化后，滩头鱼即开始由日本海经由俄罗斯境内沿绥芬河上溯洄游到东宁境内的绥芬河水域产卵繁殖，滩头鱼在由海洋溯河洄游繁殖后，栖息一段时间，待体力有所恢复后，再返回海中，周而复始，生生不息。

金滩头鱼洄游到绥芬河水域时间最早，天寒水冷，为开河鱼，肉质结实，味道最美，银滩头、黑滩头肉质依次次之。因黑龙江省只有绥芬河水域出产滩头鱼，而且色泽艳丽，味道鲜美，每年春季都吸引了省内外大量游客到东宁品尝滩头鱼美味。绥芬河下游下水磨河段数家鱼馆依河而建，生意兴隆，成为省内外游客春季旅游餐饮的好去处。现年产东宁滩头鱼5吨左右。

（五）东宁冰酒

东宁市位于北纬43° 25′ 至44° 35′ 之间，素有“塞北小江南”之誉，与法国波尔多（44° 50′）、加拿大安大略省（43° 22′）等世界著名葡萄酒产区处于同一黄金纬度带核心区，是世界公认的酿酒葡萄种植最佳区域。

“东宁冰酒”品质可与法国冰酒、德国冰酒及奥地利冰酒相媲美。“东宁冰酒”由100%的威代尔冰葡萄汁酿制而成。酿造冰酒的威代尔葡萄要求-8℃以下持续48小时后采收，冰葡萄汁带冰压榨而成。酿造冰酒的威代尔葡萄的突出特点是霜冻后葡萄穗轴及果梗干枯、果粒干缩的情况下果粒不易脱落。

东宁特定的冷凉气候条件使得葡萄浆独具特色：熟期早、风味浓、酸甜适度、果实鲜艳、营养丰富、无污染，非常适宜发展冰酒葡萄品种。酿造出的冰葡萄酒酒体呈琥珀色，酸甜平衡，口感清新，甘甜可口，散发出蜂蜜和水果等香味，给人以清爽、愉悦、奔放的感觉，被称为“液体黄金”，具有上等的感官品质。同时，冰酒还兼具葡萄酒的营养价值，有助于软化血管，预防心脏病，因此是一种难得的酒中珍品。冰酒有着独特的风格和很高的营养保健价值，它要比干酒多出100多种营养物质，营养成分里几乎包含了人体所必需的数十种酶和氨基酸。冰酒中的多酚类化合物能扩张血管，使血管壁保持弹性，提高毛细血管的扩张力，促进血液循环，能预防心血管疾病、保护视力、延缓衰老、减少脂肪堆积等，有美容养颜、营养保健等功能，这是其他任何酒类产品所无法比拟的。近几年来，其市场发展迅速，广受消费者的青睐。

2013年在上海、蓬莱两地举办的高端酒评比大赛中，东宁获得了两银一铜的好成绩；2015年获得“品醇客”国际葡萄酒大赛铜奖和亚洲区大赛银奖；2016年在上海葡萄酒发展峰会上“东宁冰酒”和干白葡萄酒又斩获“中国年度十大葡萄酒”和“十大最具潜力葡萄酒”两项殊荣，同时一举夺得“品醇客”世界葡萄酒大赛铂金奖荣誉称号；被哈尔滨冰雪节组委会指定为招待专用葡萄酒，产品远销吉林、北京、上海、河南、广东、福建、云南等地。

2018年东宁冰酒销售额达2 000万元。

（六）东宁烤烟

1983年农村实行改革以来，东宁为发挥资源优势，始终把烤烟生产列为农村经济的主导产业之一，取得了显著成绩。尤其是实施科技兴烟战略以来，使烟叶质量有了显著提高，产品畅销全国11个省市。1991年东宁被评为全省烟叶生产先进县，1994年被确定为省内最大的哈尔滨卷烟厂优质烟原料基地。

2018年，东宁烤烟产量1 860吨，烤烟种植已成为全市农业重要的支柱产业之一，东宁市被省烟叶公司确定为全省烤烟主要基地之一。

第三章　社会概况

第一节　民族　民俗

2010年第六次全国人口普查统计，东宁县共有20个民族，20万人。其中，汉族191 963人，占95.64%；朝鲜族6 878人，占3.43%；满族1 488人，占0.74%；蒙古族185人，占0.092%；回族137人，占0.068%；土家族11人；壮族9人；苗族9人；维吾尔族7人；达斡尔族7人；锡伯族6人；赫哲族3人；布依族2人；白族2人；傣族2人；景颇族2人；傈僳族2人；藏族1人；彝族1人；仡佬族1人。以上人口不足百人的少数民族有15个，共65人，占全市总人口的0.032%。

本节只重点介绍朝鲜族、满族、回族三个少数民族的风俗习惯。

一、朝鲜族

在东宁的朝鲜族居民主要居住在三岔口朝鲜族镇，老黑山镇、大肚川镇还有零散居民居住。居民大部分从事农业生产，由于东宁市的特殊气候适宜种植水稻，正符合朝鲜族的民俗，三岔口朝鲜族镇已成为全市水稻主要产区和粮食高产地区。改革开放后，部分居民往来于中俄经商，出国做生意，出外打工已蔚然成风，带动了三岔口朝鲜族镇的经济，使东宁的民族经济得到发展。

1984年，三岔口由朝鲜民族自治区改建为朝鲜族镇。

朝鲜族具有整洁、简朴、尊老爱幼、互助、好客等美风良俗和传统。老人在家庭和社会上处处受到人们的尊敬，还有专门为老年人设立的节日，十分隆重、热闹，每年都要举行。在家庭内部，祖辈是最受敬重的，儿孙晚辈以照顾体贴老人为荣。他们喜爱穿素白衣服，故有“白衣民族”之称。服装特点是斜襟，无纽扣，以长布带打结。男子的裤裆肥大，宜盘腿而坐，裤脚系上丝带。女子特别是姑娘和少妇的衣裙，可以说得上五彩缤纷，鲜艳夺目，具有浓厚的民族特色。他们的饮食分为家常便饭和节日特别饮食，便饭包括米饭、汤、菜等，米饭以大米和小米为主，汤是日常饮食中必备的，其种类繁多，日常一般喜喝大酱汤，三伏天则多喝凉汤。他们喜欢吃辣椒酱，辣椒酱是用糯米制品加上辣椒面、大酱、蜂蜜或白糖、芝麻、香油等调料制成。辣白菜（泡菜）是朝鲜族饮食中具有民族特色的冬季必备副食品。冷面、打糕、泡菜和明太鱼也都是朝鲜族人十分喜爱的食物，另外，他们还有喜吃狗肉的习俗。

朝鲜族有本民族的语言文字，中国的朝鲜文字与朝鲜民主主义人民共和国的文字相同。朝鲜文最早是1444年在朝鲜李朝世宗的主持下创制的，1527年曾作过改进。它有4个音素字母，拼写时把同一音节的音素叠成字块，构成方块形文字。1952年，朝鲜民主主义人民共和国再次作了改进，并取消了夹用的汉字，但韩国的文字至今仍夹用汉字。

朝鲜族人酷爱传统体育活动，摔跤是朝鲜族一种古老的娱乐和体育运动，男子最喜欢比技巧、比气力，看看谁更强悍、更聪明。足球是朝鲜族男子最喜爱也是最普及的一项体育运动，每逢节假日，经常举办足球比赛。朝鲜族不仅踢足球的人多，而且踢足球的水平也较高。朝鲜族妇女最喜爱的运动是压跳板和荡秋千。压跳板时，一端的人跳下，另一端的人被高高弹起，又轻巧，又惊险，往往会使观众发出笑声和赞叹声。少女荡秋千时，长裙在空中飞舞，一会儿像白鹤扑向地面，一会儿又像彩凤钻入云天，是健与美的绝好展现。

二、满族

我国东北的“白山黑水”是满族的故乡。东宁拥有满族人口1 488人，散居在全市各个乡镇，从事着各行各业的建设。他们长时间与汉族及其他少数民族杂居，已基本不保持满族文化、生活风格和宗教信仰。居住在东宁市的满族群众在政治生活上享有民族平等的权利，历届党代会、人代会、政协会都有满族代表参加。

满族人的服饰是很有代表性的，由于寒冷的生活环境和射猎生活的需要，过去满族人无论男女，均多穿“马蹄袖”袍褂。努尔哈赤建立八旗制度以后，它成为“旗人”的装束，所以后来人们就叫它“旗袍”（满语称“衣介”）。

满族饽饽是满族的传统食品，流行于东北等地。满族人民把馒头、包子等面食统称为饽饽。由于生活环境的不同以及与汉族的频繁交流，饮食习惯与汉族有些相似，如吃大米、小米、面食等，但仍有自己的特点，如喜吃甜食。过节时吃饺子，农历除夕时，要吃手扒肉等。保留了饽饽、汤子、萨其马等有民族特殊风味的食品。满汉全席是享誉中外的清代宫廷宴席，因集满、汉两族烹调技艺精华于一席而得名，据说始于乾隆年间，主要采用满族的烧、烤、蒸和汉族的炸、炒等烹饪方法，大量名菜、名点兼收并蓄。全席菜式多达200多款，其中热菜134道，冷拼48道，以及数十种各式点心，有山珍、海味、珍禽、异兽、鲜蔬、名果等，取精用宏，争奇斗胜。餐具亦十分讲究，以金杯、银盘、玉盏、象牙筷等珍品为主。辛亥革命以后已大为简化。满族人忌吃狗肉，也不戴狗皮帽子，这源于“义狗救主”的传说。

三、回族

回族是少数民族中人口较少、分布最广的一个，聚居在东宁的回族有130多人，民国初年回族才进驻东宁，早期多来自海参崴、双城子，以后由关里迁入。由于回族的特殊风俗习惯与信仰，表现出自己民族的特点，“同类则相遇亲厚，视若至亲”，“自守其固俗，终不肯变”。东宁县政府非常关心回族人民的发展，2002年重修清真寺，使回族群众有了本民族宗教信仰的活动场所。

回族男子戴的无檐小白帽，亦称“礼拜帽”，是回族传统男帽。回族在礼拜磕头时，前额和鼻必须着地，戴无檐帽行动更为方便，遂发展成为一种服饰习俗。“袍子”“长大衣”是回族满拉、阿訇和回族老人喜爱的服装，一般选用黑、白、灰等颜色的棉布、化纤料或毛料制作，有单、夹、棉、皮四种，其款式近似现代的长大衣，但领子一般都是制服领口。

回族人最主要的饮食习惯就是不吃猪肉，也不吃马、驴、骡及各种野兽的肉，并忌食一切动物的血和自死之物。他们喜食牛、羊、骆驼肉及鸡、鸭、鹅等家禽。

回族的丧葬礼，是人一生的结束后由邻里乡亲、朋友等进行哀悼、纪念、祈祷的一种仪式，是回族民俗中重要的一个组成部分。回族人认为，生是死的起点，死是生的结果。作为在世的人，对于亡人不论是贵贱或贫富，不管是子孙满堂，还是鳏寡孤独，都要尽埋葬的责任，并要葬之以礼。回族的葬礼，既有回族民族的习俗特点，又带有伊斯兰教的宗教特点。

第二节　人民生活

一、收入

东宁设招垦局后，早期居民都是关内来的贫民，领到荒段后，由招垦局贷给粮食、籽种，垦出熟地后，即过上不愁吃穿的生活。后来的无荒可占，便给地多者榜地份子。招垦初期，对俄国贸易活跃，无论种地、做工、经商，都很容易解决温饱问题。苏联十月革命后，由于出入口赋税增加，中苏间的民间贸易逐年减少。东宁居民主要以农业为生，工商业也以经营加工粮食为主，靠出口粮食、油、酒换取生产生活用品。粮食卖不出去，中小地主逐渐破产，靠榜地份子或佣工为生的，也失去了生活的依靠，工商业日益萧条，城乡人民陷入贫困。

日军占领东宁后，实行一整套统治、剥削手段。1941年后一切物资都转为军用，人民在敌伪压榨下，衣不蔽体，食不果腹，挣扎在死亡线上。

1949年10月新中国成立后，经过土地改革、合作化、人民公社等社会变革，老百姓终于过上了不受压迫、没有剥削、吃穿不缺的生活。1978年12月，党的十一届三中全会后，农村实行联产承包责任制，土地实行包田到户、包产到户，对工商业松绑放权。1983年后，工农业生产快速发展，城乡人民生活得到明显改善，特别是党的十八大以来城乡人民生活发生了翻天覆地的巨大变化，党的十九大后，党中央精准扶贫政策的实施，让更多的贫困户在政府优惠政策的扶持下快速脱贫，走上小康之路。

1979年，城镇职工年人均收入700元。1986年，城镇职工年收入平均1 139元。进入21世纪城镇居民收入出现多元化趋势，个体私营经济的发展使居民收入结构发生改变。2005年，全县职工年平均工资达到12 534元，是1986年的11倍，城镇居民人均可支配收入8 506元。

2014年抽样调查，全县城镇居民年人均可支配收入达 25 153元， 2017年，全市城镇常住居民人均可支配收入达31 132元，同比增长6.8%。

1979年，全县农民人均收入451元，1986年，全县农民人均收入达到653元。进入21世纪，随着中央的“三农”系列政策的进一步落实，农民收入也得到提高，烤烟、地栽木耳、蔬菜、果树、葵花子、药材种植、劳务输出等生产项目已成为全县农民收入主要的经济来源。2005年，农民人均收入4 726元，是1986年的7.2倍。

2018年全市城镇人均可支配收入达33 140元，农民人均可支配收入达25 189元。

二、居住条件

光绪七年（1881年）三岔口设招垦局后，占荒者开始定居下来，早期多打土坯建房，住房多为三间，一明两暗，两边住人，中间做厨房。住屋都系南北大炕，冬季没有取暖设备，靠两个炕面散热取暖，极寒时，掏一盆木炭火取暖。约在光绪十六年（1890年）后有了砖瓦窑（青砖青瓦），三岔口街内建房多用砖瓦，底层用方石、条石，异常坚固。边远山区多以木材垛房，称“木克楞”，或挖地数尺，上支木架覆以草，称“地窨子”。

中华民国建立后中俄贸易频繁，是三岔口繁荣时期。一些工商业者开始兴建楼房，耀东公司、天德火磨、姜家楼、袁家楼接连在三岔口建成，但都是二层，农村仍是土坯草房。1936年，恒兴昌商店在三岔口中大街路南建起一幢三层楼房，是三岔口唯一的一幢三层楼。1939年，县公署迁至小城子（现东宁镇），三岔口住房大部拆迁，东宁镇内新拉街基，仓促修建，虽多砖木结构，大多质量低劣。

1958年后，民用住房跟不上人口发展的需要，住房矛盾日益紧迫。直到1976年，逐年增加建房投资和一些民建公助措施，城乡住房问题日益缓和。进入20世纪80年代后，不仅公用建筑向高大发展，民用住房也注意采光、上下水道、装土暖气等，朝宽敞舒适方向发展。同时开始兴建民用楼房，农村住房也日益普及砖瓦化。

1986年，人民居住条件得到改善，新建筑的房屋多是砖瓦结构，以四间为主，设有火墙或土暖气，院子有砖砌围墙或铁栅栏，私人开始建筑楼房。1992年，口岸经贸带动县域经济发展，一部分先富起来的人们开始购买商品楼。1997年，东宁镇居民楼实现集中供热，居民小区建设档次提高，建有花园、篮球场、院内铺设硬化地面，有部分居民小区设置有健身器材。商品楼被越来越多的居民接受。2005年，东宁镇建有居民住宅楼197栋，面积102万平方米。

2015年，全市房地产开发投资完成13 688万元，全市房屋施工面积163万平方米，其中住宅103.1万平方米，商品房销售建筑面积12万平方米。

2016年，拆迁房屋建筑面积4.99万平方米、投资概算15 211.2万元；农村危房改造工程开工12 000平方米，改造房屋200户。

2018年，全市城镇人均居住面积达24平方米，农村人均居住面积达到42平方米。

第三节　交通　通信

一、路桥建设

（一）公路

东宁地区开辟初期（咸丰、同治年间），境内山高林密，只有采参、淘金人踏出的时有时无的羊肠小径。1882年，设置了宁古塔到三岔口沿线屯兵，由屯兵开辟了沿线道路，是早期通往内地的唯一道路。1902年，东清铁路哈绥段通车，绥芬河成为三岔口通往内地的门户。当时三岔口去绥芬河有两条道路，一是从三岔口去双城子（70公里）再乘火车去绥芬河；二是从三岔口过北大河（绥芬河）后从新立村附近进入俄境，使用俄国境内的马车去绥芬河。1927年，三岔口商人冯燮喜购入两辆万国牌客运汽车，购入后转卖给袁维清，袁维清投资大洋5 000元，加宽和垫平了三岔口至绥芬河的道路，成为县内第一条能通行汽车的公路。

1933年1月10日伪政权建立后，在三岔口设国道局，加速进行了公路建设，到1936年，县内公路便四通八达，主要干线有：（1）东宁到宁安，全长240公里；（2）绥芬河到穆棱站，全长85公里；（3）绥芬河到土门子（珲春县境），全长196.6公里；（4）三岔口到穆棱，全长170公里；（5）三岔口到老黑山，全长50公里；（6）三岔口到汪清，85公里；（7）三岔口到王八脖子，90公里；（8）三岔口到二十八道河子，全长50公里。除以上八条主要干线外，在边境万山丛中，军用公路密如蛛网，总长约815公里。

1945年日伪政权垮台后，原有公路多被山洪冲毁。

1951年，东宁成立护路委员会（后改为养路工区），专职管理和维护公路。1953—1957年，陆续修复了绥阳至八道桥、绥阳至北寒葱河两段公路，使东宁、绥阳、绥芬河三镇贯通。1958—1962年，陆续修复了东宁至老黑山、东宁至道河两条公路。1963年，新修绥阳至八里坪公路（14公里）。1964年，修复绥芬河至二段公路（20公里）。

1971年，哈尔滨至绥阳的国防公路通车（自442公里处至绥阳镇38公里）。1976—1981年，修复和新建公路7条：（1）东宁至三岔口，长11公里；（2）北河沿经转角楼至庙沟，长17公里；（3）庙沟经新立至下水磨国境哨卡，长5公里；（4）南天门经十八盘山至绥芬河，长31公里；（5）三岔口经高安村、东方红、朝阳沟至庙岭，长28公里；（6）朝阳沟至朝事沟，长6.4公里；（7）老黑山至黑瞎子沟（长25公里）和老黑山至二道沟（27.4公里）两条乡道。截至1985年年底县内公路里程为843.5公里。

1987年6月，建设鸡图公路196~201公里处万鹿沟段简易油路罩面工程，时为东宁第一段黑色路面公路。

1990年10月，建设东宁至三岔口公路改建工程，由原三级公路改建为二级公路，水泥混凝土路面，时为东宁县第一条白色路面二级公路。

1992年6月，开工建设国道绥（绥芬河）满（满洲里）公路绥芬河至绥阳段新建公路工程，为二级公路，时为东宁县公路建设史上投资规模最大、等级最高、白色路面最长的公路。

1995年5月，开工建设省道东宁二检至珲春段工程，起点二检，经暖泉子、老火烧检查站至黑龙江省与吉林省交界处，是东宁连接吉林省的第二条省际公路。

1997年5月，鸡图公路永胜段至东宁段全线开工，总投资20 300万元，该工程1998年9月20日竣工，是东宁公路史上单体工程规模最大、里程最长、等级最高的公路工程。至此，东宁北上牡丹江市公路全部高等级化。

2005年底，东宁公路总里程达1 096.7公里，公路路网密度达14.34公里/百平方公里。

2014—2015年完成绥东高速公路工程，全长58.692公里；东绥至二检边防公路，全长60.258公里；南天门至绥芬河边防公路，全长36.7公里。

2016年，国道丹阿公路东宁过境段改扩建工程启动，全长99公里。

至2018年，东宁市公路总里程达8 328.3公里，其中国道894.8公里，省道843.5公里，县级道521.7公里，乡道2 741.5公里，村道2 880.8公里，东宁市现代化交通运输网络框架逐步形成，已搭建了南北纵横、东西贯通的交通运输网络。

二、公路运输

（一）旅客运输

1.国内旅客运输

新中国成立初期，东宁只有1台客运班车当日往返东宁至绥芬河。随着公路的恢复，1962年，客运线路增至5条，全程242公里，每天发出客车5台，年客运量约16万人次。到1985年，县内客运线路已达到25条，总里程514公里，有客运汽车45台，年客运99.5万人次。

1996年，开辟了东宁至哈尔滨、东宁至牡丹江、东宁至鸡西的城际线路，东宁至吉林汪清、东宁至吉林延吉、东宁至吉林延边和珲春的省际线路。

2005年，有专营运输大客车134台，小客车207台。有营运线路57条，其中跨省2条，跨地市3条，跨市内52条（县内42条）。全部营运线路营运里程6 326公里。全县乡镇班车通车率100%，行政村通车率100%。

2014年，东宁营业性道路运输车辆拥有量为2 447辆，其中客车211辆（国际豪华客车客运班车36辆），全年完成旅客运输量698万人次，旅客周转量25 515万人公里。

2018年完成旅客运输量901 143万人次，旅客周转量88 631万人公里。

2.出入境旅客运输

1992年4月27日，中俄双方签署中国东宁至俄罗斯波格洛夫卡（十月区）国际汽车旅客运输协议。7月正式开通中国东宁至俄罗斯波格洛夫卡国际汽车旅客线路，由东宁运输公司汽车队承担国际旅客运输。

2005年，东宁国际客运站每日发往俄罗斯乌苏里斯克（双城子）客运班车6个班次，发往波格洛夫卡客运班车15个班次，承运单位的车辆到俄后均当日返回，年出入境客运量达642 727人次。

2014年，东宁口岸出入境客运车辆12 516台次，其中中方6 204台次，俄方6 312台次，出入境旅客运输量23.3万人次，旅客周转量559.8万人公里。

2018年东宁口岸完成出入境旅客运输量278 015人次，客运周转量83 40450人公里，同比增长6.7%。

（二）货物运输

1.国内运输

1930年，袁家煤矿购入一台货运汽车，开始三岔口至绥芬河的汽车货运，由于只能冬春行驶，运量不大。伪满时期，货运汽车增至690台，年货运量约207吨。新中国成立初，县内共有货运汽车10台，往来于东宁、绥芬河间，年货运能力约840吨。随着国民经济建设的发展，到1985年，全县汽车达到1 000台，货运量已达345 699吨。

1986年，全县有载货汽车907台，小型载货汽车12辆23吨位，大型载货汽车895辆4 589吨位，货运量355千吨，货运周转量29 483千吨/公里。

2014年，全年完成货物运输量590万吨，货物周转量53 288万吨公里，此后，因个体货物运输量大幅度增长，国内货物运输量无统计数字。

2.出入境货物运输

1989年4月20日，中国和苏联两国政府达成协议，苏联境内货物运输线路从波尔塔夫卡延伸至乌苏里斯克（双城子），1990年5月4日首次过货。2010年，东宁口岸累计完成进出口货物244 147吨，其中进口货物38 400吨，出口货物205 747吨。

2014年，出入境货物运输总量36.3万吨，货物周转量1 817.3万吨公里。

2018年完成货物进出口运输量537 551吨，全年出入境货物26 877 550吨公里，同比增长47.4%。

三、铁路

光绪二十三年（1897年）着手建东清铁路（县内长61.9公里）。1934年曾修通自绥芬河到三岔口的轻便铁路。1938年修建绥宁铁路和兴宁铁路。新中国成立后绥阳林业局修建了森林铁路。现在兴宁、绥宁、绥三铁路和森林铁路都已拆除，境内仅有滨绥铁路在运行。

（一）滨绥铁路

光绪二十二年（1896年），清政府与俄国签订了《中俄御敌互相援助条约》（即《中俄密约》），允许俄国在我国东北修建铁路。光绪二十三年（1897年）八月二十八日，东清铁路公司在绥芬河左岸三岔口街举行了开工典礼（该路原计划在三岔口出境，后改为从绥芬河出境）。光绪二十七年（1901年），哈尔滨至绥芬河段在横道河子举行接轨仪式。该路在东宁境内61.9公里。1945年8月，中苏共同接管了中东铁路。

1952年10月，中国收回中东铁路。哈尔滨至绥芬河段改称滨绥铁路。滨绥铁路在东宁境内有绥芬河（五站）、宽沟、红花岭、绥阳（六站）、绥西、细鳞河（七站）、太岭七个车站和河西、西岭两个乘降所。1975年绥芬河由东宁县划出设市后，县境内还有四个车站和两个乘降所。

（二）地方铁路

绥阳至东宁铁路（简称绥东线）地方铁路北起国铁滨绥线绥阳车站，至东宁镇东绥村的东宁火车站，线路全长99.6公里，正线铺轨93.6公里，站线铺轨8.68公里，有桥梁20座，全线建有八里坪、道河、赏月、东宁四个车站，下设绥阳、八里坪、向岭、沙洞、岭后、道河、洞庭、老城子沟八个工区，直属东宁地方铁路有限责任公司。业务等级为一等站，业务性质为货运编组站，于2005年2月4日正式进行货物运输。

四、固定电话和移动通信

（一）固定电话

1923年在县城（三岔口）设电报局和长途电话局。线路从三岔口到绥芬河，可与中东铁路长途电话线连接，并通铁路沿线各站与哈尔滨，直至省城吉林市。

1927年1月，三岔口商人石文璞出资大洋2 000元，创办益宁电话公司，在市内安装电话30部。同年，开通哈尔滨、绥芬河、海参崴间的长途电话线路，在绥芬河设国际长途电话局，成为国际长途电话中继站。1934年，哈尔滨北满电信管理局在设东宁电报局的同时，强行接管了市内电话和绥宁长途电话局。

市内电话当时只有伪县公署、警务局、东门、南门、西北门派出所和日本守备队。城外电话线路有4条：（1）三岔口—高安村—大乌蛇沟；（2）三岔口—佛爷沟—老黑山；（3）三岔口—万鹿沟—平房—寒葱河—绥芬河；（4）万鹿沟—二十八道河子，总长204公里。绥芬河的通信机构有：国际长途电话局，北铁电话电报局，伪满电报局，绥宁长途电话局及北满铁路经营的市内电话局。

1946年民主政府成立后，成立电话电报局，恢复了东宁、绥阳两镇市内电话。1947年接通绥阳至金厂、细鳞河电话线路。1948年恢复了东宁—绥芬河、东宁—牡丹江、绥阳—绥芬河—牡丹江的长途电话，电话交换机容量200门，实装29门。

1958年，绥阳、道河分别增设100门和50门磁石电话交换机，以县城为中心的电话网基本形成，但绥阳、绥芬河与外地通话还需经东宁局接转。到1965年底，县内8个公社90%的生产大队通了电话。

1976年，将磁石交换机更换为905型纵横制自动电话交换机，市内电话开始使用自动拨号电话机。

1994年2月，对俄罗斯边境通信开通使用。5月开通哈、牡、绥至东宁段光缆线路，实现了长途传输光缆化。东宁县在全地区县级局中，率先实现超万门程控局，交换机总容量首次突破一万门大关。1995年，老黑山、金厂两个乡镇开通256门程控电话。至此，全县9个乡镇（黄泥河乡除外）全部实现了传输数字化、交换程控化，完成了电话基础网的更新换代。1997年全县152个行政村屯有96个通了电话。

至2018年，全市固定电话用户达25 000部。

（二）移动通信

1992年，县邮电局成立移动电话班。在东宁、绥阳和三岔口镇内建设移动基站三座，开通模拟移动电话业务，移动电话

（手机）进入电信市场。1995年，运行的数字移动通信基站有7个。1999年7月，中国移动通信集团黑龙江省移动通信公司东宁分公司（简称移动公司）成立。年底，移动通信电话用户发展到7 000户。

2005年，移动通信用户有73 815户，其中东宁移动公司48 000户，东宁联通公司25 815户，移动通信用户数量超过了固定电话用户。

2014—2015年，TD7期开通18个基站，主要分布在大村屯及高流量矿区。4G二期开通82个基站。17期工程完成塔基、铁塔、集成仓、电源引入等工作。

2018年全市移动通信用户发展到19万户。

第四章　社会事业

第一节　教育　卫生

一、教育

（一）基础教育

1.学前教育

1953年县政府办县直机关托儿所，配备2名幼儿教师，对大班儿童开始进行学前教育。1983年，全县有幼儿园111处，有8 000名学前儿童入学，共有幼儿教师225名。

1999年，全县10个镇全部建起中心幼儿园。至2005年，全县幼儿园有38所，在园幼儿总数2 959人，学前一年入园率98%，幼儿教师学历达标率为100%。

2007年，根据《牡丹江市幼儿园评估细则》标准，对全县幼儿园进行了重新认定，共认定省级示范幼儿园1所，二类幼儿园3所，三类幼儿园3所，四类幼儿园24所。

2018年，全市幼儿园有25所，其中民办幼儿园14所。

2.小学

宣统二年（1910年），在三岔口办起第一所学堂，命名为东宁厅立初高等模范学校。同年在高安村办起一所小学，命名为东宁厅立第一小学校。据1928年统计，全县适龄1 409名儿童中，已有922名入学，入学率为65.5%，1932年5月，王德林救国军进驻东宁县，城乡学校大多被驻军占用，全部停课。

1934年，伪滨江省公署拨款34 419元，恢复学校教育，当年县内有14所学校复课。1940年，全县共有学校33所，103个班，学生3 683人，教师133人。

1946年民主政府成立后，东宁、绥阳两县恢复和新办小学35所，有学生2 234名，教师104名。到1963年，较大村屯都办起小学，全县有小学106所，有学生17 739名，适龄儿童就学率达90%以上，基本普及了小学教育。

1986年，全县有小学173所，945个教学班，学生26 235人，教职工1 339人。

2005年，全县有小学62所，在校学生14 559人，入学率和巩固率分别为100%。

2018年全市现有小学11所，小学教学点22所，小学在校生8 319人。

3.中学

抗日战争胜利前，东宁县没有中学。抗日战争胜利后，民主政府于1946年秋办联中（今县直幼儿园处），有学生40名，聘请第一校教师兼课。

1949年，三岔口办起两个初中班，1953年改为东宁县初级中学。到1985年底，全县共有中学18所，244个班，学生12 356名，中学教职员工1 043名。

2005年，全县有普通中学13所，共有教学班251个，在校生总数为12 833人，其中初中8 553人，高中4 280人。

2018年全市有高级中学一所，职业中学一所，十二年一贯制学校一所，完全中学两所，初级中学四所，九年一贯制学校三所，有高中在校生2 272人，初中在校生3 222人。

（二）职业教育

1987年7月，东宁县职教中心成立，时称东宁县职业高中，学制3年，有24个教学班，48名老师。开设的专业有电力、服装、家电、建筑、经贸俄语、财会、美术、幼师、文秘等。

1998年，按照省市精神，职业高中、技工学校、职工中专、农民中专、农广校、电大工作站合并组建东宁县职教中心学校，校址设在原职业高中。2007年将中职招生任务纳入到各初中目标考核内容中，允许中职学校招收应往届初、高中毕业生和农村社会青年、务工农民，利用电大招收多种专业的函授班，与县人事局联办16个工种的技术人员晋升职务培训，与财政局联办事业单位会计人员电算化培训。职教中心学校与俄罗斯远东大学建立了合作办学关系，现已培养俄语专业人才200多名。同年，县职教中心在国家高职招生考试中，18人考入本科，86人考入专科。

2018年，职中在校学生1 563人（包括新型职业农民培养专业558人）。

二、卫生

光绪二十六年（1900年），有药商开始在三岔口设立药铺，聘请中医驻药铺坐诊（俗称坐堂先生）。1921年增加了西医。1945年后，逐步普及了中西医结合的医疗方法。

2018年，全市有各类医疗机构15个，其中有4个市级医院，乡镇卫生院7个，有市疾病预防控制中心、卫生监督所、妇幼保健院、结核病防治所、牙病防治所 5 个预防保健机构，共有床位659张，卫生技术人员862人。

（一）中医

民国时，三岔口已有中药铺七八家，有中医十几人。此外还有少数专种牛痘“先生”，挨村串户为儿童接种牛痘，俗称

"种花先生"。伪满时，除县城有中医外，较大村屯也有种田兼行医者。

新中国成立后，建立了3处私营中医诊所，有老中医14人，还有11家私人中药铺。1956年，东宁县3个中医诊所联合建立起集体性质的中医院，建成480平方米的中医门诊和住院部，设有内（包括妇、儿）、外、针灸、药局等科室，有10张病床。同年，各乡卫生所大多配有中医。全县有中医21人，中药16人。

1984年5月，县政府批准中医院为全民性质的县立中医院，设内、外、妇、儿、针灸、理疗、按摩等诊室，有住院病床20张。东宁、绥阳两处县级医院都设有中医科，各乡卫生院都配有中医、中药人员。

2005年，县中医院有中医内科、针灸科、中风专科和糖尿病专科，在以中医中药治疗为主的基础上，总结和探索出一系列治疗常见病、多发病和疑难病症的经验，尤其是中风及卒中后遗症的治疗取得了满意的效果。针灸科相继开展了针刺、艾灸、刮痧、拔火罐、药闻、推拿等多个项目，填补了东宁县中医综合治疗的空白。

2014年，同俄罗斯滨海边疆区军队干部疗养所达成承接俄方癌症、心血管疾病等重症患者的协议，俄罗斯健康中国行公司11月10日开始正式入驻东宁。同年9月，血液透析二类医疗技术正式通过审批。

2018年，市中医院共完成门诊量43 967人次，收治入院病人数696人，医护人员为96人。

（二）西医

1921年前后，玄永柱在县城三岔口开设大年医院，李永秀开办了永秀医院，郑义泽开办了宽朝医院。此外，陆续还有日本人开的协和医院，梁玄畸开的绥芬河德畸医院。东宁县开始有西医、西药。

1939年绥阳建县后，设县立医院，另有牙科医院 4 处、药店 4 家，此外在绥阳镇设有陆军医院、满铁医院各 1 处。同年，东宁县公署迁至小城子后，在西山下建了县立医院，设门诊内、外、妇、五官等科，有病床30张，医护人员多是日本人。日本军在东宁县城设陆军医院，伪劳工协会设立了劳工医院，为禁烟设立了康生院。1945年 8 月日伪垮台，医院和药局被毁，全部停业。

1948年10月，撤绥阳县并入东宁县后，县政府迁至绥芬河镇，同年在绥芬河镇建立县卫生院，1952年县政府迁至东宁镇，县卫生院随同迁至东宁镇。

1956年，县卫生院改为县人民医院。1958年，各公社相继建起卫生院。1982年，绥阳镇卫生院改为东宁县第二人民医院。1985年，全县150个村中，已建立村卫生所138个，有农村医生257人。

2005年，县医院设内科、普外科、骨科、妇产科、传染科等科室。

2014年，县医院有床位280张，门诊量121 679人次，危重病人抢救成功率61%以上。中医院血液透析二类医疗技术正式通过审批验收。同时，全县医疗机构取消“以药养医”机制，破除逐利性行为，维护了公立医院公益性。

2018年，东宁市医院设有46个科室，医护人员379人，全年门诊人数为119 264人，住院人数为8 330人。

第二节　广播　电视

一、广播

1952年，县文化馆购入50瓦广播扩大机 1 台，在县城安装30多只喇叭，每天早午晚 3 次转播中央电台节目 5 个小时。1956年建立东宁县广播站，利用电话线路安装喇叭500只，有线广播发展到农村。广播站除转播中央台节目外，每天还播放地方节目15分钟。1958年全县有线广播发展到6 000只，达到乡乡、社社通广播。县广播站自办节目每天增加到30分钟，为全省第二个普及广播网的县，受到省政府的奖励。

1986年，东宁广播站开始使用“东宁人民广播站”呼号。1990年经广播电影电视部批准成立东宁人民广播电台，开始启用“东宁人民广播电台”呼号，全天播出时间16小时，其中自办节目40分钟。1993年 8 月起，全县广播覆盖率达到100%。

2005—2018年，广播节目直接由电视节目转换而成，播出采用专用光缆中的一芯传输广播信号，全天转播中央人民广播电台一套和黑龙江人民广播电台一套节目，取消了自办节目。

二、电视

1975年在神仙洞南侧建电视差转台，接收锅盔山804台信号。1982年在通沟岭顶海拔1 102米东宁最高点建立电视微波站和高山电视转播台。到1984年底，建起20个差转台，电视覆盖面扩大到79%。

1986年，东宁电视台始称“东宁电视发射台”。1998年，有线网络实现全县覆盖。2004年，实现有线电视“村村通”，步入科学化管理轨道。

2010年，开始进行东宁城网楼房有线数字电视双向网改造工程，向农村推进有线数字电视建设。年底，全县有线电视用户达55 694户，有线电视入户率达96%以上。2014年全县自然村广播电视已实现“村村通”。

2018年，全市发展有线数字电视用户28万多户，广播、电视综合覆盖率分别为100%和96%，超过预期目标。

第三节　文化　旅游

一、文化

（一）文化遗迹

东宁境内的古代遗址主要分布在绥芬河、瑚布图河、大肚川河流域的台地上，近现代遗址主要分布在城镇和中俄边境一带。经过第三次全国文物普查，共计登录不可移动文物267处，其中复查46处，新发现遗址221处。其中包括古代遗址85处，近现代史迹及代表性建筑175处。按照文物遗址分类，东宁的文物遗址可分为团结文化遗址（其中包括渤海文化遗址）、辽金文化遗址、中东铁路建筑遗存、“二战”遗存等。

团结文化是北沃沮文化的代表，具有独特性和典型性，属于这类考古文化的遗迹分布范围很广，但中心在绥芬河流域，有东宁大杏树遗址、桥河西遗址、五排遗址、大城子遗址、团结遗址、洞庭遗址和马营遗址等七十余处。

渤海文化在东宁历史文化研究中占有十分重要位置，唐朝时期的渤海国十五府之一的率宾府所在地位于东宁镇大城子村，城墙、护城河目前保存完好。1986年,黑龙江省人民政府批准公布该城为省级重点文物保护单位。

红石砬子山城是目前最典型的辽金文化遗址，它位于道河镇红石砬村南，城垣周长2 000余米。地表采集有罐、缸等陶器残片以及布纹瓦残块等。1972年，黑龙江省考古队对绥芬河文物普查时发现，是研究绥芬河流域古代民族迁徙、演变的珍贵实物史料。2005年，黑龙江省人民政府批准公布该城为省级重点文物保护单位。

中东铁路遗存在东宁分布较多，主要分布在绥阳、细鳞河、太岭一带。中东铁路全线开工仪式在三岔口镇瑚布图河左岸举行。1897年8月28日，来自于海参崴的筑路官员、工程技术人员、东正教神甫人员、大清派出的代表、筑路工人和当地百姓500余人参加了这个仪式。东正教神甫主持这个仪式，在这里象征性地修筑了2俄里的路基，搭建了以火车为背景的凯门。会后，经过实地勘测，把该站向北移了32公里，作为中东铁路东线的出境站，也就是现在的绥芬河站。

与侵华日军有关的遗址有140处，占登录不可移动文物总数的52.4%。“二战”期间，东北抗联五军在东宁活动频繁。据史料记载，王德林、周保中、李擎天等抗日英雄均在东宁进行过长期的抗日活动。已登录的遗址有寒葱河抗联密营，五排村南沟抗联密营，高安村城下党支部遗址、三岔口村地下印刷厂等。

截至2018年，东宁市有全国重点文物保护单位3处：东宁要塞群遗址、五排山城遗址和团结遗址；省级文物保护单位9处：大城子古城遗址、劳工坟遗址，团结遗址、红石砬子山城遗址等。市县级文物保护单位33处。征集收藏各类文物1 300余件，主要是自商周以来的石器、陶器和近现代民俗、军用等文物藏品。东宁市的不可移动文物和可移动文物都是东宁市珍贵的历史财富，是东宁地区人类发展史的历史见证。

（二）文化设施

东宁市现有重要文化设施：文化馆、图书馆、博物馆、书画艺术馆、书画院、民俗博物馆。

（1）文化馆，始建于1948年，现有馆舍1 500平方米，馆内设有：文艺部、美术摄影部、文学部、培训部、文化艺术培训中心、非物质文化遗产保护中心等多个部门，常年承载着全市大型文化活动策划、编排、演出以及文艺辅导、文艺创作、非物质文化遗产保护等工作。

（2）图书馆，始建于1975年，现位于东宁镇中华路5号，馆舍面积2 438平方米，毗邻市客运站，交通便利，面向广大市民实行免费开放。该馆二楼设有综合阅览室（兼多功能报告厅）、少儿阅览室、电子阅览室、残疾人阅览室（兼党员活动室）、自习室；三楼设有社科外借室、自科外借室、采编室等部门。图书馆提供书刊借阅、宣传推介、数字文化推广及活动场馆等服务，还利用馆藏，开展丰富多彩的读者活动进行阅读推广，激发读者阅读兴趣，引导广大市民培养良好的阅读习惯。

（3）书画艺术馆，始建于2013年6月，布展面积600余平方米，位于三岔口镇宝玉石城内。同时可布展书画艺术品200余幅，摄影作品100余件，古玩收藏品200余件，为东宁市首个书画摄影收藏综合艺术馆。开馆后，每年承担着全市大型文化艺术节书画摄影艺术展览任务，常年对外开放，并承担着全市艺术交流、艺术培训、艺术教育等公益活动任务。

（4）博物馆，2013年开始筹建，2017年正式对外开放，布展面积4 000平方米。博物馆通过文物、文献、档案、图片及先进的影视和音响设备，形象生动地反映了东宁市的历史与文明。东宁市博物馆共四个单元，其中一单元是东宁历史陈列，展示内容分别是绥芬河流域的早期人类、唐渤海时期的东宁、辽金东夏时期的东宁、元明清时期的东宁、抗战时期的东宁；二单元是自然陈列，展示内容是东宁地域的动植物、山川河流等自然状况；三单元是“跑崴子”历史陈列，展示内容是清末民国时期跑崴子的基本内容以及新中国成立后中俄之间的文化和技术交流；四单元是经济社会发展成果展，内容是改革开放以后，东宁的经济社会发展成果展示和文化艺术展示 。

（5）书画院，始建于2018年8月，位于东宁镇芬河雅居小区。书画院上下两层434平方米，一层为办公室，二层为艺术展厅。新落成的书画院为东宁又一文化品牌，对提升东宁文化品位和文化艺术影响力，推动东宁文化事业大发展大繁荣有着重要意义。

书画院以书画研究、创作、教育培训、交流为主要任务，组织发动全社会热爱书画艺术的广大青少年学习书画、应用书画，积极与各中小学配合把书画艺术教育作为传统文化教育的辅助，以“社会教育”“艺术教育”的方式，使书画艺术教育渐渐走进学校，将书画院打造成为集展示、开展书画教育、举办书画展览、推广书画普及、文化艺术交流、开展理论学术研究、组织书画作品的创作与评选的综合性多功能艺术活动场所，为书画家提供自我展示的宣传平台和优质服务，是东宁市文化活动的有效载体和阵地。

（6）民俗博物馆，2015年，将原“大城子博物馆”改建为“大城子博物馆和东宁县民俗博物馆”，并于9月30日正式开馆，日接待参观人数达100人次以上，馆藏文物600多件，占地面积300平方米。

（三）文化活动

东宁市现有固定的文化艺术活动：“小江南”之夏群众文化艺术节、东宁市宝玉石文化节、东宁市中俄文化艺术节等。

（四）文化队伍

东宁市现有13个隶属东宁市文学艺术界联合会的艺术家协会（作家协会、书法家协会、美术家协会、摄影家协会、广电影视协会、音乐家协会、舞蹈家协会、旗袍艺术协会、收藏家协会等），协会会员1 000余人，其中，国家级会员9人，省级会员36人，市级会员200余人；城乡新文艺组织、演出群体36个，最大的文艺群体达140人以上，最小的50人左右。全市能表演并能登台演出的近1 800人，常年参与文体活动的大约有15 000人（包括广场舞）。

二、旅游资源

（一）自然景观

1.洞庭景区

洞庭位于道河镇洞庭村 2 公里处的绥芬河畔。日伪时期，日本关东军修建了绥宁铁路，在腊嘴山对面修筑了一条隧道，火车每到山洞前便停车加水，人们将此地称之为“洞停”，久而久之，演变成“洞庭”。经省地质专家考察发现，洞庭地貌形成于两亿年前的侏罗纪，是由于中酸性火山岩浆喷发溢流，经过后期地壳隆升下降而成。系统保存完整，内容丰富多样，自然优美俊秀，具有河流峡谷、断层构造、岩浆喷溢、火山岩石等地质遗迹复合性特征，属东北三省稀有罕见，具有极高的科研价值。

洞庭陡岸垂直落差100多米，山峰崖悬壁陡，河水蜿蜒洄转，森林茂密，群山脚下是清澈透明的绥芬河水。此地四季分明，春季百花盛开，夏季水碧山青，秋季万山红叶，冬季银装素裹。

洞庭风景区有嗡水砬子、三尖峰、二龙山、洞口山、锯齿峰、腊嘴山、五拳山等，构成了洞庭景区多姿的景色。

河北岸有座50多米高陡立的巨型岩体，岩底河水绕行西流，冲刷着岸边的岩石，发出“嗡嗡”响声，进而得名嗡水砬子。河南岸山顶有三凸起的山峰，名曰三尖峰。20世纪70年代末，曾经在这里修水电站，拓宽公路时炸掉一处山峰。在三尖峰西南山上有两道山脊，峰脊似两条卧龙守护着大自然，人们称其为二龙山。再向西，河南岸有五拳山。五拳山对面是景区最高最险峻的锯齿峰。洞庭被茂密的森林所覆盖，林中夹生着各种奇花异草，春季金达莱和秋季的万山红叶，映衬着秀丽的山峰，使洞庭的任何一景，看上去都宛如一幅优美的风景画。蜿蜒曲折的绥芬河水流淌在峡谷之中，河水晶莹清澈，途经洞庭不足 4 公里却架起了 3 座铁路桥梁，那桥墩宛如少女的梳齿，昼夜不停地梳理着经久不息的河流，岸两边的柳树枝繁叶茂，组成一排绿色的曲线，映在水中如同一只游龙，伴随着绥芬河水日夜不息。

2.月牙湾景区

月牙湾位于东宁镇暖泉沟村西部4公里，总面积20平方公里。月牙湾隔河相望是雄鸡昂起的鸡冠山，鸡冠山绝壁千仞，森然逼人。右侧有两道石壁，似两条石龙自山顶而下，直入水中。河对面的愁水崖与鸡冠山遥遥相对，远远望去，恰像一只蹲伏的犬，此处便是鸡冠山有名的景致“鸡犬争食”。绥芬河水缠绕着鸡冠山脉，在山脚下像银带一样飘舞，山水缠绵相依，陷入白云的深处。半个世纪前，无数的关东客汇集在此，伐木、采金、挖参，采集的货物在这里用木排顺流漂下。如今，古老的水道不再有放排者，月牙湾却风姿依旧。春天，临河的山崖开满杏花，像一道瀑布从天上飞泻入水，河水被染得一片片绯红，水面漂来阵阵浓郁的花香。鸡冠山与愁水崖之间的金沙滩，是人们游泳消夏的好地方，河两岸绿柳如烟，水鸟翻飞，仿佛来到世外桃源。夏日里，登上鸡冠山，人被置浮于中天，脚下碧波拥关，雾走云飞。左翼山脉像一个少女的胳膊将河湾村揽在怀中，鸡冠山、愁水崖似两只神犬守护在两边。

3.仙人桥景区

仙人桥位于绥阳镇双桥子林场8公里处，是一处自然原始地带，四面山峦起伏，森林茂密，绿色成荫。在东西两座高山脊上，各种怪石布满山顶。东山顶上有鳄鱼嘴、仙人桥、狐狸石、蛇石、象脯石、天磨石等景点；西山顶上有小石林、石廊、海罗石、一线天等景致。山谷脚下是小绥芬河，河水冲刷着大小蜗牛石，有的水面完全是在一块大石上流淌，奏出动听悦耳的音符，一派“小溪幽幽，河水石上流”的天然丰韵。

4 .神仙洞景区

神仙洞位于东宁镇西南1.5公里的绥芬河南岸悬崖峭壁的半山腰上。进洞内需弯身，再行，则头顶石壁不可前行，洞多深尚不可知，投石有滚动声渐去渐远，不知滚落何处。相传此洞曾有神仙居住，由此得名“神仙洞”。洞外双峰耸立，高数十米，双峰间灌木杂陈，西峰崖石间有百年老树丛。崖半腰有野鸽筑巢，游人攀上崖顶，野鸽、白云在脚下飞舞。北面、西面崖下湍急的绥芬河水蜿蜒而过，水深处数十米，双峰、古树皆如画般倒映水中，崖壁峥嵘，游人不敢俯视。西南崖下岩石向里凹进数米，崖顶如伞盖，雨雪天游人在此可遮挡雨雪。从西崖下顺青草地直走、爬梯或攀岩即可到神仙洞口。河南岸有一数百米方圆的沙滩，夏日里是游泳者理想的天然浴场，再向西行则是垂钓者的乐园。

神仙洞南侧漫山遍野是野生的杜鹃，北岸是一眼望不到边的果园。鲜花盛开季节，南岸杜鹃花红似火，北岸苹果、梨花白得似雪，绥芬河水被映照得半红半白，游人至此，如在鲜花丛中穿行。

5.松山划归林景区

松山划归林位于东宁城区南部135公里的三岔河林场作业区，东与俄罗斯毗邻，西南与吉林省珲春市相接，呈等腰三角形，面积10.44平方公里。1860年，中俄商定“在瑚布图河源山顶上立木制界碑一个，木制碑上写‘帕’字”。1885年，中俄商定按原址建石质界碑，由于俄方暗地将原址向中方移进四华里有余，由此新建石碑实际位置与历史文件不相符。1999年，中俄重新勘界时，双方商定新界碑依历史文件原址重立，至此，这块阔别114年的疆土重新回到祖国怀抱，“划归林”由此得名。

松山划归林是由松树林、松树桦树混交林和柞树林组成的原始森林，大多是挺拔参天的松树。树龄多逾百年，胸径30~60厘米，间或有胸径超过一米的古树。人行其中，只见从树叶缝隙撒下的丝缕阳光而不见太阳，周围是一般粗细的松树，脚下是深可没踝的松叶。偶见倒木，欲踩树身而过，脚刚踩到，顷刻倒木坍成一堆木屑，不知朽烂多少年了。站在其中呼唤同伴，松涛从近至远依次回应，经久不绝。

松山划归林野生植物丰富，且生长旺盛。山下金达莱高不过一米左右，这里竟高逾两米，人在其下只见花背不见花蕾，山下芍药花有鸡蛋大小，山上的则有碗口大。林中空地可见琳琅满目的各种中草药，有的黄芪枝叶两米有余。古木下野生灵芝有饭盆大小，实属罕见。沟壑纵横处不知名的野草山花密密匝匝挤满空间，高可没人。松山划归林随处可见黑熊、野猪、山兔的足迹，时常有虎、豹出没，苍鹰、山鸡、啄木鸟、松鼠随时可见。

（二）人文景观

1.五排山城

五排山城位于道河镇五排村2.5公里处，隋唐以前所筑。1986年，省政府批准为省级重点文物保护区。五排山城修筑在崇山峻岭中，沿V形山脊延伸，绥芬河水绕山脚而过，形成了一道天然屏障，山高谷深，林密水急，地势十分险峻。城垣在制高点以南段落多为石筑，高约3米，在制高点以东多为土筑和土石混筑，北面城垣中部地势平缓，有一门址。城内北部有许多土坑，为古人穴居遗址。城池平面略成V形，城墙全长1 900多米。据《黑龙江省文物保护单位五排山城记录档案》记载，绥芬河流域战国至两汉时期为沃沮人之地，魏晋时被南下的勿吉人所占有，隋唐时属靺鞨和渤海国。从史料记载和东宁地区考古发现，五排山城是沃沮人为防御挹娄人进攻而修筑的，后来又为勿吉、靺鞨人南进征战时所沿用。

五排山城制高点海拔617米，东侧和北侧是陡峭的山谷，沿绥芬河向下游而去，百十米远是一道道山谷和石砬子，错落地矗立在绥芬河两岸，下游就是洞庭风景区。

2.金光寺

金光寺坐落在东宁镇北河沿村的西山之巅绥芬河畔，与风光秀丽的神仙洞遥相呼应，隔河相望，以山映寺、以水衬院的独特景色，让人自有一份心灵清净的神秘意境。

1995年 5 月，原西安卧龙寺禅宗32代传人智真法师从齐齐哈尔大成寺来到东宁，相中此地。经国务院、省宗教局、省佛办批准，1996年，智真法师带领众僧化缘，筹措善款，在社会各界和众多信徒的帮助下，开始筹建寺院工程。此寺是东宁行政区唯一的合法佛门寺院。寺院建成后，香火旺盛，每年都吸引着众多的海内外信徒前来顶礼膜拜。

金光寺整个工程包括大雄宝殿、天王殿、西方三圣殿、禅堂、佛塔、钟塔和万佛宝塔、财神殿、地藏殿、观音殿等建筑，总建筑面积3.5万平方米，总投资1.8亿元。主建筑群位于山顶，以大雄宝殿、三圣殿和观音殿为中轴，东侧有财神殿、祖师殿、僧寮，西侧有地藏殿、斋堂、法堂、客堂和流通处。

寺院内分为殿堂区和生活区，包括三圣殿以内的殿堂面积1 464平方米，生活区面积493平方米。在大殿中间供奉着三尊5.5米高站立的喷金西方三圣，在西方三圣前供奉着观世音菩萨，观世音菩萨像的左右供奉着善财和龙女。东西共有十个偏殿，每殿供奉着菩萨及护法善神。每年到金光寺朝拜礼佛、听经闻法的居士约 3 万人次。每年四月初八、十八有近万人次到金光寺朝拜。每月初一、十五有近千人上香、听经，香客来自北京、上海、广州、吉林、云南、辽宁、山东、福建等地，间有来自韩国、俄罗斯的香客。每年七月初十，寺院举办为期七天的超大型水陆法会。

寺院不定期地举办各类法会，如三时系念法会、瑜伽焰口法会、万佛忏、金刚七、观音七、楞严七等法会。此外，应信众之请，寺院还会为其举行严净、开光和放生等仪式以及送往生助念佛事。

3.龙泉山庄

龙泉山庄位于唐代渤海国遗址大城子村附近，始建于2001年，由一个废弃的采沙场扩建而成。

2005年，龙泉山庄建有 3 层别墅一栋，西侧有一个鱼池，水面 6 亩。南面修建了一处游泳池，约1 000平方米。北面为果树园，种有苹果梨、杏、桃、樱桃、龙冠、葡萄等。别墅前为曲径通道，亭榭相连，甬道被繁茂的葡萄藤所覆盖。幽静清新，令人神驰。山庄外有蔬菜大棚，猪、牛、羊、鸡、鸭、鹅、兔养殖场。山庄的肉、菜、蛋、果，均为无公害纯绿色食品。浏览龙泉山庄不仅可以品尝到绿色食品大餐，还可垂钓休闲、游泳健身。

4.滩头鱼村

滩头鱼村位于三岔口镇新立村东南角，距三岔口镇 6 公里。

新立村地处绥芬河与瑚布图河（中俄界河）交界处，是全国知名的滩头鱼（远东鸭绿）主产地。每年春季滩头鱼、秋季大马哈鱼沿绥芬河洄游至此。由于滩头鱼、大马哈鱼肉质鲜嫩、味道醇美且季节性强，届时人们纷至沓来。新立村的村民利用得天独厚的地理优势，兴办了旅游休闲的滩头鱼村，范围约10平方公里。此处生态环境良好，水量充沛，水质清澈，水清流急，石砾见底，植被繁茂。渔民在岸边搭起茅草屋，形成了土著式村落。每年捕鱼季节，水面上船只穿梭往来，一网接一网，一船接一船，形成东北地区难得一见的江南水乡风韵。每年春季国内外游客到此观光，不仅品味滩头鱼的美味，还能观赏驾舟捕鱼的场景。秋季捕获大马哈鱼时，夜晚的河面上渔舟灯火相映，颇具“秋江渔火”之美景。

5.碧水湾国际旅游度假区

碧水湾国际旅游度假区位于东宁市大肚川镇新城沟水库，距东宁镇5公里，总占地面积13.5万平方米。碧水湾总体划分为溪岸别墅区、养老度假区及水上游乐区三个功能区，建有餐饮中心、养老公寓、游艇码头、水上长廊、水上餐厅、滨水栈道、钓鱼平台、水上乐园、阳光沙滩、休闲茶座、游泳池和跳水池等，形成完美的人与自然和谐一致的现代山、水、林景区。

水上乐园是度假区的核心，占地面积8万平方米，内有七大主题玩水项目：有逼真的海啸池，能让游客体验到大海涨潮时的惊心动魄，内设高标准游泳池，是游泳爱好者的乐园；游客徜徉在乐园内，突然从天而降一桶清水，兜头浇向游客，这就是仿佛遭遇“劫匪”袭击似的“玛雅水寨”；年轻的情侣可以携手同玩浪漫的“双人回旋滑梯”；有极富速度和高度刺激的三彩高速水滑梯，是年轻的勇敢者巅峰的玩水设备；还有大型水上亲子设备——儿童戏水池和章鱼大滑梯，让小朋友玩得其乐融融，流连忘返。水上乐园可同时容纳5 000多名游客游玩。

餐饮中心为游客提供纯天然的绿色食品和正宗俄罗斯餐饮。2018年餐饮中心启动优质果蔬采摘基地建设，自种绿色蔬菜，自栽果树，力争两三年内建成自己的“菜园”和“桃园”，让游客吃到无污染的放心果和放心菜。

碧水湾国际旅游度假区立足山水园林、“绿色环保”以及原生态园林休闲园区的特点，对城子沟水库进行保护性开发，将人文景点与天然景点融为一体，打造“生态休闲度假区”。已形成“可览、可游、可居”的环境景观和集“养身—娱乐—餐饮—住宿—观光旅游”于一体的景观综合体。2016年被评定为国家AAA级旅游景区、国家747个优选旅游项目和东宁市中俄跨境旅游产业项目。

6.侵华日军东宁要塞遗址群

东宁要塞遗址是日军在中苏、中蒙边境17处筑垒地域之一，是日军14个国境守备队的第一国境守备队所在地；是第二次世界大战期间，亚洲综合规模最大、最具典型意义的筑垒地域之一；东宁要塞是保存比较完整、为数不多的第二次世界大战遗留下来的重要战争遗迹。

东宁要塞群遗址既是日军侵华的重要罪证，也是中华民族屈辱的历史，又是日本侵略者最终受到毁灭性惩罚的历史见证，是研究第二次世界大战史、日本侵华史、抗日联军史、“慰安妇”问题等不可多得的实物资料，是进行爱国主义教育、国防教育的实物教材，具有重要的历史研究、保护价值和很强的现实意义。

1999年6月18日，东宁要塞遗址展区勋山阵地遗址完成初步清理后正式对游人开放。勋山阵地遗址展区旅游高峰时，日接待游客达3 000余人次，使勋山阵地遗址展区成为全市乃至全国人民接受爱国主义教育、国防教育的较好载体。

2001年8月29日，东宁要塞遗址景区被省旅游局授予“AA级旅游景区”。2008年3月29日起，按中宣部、财政部、文化部和国家文物局四部委的要求，侵华日军东宁要塞勋山阵地遗址正式实行免费开放，参观人数大幅度增加。据不完全统计，2008年接待量达13万人次，2009年接待量突破15万人次，2010年接待量突破18万人次，至2014年12月末，累计参观人数已达205.6万人次，参观人数年均递增15%。2018年，要塞博物馆全年共接待海内外旅游参观者29.3万人次。

2009年9月，东宁要塞遗址展区被全国旅游景区质量等级评定委员会授予“AAAA景区”。

2011年4月11日，中共中央宣传部、国家发改委、国家旅游局等国家14个部委公布了“全国红色旅游经典景区第二批名录”，东宁要塞遗址景区成功入选“全国红色旅游经典景区”，入选“黑龙江省100个最值得去的地方”。

2014年9月1日，国务院公布“国家级抗战纪念设施、遗址”名录，“侵华日军东宁要塞遗址”入选。

勋山阵地遗址是目前侵华日军东宁要塞遗址区内唯一一个公开对外开放的展区，内有东宁要塞群遗址博物馆、勋山阵地遗址、苏联红军烈士纪念碑、和平广场、浮雕墙、东宁抗联英雄园和兵器园等展区。

“东宁要塞群遗址博物馆”展出了“二战”时期各类文物500多件，有侵华日军遗留的武器弹药，下达的密令文件、颁发的奖章、生活用品，伪满社会奴化教育使用的教材、宣传品，中国劳工使用的工具，抗日联军和苏联红军使用过的武器及用品等。博物馆序厅的浮雕和立体圆雕震撼人心，新建的大型复原战争立体场景“最后一战”，占地500平方米，场景内人物逼真，能切身感受到当时要塞内的景象。

2018年，“东宁要塞群遗址博物馆”新增文物350多件，全年接待游人十万多人次。

三、主要旅游线路

（一）国际旅游线路

1992年，开通东宁—俄罗斯符拉迪沃斯托克（海参崴）3日游，东宁—俄罗斯符拉迪沃斯托克（海参崴）—哈巴罗夫斯克6日观光游，东宁—俄罗斯乌苏里斯克（双城子）—符拉迪沃斯托克（海参崴）3日观光游。

1994年，开通东宁—俄罗斯纳霍德卡3日、4日豪华游、标准游、经济游、5日以上度假游（全包）。开通东宁—俄罗斯乌苏里斯克（双城子）30日商务游。

1998年，开通东宁—俄罗斯哈巴罗夫斯克10日商务游。

2000年，开通东宁—俄罗斯符拉迪沃斯托克（海参崴）—莫斯科—圣彼得堡11日游。

2005年，开通东宁—俄罗斯堪察加半岛旅游线路。

至2018年，凭借独特的对俄区位优势，陆续开通东宁—符拉迪沃斯托克（海参崴）3日、4日游及商务游，东宁—堪察加7日生态游，东宁—纳霍德卡—彼得洛夫湾5日游，东宁—伊尔库斯克5日游，东宁—俄罗斯4日狩猎游等旅游线路，带您到俄罗斯领略异国的自然景色和风土人情。

（二）国内旅游线路

2001年，开通东宁—北京7日游；东宁—大连、烟台6日游。

2004年，开通东宁—华东五市、黄山、千岛湖8日游；东宁—海南环岛双飞8日游。

至2018年，东宁市内旅游再添新的线路：

（1）金光寺—民俗博物馆—东宁口岸—宝玉石城—东宁要

塞—建禄酒庄一日观光游，可带您感受禅宗文化、体验朝鲜族民俗、看口岸、赏玉石、登要塞并体验东宁冰葡萄酒的独特魅力。

（2）“周末游龙江”活动旅游线路：

主题线路名称	游览景点介绍
春季赏花品鱼踏青一、二日游线路	第一天： 上午：万鹿谷（观赏红毛柳）—万鹿沟村（S206省道两侧观赏梨花、杏花）—东宁博物馆—佛教金光寺（感受佛教文化）—芬河帝堡国际酒庄（品购冰酒、红酒）—转角楼村北山（十里杏花坡观赏杏花）—新立滩头鱼村（品鱼、观赏界河风光） 下午：滨河公园（观赏百米文化长廊）—神仙洞公园（观赏达子香、迎春花）—西山千亩梨园（观赏梨花）—宝玉石城（购玉件、赏美玉）—东宁口岸（远观留念）—东宁要塞（参观要塞遗址博物馆） 第二天： 洞庭峡谷地质公园（观赏奇山秀水风光，品农家菜）
夏季探秘戏水一日游	A线：市区—碧水湾景区（水上乐园） B线：市区—洞庭峡谷地质公园（观赏奇山秀水风光，品农家菜）
秋季自驾、骑行采摘一日游	A线：市区—万鹿沟村果园 B线：市区—太阳升村果园

第五章 经济概况

第一节 计划经济时期的经济概况

新中国成立前，东宁县城三岔口曾是吉林省东部（当时东宁县属吉林省管辖）的重要商品集散地。由于对俄贸易，全县的工商业在清末和民国初期兴旺繁荣。日伪时期，在日本侵略者的残酷统治和压榨下，民不聊生，商业大多倒闭。伪满后期，一切物资转为军用，残存的商业已无货可卖。1945年8月抗日战争胜利后，又经土匪抢劫破坏，商业所剩无几。

新中国成立后，党和政府在领导人民发展生产的同时，大力开展城乡物资交流，使商业得到恢复和发展。20世纪50年代初，网点就普及全县城乡。到1978年底统计，全县已有百货、食品、五金、烟酒、粮食等专业商店和饮食、服务行业及农村供销社（部）等，共计172处。到2018年，全市共有商业网点15 088处，其中企业2 430处，个体12 213处，合作社445处，是历史上最繁荣昌盛时期。

东宁的地方工业和交通运输事业，经历了一个从无到有、从小到大的发展过程。新中国成立初只有六个油、酒、米、面作坊和一家铁匠炉。1978年底，已经发展到108个企业，其中全民企业38个，城镇集体工业企业70个；职工人数已达9 687人，其中全民企业职工6 529人，集体企业职工3 158人。此外，还有数千名乡镇企业职工。全县已初步形成了一个具有能源、轻工、建材、机械、冶金、食品等十多个骨干项目和乡、镇企业等地方工业生产体系。较重要的企业有年产超1 000吨的果酒厂、白酒厂和年产500吨的啤酒厂，有年产超10万吨的煤矿6处，有装机1 700E的火力发电厂，有年产2 000吨的水泥厂，有5个陶瓷厂，1个镇陶瓷厂；有为汽车制造生产配套产品的机械厂和生产电子产品的电器厂；有年加工20万公斤人参能力的加工厂。全县已初步形成了以煤、电、陶（瓷）、酒、砖为骨干产品的生产项目。随着全县经济的发展，许多工农业产品除行销国内市场外，有一些产品还销往国外和港澳地区，出口数量逐年上升。农产品和山产品有玉米、大豆、木耳、人参、山野菜、松茸、白瓜子，工业品有陶瓷锦砖、宝丽光锦砖、彩色釉面砖等，深受国外和港澳地区客商的欢迎。2018年完成工业总产值152 418万元，全市规模以上工业企业全年实现销售收入157 138万元，实现利润总额21 956万元。

随着国民经济的发展，全县人民的生活也有了很大改善，人均收入普遍增加，绝大部分居民住上了砖瓦化的新房。近千台的摩托车遍布城乡，自行车、手表、缝纫机、洗衣机、收录机等已基本普及。

从新中国成立初期到改革开放，东宁县经过三十多年的基本建设，已经形成了以建材、能源、食品工业为支柱，以粮食生产为基础等多种经营全面发展的经济体系，为今后进行经济体制改革，加速全县向社会主义市场经济迈进奠定了可靠的物质基础，开创了经济腾飞的优势。

第二节　改革开放后的经济概况

1978年十一届三中全会后，特别是1986年以后，东宁县由计划经济向社会主义市场经济逐步转化，县委、县政府率领全县人民坚持改革开放的总方针，不断探索建设中国特色社会主义市场经济之路，为县域经济发展积累了丰富的实践经验，奠定了坚实的理论基础。

2010年，全县实现地区生产总值83亿元，全口径财政收入7.1亿元，社会消费品零售总额18.8亿元，年均分别递增22%、21.8%和19.5%；实现城镇人均可支配收入20 200元、农民人均纯收入15 000元，年均分别递增18.9%和26%，两项均居全省前列。经济综合实力连续7年进入全省十强县行列，成为全省首个农民人均纯收入万元县。启动建设了全国最大的黑木耳山产品产业集群，成为中国食用菌协会黑木耳分会会长单位，荣获中国黑木耳第一县、全国食用菌十大生产基地县等称号。被评为全国卫生县、全国平安县、全国文明县、全国生态县和全国科技示范县。到2011年年末，全市地区生产总值实现112.89亿元，三次产业结构调整为24.0∶28.5∶47.5。第一、二、三产业对GDP增长的贡献率分别为26.1%、39.4%和34.5%。第一、三产业对经济增长的贡献增强，第一产业贡献率提高到26.1%，第三产业贡献率提高到34.5%。全市人均生产总值达到5 3599元。

2018年，党的十八大召开以来，全年财政总收入达到74 519万元（含基金），完成全口径财政收入65 555万元，全年完成公共财政收入37 744万元。①

①以上内容参考东宁县志办公室编《东宁县志》，第427页、450页，哈尔滨：黑龙江人民出版社，1989年版。

第二编 ★ 老区人民坚贞不屈的抗日斗争

第一章　抗日烽火

第一节　党组织的建立与活动

1926年夏，中共北满地委派“中共党员王纯一、苏子元、王宝恒、金晓兰四人到五站（绥芬河）开展党的活动”，他们以教员和校长的身份为掩护从事党的工作，组建了绥宁特支，王纯一为特支书记，发展党员13名。年末，北满地委决定撤销绥宁特支，恢复铁路支部。

1927年7月，中共北满地委派于明智（于若痴）、延颇真以学校教员身份为掩护，先后在东宁（三岔口）、五站、六站（绥阳）、七站（细鳞河）等地开展活动，建立党的基层组织，通过发展，共有党员9人，隶属中共北满地委领导。

这一时期地下党的主要任务是发展党员，建立党的基层组织，通过党员的秘密活动，揭露封建军阀的反动统治和日本帝国主义侵略东北的罪行，扩大在群众中的影响，奠定一个良好的群众基础，为发展党的组织创造条件。

1930年初，共产国际发出“一国一党”的指示。在东北的朝鲜共产党宣布解散。东宁党组织按照上级的指示，7月在小绥芬、寒葱河、高安村、团山子、佛爷沟、老黑山等地接收部分朝鲜党员。此时东宁的党组织得到了加强，将东宁党支部改组为东宁特别支部，党的负责人为全哲山。东宁特别支部是北满特委（哈尔滨市委兼特委）领导的五个特支之一。其所属两个支部，党员有19人。

第二节　艰苦卓绝　浴血奋战

1932年5月，王德林的救国军进驻东宁，总部设在三岔口。中心县委为争取这支抗日武装，派我党干部李延禄参加了救国军，任救国军参谋长。中共地下党组织派到救国军的孟泾清、金大伦、贺俭平等同志随着总部来到东宁，成立了党支部。在金大伦的倡导下，救国军总部在三岔口办起了《救国日报》，每天发行达1 000份，对扩大抗日救国的政治影响，动员群众抗日起了很大作用，爱国青年和东宁一带的各股山林队纷纷加入了抗日救国军的队伍。8月，中共满洲省委军委书记周保中为了争取王德林抗日，来到救国军，被王德林聘为总参谋长和总参议长。

1932年末，日军在牡丹江方面沿哈绥线向东挺进，派一部向八面通、绥阳进犯，又从延吉向绥芬大甸子吴义成部进攻。在敌人大举进攻下，救国军节节败退，刘万魁部在绥阳被缴械并投敌，关庆禄旅在绥芬河投敌。

1933年1月10日，日本侵略军分别从万鹿沟、通沟方向进攻东宁县城三岔口，救国军总司令王德林因敌我力量悬殊，被迫率司令部官兵撤入苏联境内。

日军占领三岔口以后，中共东宁区委从高安村转移到了岭后北沟（今新立村北）以北的岭后屯，此间，中共东宁区委的党员被日军和土匪杀害十余人，八里坪、土城子、金厂一带已没有党员。

1933年7月，东宁有中共党员37人，其中工人5人，其余大部分是农民。9月，汪清和珲春游击队联合吴义成部队攻打三岔口县城时，把高安村和大乌蛇沟（今东方红村）一带遭到严重破坏的地下党组织恢复起来，这个特殊的党组织在抗日斗争中起到了重要作用。11月，党组织根据武装斗争形势的需要，派全哲山到大甸子、万宝湾一带，在韩成立、郑昌顺的帮助下，组建了抗日游击队，有20多人，这使地方党组织终于有了自己的抗日武装。老黑山远离县城，交通不便，山高林密，河流纵横，又与吉林的珲春和汪清县交界，是开展游击战的好地方。他们主要活动在老黑山一带的三道崴子、黑营、三棵桦树、万宝湾、二道沟等地。他们一面在山上开展游击战，一面向群众做抗日宣传工作，动员群众拿起枪来武装抗日，游击队不断扩大。随着抗日斗争形势的日益残酷，日军进入老黑山后，加紧了对地下党组织的破坏，被吉东局称为“东宁好支部”的中共老黑山支部遭到敌人严重破坏，不少党员被捕牺牲，甚至有部分不坚定的同志叛变、逃走，党员人数锐减，党组织面临着严峻的考验。面对白色恐怖，东宁党组织有半年时间和上级党组织中断了联系。但是，中共东宁区委以顽强的革命精神坚持斗争，整顿了党的组织，切断了已被敌人掌握的联系渠道，还发展了乌蛇沟一个党支部。到1934年4月末，东宁县的党员还有20人。

1934年8月，东宁地下党大部分基层组织被破坏和瓦解，一些党员与区委失去了联系。但是，三岔口一带的党员李日鲜、郑成三等人，在与党组织失去联系的情况下，仍在当地坚持抗日斗争活动。他们千方百计地与抗日部队接上关系，继续组织反日会，进行抗日爱国活动，直到最后随抗联转移。

1934年底，党组织派黄根同志加强老黑山党支部的工作。在日伪军进驻老黑山不久，他受支部的委派，打入日军操纵的“朝鲜民会”担任文书。黄根利用这一“合法”的身份，给党的地下工作人员开证明信，传递日伪动态情报，使抗日队伍多次化险为夷。后因叛徒告密，敌人在1935年2月把他杀害在狱中。同时被捕的朴从钧和19名反日爱国青年也只被释放了5名，其他的全部被杀害。

1935年是东宁地下党组织遭到破坏最严重的一年，地下党支部原来有8个，只剩下老黑山1个，党员也只有5个人。9月，三岔口周边地区日伪开始实行“归屯并户”，边远的小屯和散户的房屋均被烧掉，修筑要塞的边境地区已经变成了“无人区”。在这种情况下，东宁区委决定转移到老黑山一带，组建了老黑山特别党支部，由金荣日、金英华负责，在老黑山周围村屯继续发展党员、团员和反日会会员。9月18日，金荣日在家中与金英烈、李擎天秘密开会，发起组织了老黑山“中高（汉、朝族）”反日联合会。会后在老黑山、西老黑山、太平沟、奔楼头、东片底子、二道沟等地发展成员，建立支部。

“中高”反日联合会以反满抗日、驱逐日本侵略者、夺回东北四省失地为宗旨；以推翻地主资本家统治，实现财产公有的共产主义制度为最终目的。

老黑山地区群众抗日活动开展得轰轰烈烈，使日本宪兵队惶惶不安。惊呼“老黑山地区民众几乎都加入了反日会”，“反日会内潜伏着中共的坚强干部”。从1936年春开始，日军采取“以华制华”的手段，接连在老黑山地区发动了3次“大检举”，利用内奸告密，对党的组织和反日会及爱国青年进行了残酷的镇压，个别人叛变了革命。

由于叛徒崔炳洛等人告密，1936年2月老黑山地区党支部负责人金英华被捕，并在反日会会员朴必任家搜查出金英华发展的近20名反日同盟会会员名单，名单上的会员全部被捕。在狱中，敌人对金英华严刑拷打，上老虎凳、灌辣椒水、夹手指等刑罚都用上了，但金英华和朴必任坚贞不屈，敌人什么也没有得到，最后将金英华和朴必任杀害。

1936年4月5日，叛徒金京日出卖了反日会组织，日本宪兵队逮捕了老黑山特别区“中高”反日联合会会长金荣日、各屯的反日会负责人和反日会会员三十多人，金荣日等负责人英勇就义，他们为抗日流尽了最后一滴血。老黑山特别区党组织和反日同盟会组织再次遭到严重的破坏。

一批一批的战友倒下去了，地下党员们并没有被敌人的血腥镇压所吓倒，他们擦干身上的血迹，踏着烈士的足迹继续战斗。

1936年4月，东宁区委接受中共道南特委的领导。秋季，李擎天临危受命，担任了老黑山地区党支部书记。在白色恐怖的笼罩下党的活动非常艰难，为了开展活动，党的上级组织同意李擎天打入日伪的“忠誓会”并担任副会长的职务，以“忠誓会”副会长的身份开展工作。

李擎天是珲春县大荒沟人，朝鲜族，1896年生，1931年参加珲春抗日游击队。1934年来到东宁县老黑山地区开展地下工作，1936年担任中共老黑山地下党支部书记。李擎天是一个有勇有谋的人，他以汪清成立“忠誓会”使得敌人警察升官的例子，诱使一个姓金的朝鲜族警察出面，在老黑山地区成立了“忠誓会”，担任了副会长，以此身份做掩护来开展党的活动。参加“忠誓会”的都是在1934年冬天靖安军“讨伐”时所抓捕和查出的我抗日游击队员的家属、反日会员、农会会员。

1940年入秋后，李擎天得知抗联部队在山里越来越困难，就想出了一个办法，他利用敌人急于消灭抗日武装的心理，借口上山去劝降，帮山上的抗联解决困难。

1941年，日本实行关东军所谓“大演习”和“满洲国战时总动员”，公布“战时统治法”，实行法西斯统治，地下党和抗联活动更加困难。7月的一天晚上，李擎天通过他的叔伯兄弟李风树转告家里说：情况不好，我们将转移到苏联。

1941年8月的一天，李擎天准备随抗联队伍转移，他想念家里的亲人，部队首长同意他在临行前秘密回家告别一声。李擎天在家中不幸被捕，第二天被押送到东宁宪兵队。李擎天是一位久经考验的党员领导干部，面对敌人的重刑毫不畏惧，英勇不屈，在狱中壮烈牺牲。他是伪满时期东宁最后一任党支部书记。

第三节　东宁要塞的罪证

一、东宁要塞劳工

（一）劳工来源

1.修筑地下秘密工事的劳工

这些劳工大部分是南方战场的共产党八路军和国民党军等中国军队战俘（日军称他们“特殊工人”），少部分是南方各地的市民或村民，年龄多在20—30岁。据昭和十八年（1943年）七月五日“东宁宪兵队队长关于特种工人情况的报告”中记载：“这些特种工人约60%是属蹯（盘）踞在山东省附近的蒋介石直系军，其余为八路军和其他杂牌军。”劳工们都是在武装的看押下，从事超强度的非人的繁重奴役劳动，没有任何人身自由，看管非常严格，经常遭受监工的毒打和残害。大多数劳工工程还没结束，就被残酷的劳役或疾病折磨致死。部分幸存者，当工程结束，为保守工程秘密，全部被日军秘密杀害。

2.修筑铁路、公路、战壕、碉堡、机场和装卸车等其他工作的劳工

这些劳工主要来源于东北三省和关内诸省的“骗招”以及行

政“供出”、摊派、“勤劳奉仕”、抓捕“浮浪”等。这部分劳工，待工程结束后，有的就地解散，有的转入其他工地。劳工们的归宿非常悲惨，多数被扔进了“万人坑”，或是被抛在道路两旁。每处工事周围都有“万人坑”、乱尸岗、狼狗圈。

3.在当地居民中通过招工、“勤劳奉仕”、强行摊派等征集的劳工

这部分劳工主要被用来从事工程中的运输、挖壕、种菜及营房区杂活等。对这部分劳工在管理上较前两部分宽松些，有少量微薄的报酬。这也是为了安抚当地的居民，减少冲突，掩饰其侵略者的真实面目。这部分人同样没有人身自由，同样受压榨和欺凌。

（二）劳工生活和劳动状况

1994年6月，东北烈士纪念馆专家考察组在大肚川镇老城子沟村采访了当年劳工李宏山。据李宏山讲：劳工一年四季住席棚，冬天穿的是麻袋片，吃的是橡子面、小窝头，吃饱吃不饱就一个，不是冻死，就是饿死，还有打死的。那时干活叫“三九点”，早3点起床，晚9点多钟收工，当时劳工中流传着这样一句话，“要吃日本饭，就得拿命换”。劳工干活提心吊胆，活了今天不知是否还有明天，在铁路两旁不远的地方就有一堆一堆的死尸，新招来的劳工又不断地补充。铁路沿线每50米设3个哨兵把守，劳工曾多次集体逃跑，但活下来的人极少。一天中午刚刚收工，有五六十个劳工突然逃跑，全部被日军打死在距铁路八九十米处，也不许为死去的劳工收尸，出工时还要劳工排着队从尸体旁边路过，以作警示。

（三）劳工坟

“劳工坟”位于老城子沟村东北1.5 公里的山冈上，海拔370米。坟区坐落在两山之间一段较平坦的地段上，其东侧是一片耕

地，西侧是一条日伪时期修筑的宽约两米的南北走向战壕，南北两侧是人工松树林。坟区呈南北走向，有近千个坟包，埋葬劳工至少千人以上。每个坟包间距一米左右，排列有序。经过半个多世纪的风吹雨淋，有些坟包渐渐被削平，轮廓模糊，坟地的边缘已经被不明真相的人开垦成田地。据老城子沟村农民李有才、李宏山等知情人讲："老城子沟的劳工分几伙，有修铁路的，有盖房、修工事的，还有车站仓库的搬运工人。修铁路的劳工有两万多人，听口音都是从河北、山东方向来的，在铁路沿线两旁随处都可以看到惨死劳工的尸体。他们都是饿死、病死、冻死、累死或被打死的。夏天死的人直接拉走，冬天死的人被垛成垛，开春地化冻后再一起拉走埋掉。"

1998年6月，东宁县人民政府将"劳工坟"列为县级文物保护单位。

1999年1月，黑龙江省人民政府将"劳工坟"列为省级文物保护单位。

1999年5月—2000年5月，通过对"劳工坟"三次发掘调查，确认"劳工坟"现在面积约为2.5万平方米。有关专家认定：东宁"劳工坟"是黑龙江省目前规模最大、保存最完整的一处集中埋葬劳工的场所。

二、东宁要塞"慰安妇"

东宁要塞始建于1934年6月，筑垒地域分布广、工事规模大、军事设施齐全、防御坚固、攻击力强，日本关东军将东宁要塞称之为"国境一级阵地""北满永久要塞"。当年在东宁国境沿线，日军曾驻守4支国境守备队（东宁国境守备队、绥芬河国境守备队、鹿鸣台国境守备队、观月台国境守备队），东宁地区屯驻日本关东军野战第三师团、野战第八师团、野战第十二师团、混成第一三二旅团、战车第三十五联队、东宁重炮兵联队、铁道第三和第四联队、关东军东宁前线防卫司令部（国境监视队、国境守卫队、国境守备队、警察队、宪兵队），此外还有陆军医院、军马医院等。1941年6月，关东军举行特别大演习（简称关特演），在苏联与中国东北部的国境附近集结约80万兵力，仅在东宁与苏联的国境沿线就投入13万兵力，在国境阵地附近设慰安所50多处，当时按每29名士兵配备1名“慰安妇”并将其配属大队一级。

从朝鲜沦陷到伪满洲国灭亡的三十余年间，日本统治者通过朝鲜总督府和天津大亨公司大量招募“慰安妇”从军服务。日军在东宁国境阵地设立的慰安所名称很多。最常见的便有“某慰安所”“安乐所”“娱乐所”“军人会所”“慰安营”“军人乐园”“鹿鸣乐园”“绥芬园”“俱乐部”“楠公园”“后方设施”等名称。

1999年7月，东宁要塞幸存“慰安妇”先后被发现。据东宁要塞调查组和东北烈士纪念馆长达4年的调查，发现日军在东宁县的东宁镇、三岔口镇、绥阳镇、大肚川镇、老黑山镇、南天门乡等9处军事要地配置了39个随军慰安所，朝、韩、日三国“慰安妇”总数近千人，其中朝鲜、韩国“慰安妇”800人左右，另外200人左右为日本妇女，平均每一个“慰安妇”要接待130名日军官兵。

在东宁要塞的“慰安妇”，从精神到肉体受到日军残暴的蹂躏，众多的“慰安妇”因反抗日军凌辱被害致死。而今天幸存下来的为数不多的“慰安妇”，虽然多数不愿向外人透露那段屈辱的历史和悲惨的遭遇，带着冤屈和悲愤走过了一生，但是依然有少数幸存者，不愿带着自己和所有“慰安妇”姐妹的痛苦离开人世，她们冲破重重障碍，摆脱来自各方面的压力，勇敢地接受中外记者采访，毫无保留地讲述各自的遭遇。她们从昔日魔窟中走出，向世人控诉屈辱，向日本讨还血债。

2000年5月4日，由中国二战史抗联研究中心和东宁县政府在东宁举办的“侵华日军‘满苏’边境防线暨东宁要塞论证会”上，“慰安妇”幸存者李凤云、池桂兰、李光子、金仙玉四人首次向与会的中外记者和新闻媒体控诉了被日军招骗做“性奴隶”的悲惨经历，公开向世人讲述了她们在肉体和精神上遭遇的痛苦和凌辱。

日本考察团成员竹内治一听了控诉之后，沉重地走到四位老人面前，深深地鞠了一躬。他说：“日本政府应该向中国人民谢罪。”

幸存者朴玉善回忆道：1941年秋，她被以招收纺织女工的名义，从韩国秘阳郡的一个农村同许多姐妹一起被招工到中国，被押送到天长山要塞充当“慰安妇”。她是秋天来的，日本老板娘给她取了一个日本名字叫秋子。从此，秋子的称呼传遍兵营，带着淫邪的声浪，浸着强暴的满足，伴随着她度过了长达四年的屈辱岁月。她到要塞时刚满18岁，身材苗条、五官清秀，加之她能歌善舞的天性，比一般“慰安妇”更招日本人喜欢。兵营军官把她同其他“慰安妇”分开，让她独居一处，专门供军官享乐，并派人教她学唱日本歌，学跳日本舞，把她打扮成日本女子，并定期为她检查身体。一年之后，她除了为军官服务还充当了艺妓，每逢节假日或军事演习之后，还让她到驻地去慰问演出。

1999年7月8日，要塞调查组根据群众提供的线索，找到一名仍健在的已78岁的日军“慰安妇”， 居住在道河镇敬老院，名叫李凤云，是一名朝鲜族老人。

2000年年初，调查组又找到了3名幸存的慰安妇：79岁的金淑兰老人，原籍朝鲜平壤；72岁的李光子老人，原籍日本（朝鲜族）；78岁的池桂兰老人，原籍韩国釜山。

2000年10月，池桂兰老人回到了韩国，在韩国一家民间社会福利院生活。2002年，李光子老人病逝。秋，受中国“慰安妇”研究中心苏智良教授委托，东宁县文物管理所和东宁县公证处为金淑兰、李凤云两位老人做了“受害身世申诉要求”公证。

2003年夏，东宁要塞调查组寻到了第五名健在的慰安妇。由于种种原因，她对那段历史讳莫如深，要求一定不要说出她的真实姓名。她住在东宁县绥阳镇，汉族，81岁，原籍上海闸北。

2016年，幸存的最后一名“慰安妇”李凤云老人在东宁养老院离世。

第四节　顽强不屈　英勇斗争

一、二道沟抗日根据地

1939年春，日军为了切断抗日联军与人民群众的联系，实行了“边民内迁”政策，强迫小乌蛇沟村的居民迁到二道沟建立新屯，并指定张传福为屯长。张传福领着20户人家，起早贪黑盖起了“地窨子”和“马架子”暂避风寒。当将要开犁种地时节，日伪警察特务又来撵他们搬家，说“不够30户不准建屯”。他们被迫又把迁到阳明、和光两个屯子的住户动员来了十多户，才把这个屯子定下来。

1940年1月，抗联五军政委季青率部队来到距二道沟屯较近的马鹿窑子、寒葱河、片底子一带建立了密营。在抗联领导人季青、陈德山的直接帮助下，1940年3月在屯里成立了反日会，张传福被选为会长。从此，反日会员在张传福领导下，带领二道沟村群众巧妙地通过各种办法给抗联送信、送粮、买东西等。潘兆清等5名群众把在奔楼头后崴子种的5垧多玉米大部分送给了抗联。

1940年7月，抗联第一路军第三方面军由安吉、崔贤带领40多人来到了二道沟，当地群众连夜杀了两口猪慰问他们，部队走时还有十几名群众随同送粮。同年9月，屯里群众得知抗联二、五军到马鹿窑子密营会师的消息，张传福和群众商量后马上送去一头大牛慰劳部队。为纪念这件有意义的事情，“杀牛沟”由此得名。

抗联部队长期战斗在深山密林，跋山涉水，行军打仗，衣服鞋子奇缺又难以买到。为了解决抗联部队的这一困难，张传福和交通员许正祥等人，花了很大代价买通了老黑山一家商业主，一次就给抗联送去了20多套衣服、20多双胶鞋，以及帽子、腿绑等。有的群众看到抗联战士的鞋坏了，就主动把自己的鞋脱下来送给战士。

为了保证密营的隐蔽和抗联部队的安全，及时准确地传递情报，屯里推荐许正祥为交通员。为使许正祥安心当好交通员，挑了两垧好地由大家负责给他耕种，收获的粮食归许正祥家用。由于交通工作搞得比较好，情报及时准确，使抗联部队多次化险为夷。一次，得知老黑山往二道沟方向开来二百多名日伪“讨伐队”，许正祥立即给抗联送去了情报，次日清晨“讨伐队”进山，抗联部队早已转移了。还有一次，日伪“讨伐队”进山“讨伐”到万宝湾屯时，给二道沟打来电话，叫他们给安排食宿，许正祥马上给抗联送了信，第二天，“讨伐队”又扑了空。

1940年秋，日军“讨伐”升级，他们采取严密封锁和切断反日群众同抗联联系的诡计，在这仅有30户人家的小屯子里，设立了有15名警察组成的警察队，由日本人担任队长，强迫群众在屯子周围挖了3米宽、8米深的封锁壕，在沟的里侧修筑了土墙，沟的外沿夹上木杆杖子，大门有人站岗，从屯子出入的群众都要进行严格的搜身检查，外出每人每天只准带一顿饭。尽管敌人采取了严密封锁手段，并没能切断二道沟反日群众同抗联部队的联系，群众仍然经常避开敌人的封锁把粮食送给抗联。高利俊、李增金等人多次按事先约定的时间、地点，爬大墙、越壕沟、跳杖子把粮食送到抗联战士手中。也有些群众把下地带的干粮送给抗联战士们吃。凡是抗联部队需要的粮、油、盐、菜、火柴、旱烟叶、衣服、鞋、药品等，群众都想办法及时送到，仅一年的时间就送出粮食1万多斤。

一次，日特张世恩窜到马鹿窑子木帮，以给管账先生尹洪升到东宁县城找事干为名，把他骗下山来，路经万宝湾时，张世恩用手枪把他逼到警察队，经严刑拷打，尹洪升供出了二道沟反日会和反日群众支援抗联的一些事情。老黑山宪兵队按尹洪升所提供的材料，首先逮捕了反日会会长张传福，接着先后分四批逮捕了时和春、陈义边、陈长松、时德正、于永松、宋贵廷、李凤林、高元亮、曹连发、时德公、杜继章、周贵、李尚虎、董广才、隋万生等16名曾给抗联办过事、送过东西的反日群众。在狱中敌人虽用了上大挂、灌凉水、灌辣椒水、皮带抽、火钩刨、皮鞋踢、钢笔杆夹指头、跪水泥地等各种残酷刑罚，也没能使这17名反日群众屈服。张传福为开脱别人，把事情全部揽在自己身上。经过斗争，除张传福外，日军把其余16名群众不得不全部释放。后来，张传福被押送到牡丹江监狱，于1941年3月25日被敌人杀害。

在日军大肆逮捕二道沟反日群众的日子里，敌人把二道沟叫作“土匪窝”，把反日群众支援抗联的行动叫作“通匪”，因此，当时二道沟的人到外村去，没人敢公开接近和留宿。同时，敌人的宪兵、特务、“讨伐队”更加频繁地窜到二道沟骚扰和欺压群众，但二道沟的反日群众没有屈服，也没有搬家，他们继承了张传福的遗志，采取了新的策略，继续为抗联送粮、送物、送情报，直至1944年抗日联军战略转移为止。在这四年的时间里，二道沟的群众为支援抗联抗日救国斗争做出了重大贡献。

二、抗日救国军在东宁

1903年，王德林组织数百义民竖起抗俄救国的义旗，配合东北义和团在中东铁路沿线开展抗俄救国斗争。1917年，王德林的队伍被收编为吉林督军第一旅第六七七团第三营，号称“老三营”。

1931年“九一八”事变后，王德林率部队起义，正式打出抗日大旗。

1932年1月，王德林决定，将“老三营”编成抗日救国军，适时揭起抗日义旗。2月8日，全营五百官兵全副武装集合在一所小学的操场上召开誓师大会，会上王德林慷慨激昂地宣誓就任中国国民救国军总司令，并委任孔宪荣为副总司令，李延禄为参谋长，吴义成为前方总指挥，胡泽民（中共党员）任前敌参谋长。起义军不到两个月的时间就发展到了3 000多人，共编为三个团，另还设一个独立营。2月20日，王德林率吴义成、李延禄团和戴凤令营共2 000余人攻占了敦化县城，击毙日军守备队队长谷大尉等50余人，缴获步枪100余支，子弹1 000余发。

救国军的抗日行动在绥宁地区产生了很大影响，一些队伍投奔了救国军。宁安保卫团总队长刘万魁，人称“刘快腿”，首先率队参加了救国军，被王德林委任为团长。驻守绥芬河的东北军二十一旅六〇〇团团长张振邦，在中国共产党抗日主张的影响下，于1931年9月下令驱逐所有在绥芬河的日本人出境，宣布举旗抗日。在日军的大举进攻下，二十一旅旅长赵芷香彷徨动摇欲投靠日本人。救国军总指挥王德林撤了赵芷香的职务，由张振邦接任二十一旅旅长。在李延禄的建议下，张振邦部组成吉林自卫军左路军总指挥部，驻防绥阳、绥芬河一带，与救国军并肩抗日。

1932年3月末，绥宁各抗日部队在宁安召开联席会议，共举李杜为抗日总指挥，张振邦接替赵芷香为二十一旅旅长兼左路总指挥，王德林为救国军总司令。会上确定东宁县为救国军的后方基地。当时东宁、穆棱、宁安均属二十一旅防区。东宁县是二十一旅关庆禄营地，会后二十一旅旅长张振邦将关庆禄营调绥芬河驻防。当年5月，王德林率所部开进东宁县（三岔口），受到当地士绅及人民群众的热烈欢迎。

救国军进驻东宁县（三岔口）后，为扩大抗日队伍，将县城内的警察、保卫团、山林队编为救国军第三团。宁安会议后，中共地下党组织派孟泾清、金大伦、贺俭平等同志随救国军总部来东宁，组成了一个党支部。这个时期在救国军总部里的中共党员还有胡泽民、王毓民、周保中、李延禄、李凤山、李延春等，他们为促使救国军坚持抗日做出了很大努力。救国军为抗日的需要，在机构上组建了八大处，即：军法处、粮秣处、军械处等，并建立了以生产迫击炮弹、步枪子弹和手榴弹为主的兵工厂，还创办了以宣传抗日为主的报社。

救国军本部官兵左臂佩戴上红下白的袖标，上写“东北抗日救国军”，两侧印有“不扰民　不怕死”的字样，中间盖有抗日救国军司令部的圆形官印。王德林唯恐部下扰民，授命军法稽查处昼夜查街，发现不法分子就地正法。东宁县（三岔口）出现了较稳定的抗日局面。

到1932年7月，救国军占领了吉林省东部13个县，队伍发展到8万人，声势之大是前所未有的。

8月，中共满洲省委军委书记周保中来到救国军。王德林早就耳闻周保中是一位有勇有谋的骁将，力排众议，聘请周保中为救国军的总参议。周保中主动要求到前线作战，又被委任为前方指挥部吴义成部的参谋长。

12月24日，日本关东军司令部下达了第四五三号命令，授权广濑师团长“一并指挥增加的兵力和所管辖区域的满洲国军警”，对吉东各部义勇军实行“围剿”，日军调动两个师团以上的兵力，发动了冬季攻势。

在敌人的大举进攻下，从11月份开始，在南线的孔宪荣部失守，率部撤到了九站。1933年1月，李延禄补充团在磨刀石阻敌失败，刘万魁的余部退至绥阳被日军缴械，驻守在绥芬河的二十一旅旅长关庆禄卖国求荣，与汉奸暗地勾结，把2 000多名官兵在绥芬河火车站广场上列队交给了日本人。绥芬河离东宁县城所在地三岔口只有70公里，情况万分危急，救国军的根据地只剩下东宁一隅。

东宁县城三岔口，东与苏联仅一河之隔，南接珲春，北临中东路绥芬河站。1月3日，乌云密布，县城内正面临着一场生死攸关的抉择，救国军司令部里烟雾缭绕，王德林主持着救国军各部将领会议。激战前夜，王德林一身戎装，下达了最后一道作战命令：令副司令孔宪荣率么印清团在三岔口西山一带布置炮兵阵地，守护县城；令前方司令吴义成率部防守绥芬大甸子，阻击汪清、延吉方向的敌人；令旅长郑兴、督战司令张玉亭率领所属部队及刘顺庆营等，分别防守东宁西北方向的平房店、土城子和六站等地；令姜开山团急速开赴老黑山一带，截击日军“间岛临时派遣队”的进攻。

1月9日，日军调动竹本支队、园部支队、密山支队及“间岛派遣队”南北夹击，围攻东宁救国军的大本营，企图占领东北全境这座唯一尚未陷落的县城。

首先受到攻击的是防守在平房店的郑兴旅，阵地突然遭到了敌机的轰炸。一串串的炸弹的爆炸声、飞机的尖叫声、战士们的枪声顿时在平房店上空响成一片。坚守平房店的郑兴旅官兵伤亡惨重，进攻被一次次地击退，不肯善罢甘休的日伪军仍然潮水般地一批接一批扑来，阵地终被敌军突破。郑兴率残部撤至小城子、平房店、太平岭等重要防地死守，敌前锋部队距县城三岔口不足20里了。

防守在老黑山的姜开山团，与1 000多名装备精良的日军展开了一场殊死较量。此团是原东宁地方武装编成，势薄力单，缺少打硬仗的经验，阵地被突破。敌人长驱直入，进至距县城三岔口仅有8公里的高丽营子一带，切断了救国军南撤的退路。该部日军与进至小城子的日军配合，以重炮为掩护，向县城三岔口发起攻势。救国军在县城的总指挥部陷入日军的南北夹击。

救国军防守在东宁县城三岔口西山上的炮兵，急忙向来犯之敌开炮，但是打出去的炮弹均不爆炸，炮手们把炮弹头拔下来一看，里面装的全是沙子，炮手们都傻了眼。在这紧要关头，王德林再次召集全体抗日将领共商对策。王德林认为，即使如此也应尽全力坚持到底。同时提议，联名向全国发表通电，揭露日本帝国主义的侵略行径，陈述义勇军苦战情形，呼吁援助，以便唤起爱国同胞的同情和支持。会议接受了这一建议，发出了通电。

东宁的形势更加严峻，救国军背靠国境河，已是三面受敌了。司令部的气氛十分紧张，虽然总司令的话音已落，众军官们谁也没有讲话，但他们的心却都想到了一处，都在思考着如何动员总司令离开这凶多吉少的险境。

1933年1月13日，王德林、孔宪荣率司令部、卫队、伤员和家眷等，挥泪告别了这块熟悉、亲切的热土，在县城的东南边越过界河一直向东（苏联境内）走去。防守在三岔口西山的部队，顺国境河向北转移，王德林、孔宪荣撤退前委任吴义成为代司令。吴义成在救国军参谋周保中的帮助下，整顿救国军部队，分四路继续抗日。

三、抗日联军在东宁

“九一八”事变后，日军为了长期霸占东北，到处设立了军、警、宪、特等机关，奸淫烧杀、无恶不作，犯下了滔天罪行。东北抗日联军一军、二军、五军等部队先后在东宁地区同日军展开了惨烈的生死斗争。

（一）抗联一军在东宁的抗日活动

1940年，抗日战争处于敌强我弱的局面，东北的抗日活动甚为艰苦。抗日联军第一军为适应斗争的形势，有效地打击敌人，部队化整为零，以小分队的形式开展歼敌活动。

10月的一天，在小黄泥河宿营的抗联小分队派姜殿元等6人去道河的红石砬子村背粮，返回途中，被日本“讨伐队”发现，200多日伪军发疯似的追来，战士们接连打死2名日军指挥官，用手榴弹把敌人一次次打退到山下。趁夜幕降临之机，战士们边打边撤，有3名战士被敌人击中，长眠在此地，姜殿元等其余3人趁夜色突围回营地。

11月，部队根据上级“要采取灵活的战术，见缝插针，打则必胜，保存实力的作战原则打击敌人”的指示，由付万林和姜殿元带领一支小分队从宁安返回东宁，行至黄泥河子的西岭途中，发现百人左右的敌伪“讨伐队”尾随在小分队后面，双方距离已不足500米了，情况万分危急。姜殿元带领几名战士用12颗手榴弹捆在一起做了一个土地雷，埋在敌人的追击路上，等敌人靠近，土地雷一声巨响，敌人被炸得鬼哭狼嚎，战士们趁机向敌人猛烈射击和投掷手榴弹，随后趁机突围。这次战斗打死敌人16名，击伤8人，小分队摆脱敌人追击胜利回到东宁的营地。

（二）抗联五军在东宁的抗日活动

1939年12月18日，吉东省委和第二军总指挥部委任原五军二师政治部主任季青为五军政治委员兼道南政务特派员。季青决定首先找到五军军长柴世荣的部队。此时的部队活动非常艰难，不仅有敌人在各地设置的据点，还不时有日军的“讨伐队”进山搜索。季青带领部队从穆棱向宁安一带活动，结果什么也没打听出来，又转移到东宁县老黑山二道沟屯附近的片底子。二道沟村是1939年新建立起来的“集团部落”，共有36户人家，他们多数是被日军从国境线上驱逐出来在这里落户的，对抗联五军有较好的印象。同时这里地处偏远，山高林密，通过小型木帮主董广才、马守珍等人的帮助，部队站住了脚，着手建立五军的后方基地，准备以此为游击据点进行活动。

在建立后方基地的过程中，抗联三军李明顺团长从苏联来到片底子，季青通过李团长才知道，1939年冬柴世荣在穆棱北遭敌人袭击，队伍被打散，柴世荣领几个人到苏联去了，剩下的一部分人和李团长部队在一起，都在宁安北磨刀石沟里九彪的密营里。

季青和李团长一同到九彪密营里，把五军的部分人员接回片底子。7月中旬第一路军警卫旅旅长朴德范的队伍与第三方面军参谋长安吉的队伍在片底子会合，他们开了一天会，根据他们已一年多与上级失去联系的情况，决定急速返回南满去找总司令部，确定以后的联系地点为片底子。

五军部队在此期间，收容了第一路军第三方面军后方医院的伤员和妇女组成的一个小队。9月初，柴世荣军长率领小部队也从苏联来到片底子。9月中旬安吉率队来到。与此同时，第一路军第二方面军八团团长孙长祥率队也来到片底子。这些队伍都无过冬准备，队员中普遍抱有到苏联过冬的思想。于是，在季青的主持下，召开了团以上干部会议，决定组成道南特委，季青为书记，安吉、柴世荣、崔春国、朴德山为委员，崔贤、黄光林为候补委员，领导这个联合部队，冲破敌人的大“讨伐”。他们详细地研究了冬季的行动计划后，确定首先在片底子大量筹备给养，到敌人开始冬季“讨伐”时，秘密地越过中东铁路，深入到牡丹江下游地区活动，待敌人的锋芒指向该地区时，再向老爷岭开展活动。

10月中旬，柴世荣率领小队顺利地越过了中东铁路，到达林口县红石砬子准备给养，结果被敌人“讨伐队”袭击。季青率领的小队在穆棱站北到轩羊砬子途中正遇柴世荣率队退到该地。由于敌人从北面追击，他们不得不一同返回道南。当时队伍已断炊两天，因此决定攻打东宁县杨木桥子木营，解决给养问题。

部队趁夜色在杨木桥子木营经过5个小时的激战，在几百名工人的配合下，把大量的大米、白面运到指定地点后，部队随即撤出了战斗。这次战斗，缴获长短枪十几支，子弹千余发，军马5匹和大批粮食，击毁敌电台1部，我军无一伤亡。

拂晓后，抗联部队以工人于文河为向导，携带战利品向黄松方向进发，上午10点左右到达了干巴顶子。就在此时，有千余人的日伪“讨伐队”沿足迹追来，根据敌强我弱的情况，部队决定边打边撤，甩掉敌人。经过一场激烈的山林运动战，抗联部队终于把敌人甩掉。敌人伤亡十余人，我方无损失。第二天队伍集合后，发现柴世荣不在，后来知道他在这次战斗之后，与队伍失散，率军部一部分人又去苏联了。

杨木桥子和干巴顶子战斗之后，东宁、宁安、汪清、穆棱等地的日伪军“讨伐队”都向片底子集中。为了避开敌人锋芒，部队转移到老黑山沟里，准备把战斗负伤人员和妇女送到苏联去，队伍潜入珲春向西活动。

1940年12月末，苏联远东战线司令部派交通员通知季青去苏联伯力开会，于是季青于1941年初也率队去了苏联境内。

1941年8月中旬，抗联五军季青等派50人的小部队回到东宁。当时敌人对道南各地统治封锁得很严，小部队虽然极力避免与敌人作战，但还是在老黑山、绥芬大甸子等地不断与敌人接触作战。坚持到11月份，开展工作的机会越来越少，而且对过冬的问题毫无准备，小部队只好又回到苏联境内。

（三）杨木桥子战斗

杨木桥子位于东宁金厂西南28公里，日军为了扩充其侵略势力，大肆掠夺森林资源，在杨木桥子驻有伪森林警察守备队，被骗招和强征来的工人有上千名，在日伪军的刺刀下从事着集中营式的伐木劳动。

1940年11月初，抗日联军第二路军第五军和第一路军第二、第三方面军的260多名战士在林口县红石砬子与敌人激战后撤退，敌人以数倍兵力追击，抗联穿越滨绥铁路向东宁地区转移，成功地甩掉了敌军，来到了杨木桥子附近。为了补充给养，部队决定打杨木桥子。

11月14日，部队通过小通沟向杨木桥子方向迂回前进，在距离杨木桥子十余里处遇到一名从杨木桥子逃出来的工人。当抗联同志说明来意后，这位工人详细地提供了情况：杨木桥子伪森林警察守备队共有六十多人，以队长李蔽昌、副队长刘华洲、日本人隆警尉为首，配有轻机枪一挺，长短枪六十多支，驻地周围是用二十多厘米厚的木方子筑成的围墙，有两米多高，围墙的外围有铁丝网，北侧有两个炮楼，东侧设有一个瞭望哨，南北两个大门都布有岗哨。

季青、柴世荣根据工人提供的情况，决定兵分两路：由三方面军八团团长崔贤带领主力从南沟口正南进攻，二方面军七团团长孙长祥带领部队从北沟封锁两个炮楼，另派两名战士剪断电话线，派一个班到工人宿舍宣传教育，发动工人配合部队运粮。

晚上10点多钟，孙长祥团长已带领部分队伍直插北沟口，迅速控制了炮楼，旋即向纵深挺进。在接近小铺时，不料被刚从小铺抽完大烟的伪警察队副队长刘华洲发现了，他慌忙跑进大院里把正在睡觉的伪警察叫起来，孙团长见此情形就果断地下达了战斗命令。这时主力部队已经赶到，包围了伪警察大院。因情况有了变化，偷袭已被敌人发现，全歼敌人势必有大的伤亡，他决定把先歼敌后运粮的计划改为边打边运，以运粮为主，同时向院内喊话："中国人不打中国人！""交出日本人，缴枪不杀！"部队以迅雷不及掩耳之势，突然发起攻击，敌人慌乱一团，龟缩在院内凭借院墙和工事负隅顽抗。经过5个小时的激战，在500多名工人的配合下，把大量的大米、白面运到了预定地点，部队也随即撤出了战斗，转移到三号坝。这时天已拂晓，抗联队伍由工人于文河作为向导，携带战利品向黄松方向进发了。

这次战斗，抗联无一伤亡，击毙了日本工头大川和他的妻子以及汉奸警长李同才，缴获长短枪十几支，子弹千余发，军马5匹和大批的粮食，击毁敌人电台1部。

第二章　抗日武装斗争

第一节　抗日武装两打三岔口

王德林率司令部撤入苏联后，他的许多部队还在抗战一线上坚持战斗。抗日救国军代总司令吴义成再度收拢余部，先联合东宁的各山林队，后联合吉林的抗日游击队等抗日武装，在日军立足未稳之际，两次攻打东宁县城三岔口，给日本侵略者以沉重的打击。

一、一打三岔口

日本侵略者1933年1月10日占领了三岔口，救国军总司令王德林、副司令孔宪荣过境去了苏联。三岔口与苏联接壤，原是全县政治文化中心，又曾是抗日救国军的根据地，因此，日军侵占后，立即大肆修筑工事，设立了守备队，驻扎了关东军和伪军。经过一段经营，日伪认为三岔口已“固若金汤”，就以此为据点，四处“讨伐”活跃于老爷岭、太平岭一带的零散救国军部队和山林队。

身为救国军督战队司令的张玉亭在三岔口失守后，并没有跟随王德林、孔宪荣去苏联，当天晚上，他带着200多人的队伍，从下水磨沿北山根向道河方向挺进，准备进深山后与日军开展游击作战。王、孔退入苏境之前，任命前方司令吴义成为救国军代总司令。参谋长周保中协助吴义成整顿救国军，分四路继续抗日。

救国军改组后，在周保中的积极努力下，吴义成同意在日军立足未稳之时攻打东宁县城三岔口。周保中与胡泽民亲自组织谋划攻打东宁县城的战斗，他们联络各股抗日武装，组织起活动在东宁一带的原救国军督战司令张玉亭、东宁山林队的鲍老五、朱半拉子、李三侠等被打散的山林队，共联络起两千余人的抗日队伍。

1933年3月9日（农历二月二十四）夜，抗日救国军、山林队等各路抗日部队潜伏于三岔口城外，10日凌晨1点多钟，官兵们开始攻城。一支部队从东门和北门佯攻，张玉亭和杜副官由北进攻，主攻部队由吴义成、李三侠、朱半拉子带领，分别从南门和城东南角进攻；鲍老五则带领队伍埋伏在万鹿沟的谷地里，随时阻击日本支援部队。由于伪警察署中的吕巡官事先与李三侠有联系，救国军没放一枪就从东南角进城，首先包围了警察署，结果有二十多名警察反正参加了救国军。

从南门攻入的救国军，首先占领南火磨（原救国军的兵工厂），然后进入中央大街，占领双合太和福利成两个商号，随即组织一支部队包围了北大街长发祥，那里住着三十多名日伪国境监视队士兵，他们还正在睡梦中，一阵手榴弹被消灭了大部分，侥幸逃出来的被救国军一一消灭，无一逃脱。

城内枪声一响，佯攻东门和北门的两股部队也一拥攻入城内，他们首先包围了住在东大街的伪军团部（内有一百多伪军），向伪军劝降，当时有多数人同意起义。救国军所行无阻，又继续占领了永于德、利兴福、益盛永三个商号和天德火磨等有利建筑物。这时伪军项团驻扎在炭矿的一个骑兵队，在忙乱中开始迎击，不久即被击退。救国军进而控制了西大街商务会（日军守备队司令部）南、北胡同。救国军的指挥部亦随之设在双合太。

日军对救国军突如其来的进攻毫无准备，招架不住，被迫退入西山准备逃走。汉奸项团长急忙劝阻说："胡匪乃乌合之众，且又弹药不继，必难持久。"日军遂重新制订反攻计划。翌日，日伪军开始发动反扑，一股敌人从北街迂回占领福生源木匠铺，用炮轰击救国军的主要火力点，炸毁许多楼房，机枪射手壮烈牺牲，救国军坚持不住撤出阵地。在中央大街，日军强占德顺利，与救国军在东华店展开了激烈的巷战，因敌占据有利地势，救国军坚守不住随即撤出，双方俱有伤亡。救国军的另一主要火力点利兴福，有一挺机枪直接压制敌人西面的火力，对敌人杀伤很大，敌人西山炮兵向利兴福开炮，将炮楼炸毁，两名机枪手壮烈牺牲。这时投降的伪军又叛变，反攻救国军，使救国军处于不利地位，救国军一部分部队撤到城外。敌人接着将南火磨五节大楼炸毁，隐蔽在楼上射击敌人的二十多名救国军战士全部牺牲。留在城内的救国军仍和敌人继续战斗，于同顺居商务会展开了激烈的巷战。

3月12日（农历二月二十七）拂晓，救国军重新调整作战部署，内外夹击向敌人又发起冲锋，经过激烈战斗，又将敌人推到西门和西山炮台一带。日伪军见救国军英勇顽强，遂固守不出。张玉亭指挥部队向西山炮队进攻，连续三次都被强大火力推压下来，有数名救国军战士牺牲。这样相持下去，日伪感到危机四伏，便放出通信鸽子，向绥芬河日军请求支援。

3月13日上午，已能听见万鹿沟方向炮声隆隆，日本援兵从绥芬河边行边打炮向三岔口开来。当日军增援部队过了大城子，在三岔口的救国军为不至于陷入腹背受敌的境地，遂下令分股撤退。当晚，李三侠、朱半拉子等从石门子方向撤走，张玉亭等出了东门沿国境河撤退直奔下烧锅（现新立村）。

救国军打进三岔口，纪律严明，秋毫无犯，又向群众宣传抗日救国道理，这对以后群众参加抗联和支援抗联斗争起到一定的作用。救国军两出两入，歼敌1 000余人，缴获一批武器，迫使日伪军龟缩西山，不得不调援军解围才免遭被全歼的命运，戳穿了“大日本皇军不可战胜”的神话，大长了抗日军民的志气，灭了敌人的威风。日本侵略者重进三岔口后，恼羞成怒，以“通匪”为罪名，烧杀多日，进一步暴露了他们的凶残面目。

二、再打三岔口

1933年9月初，中共东满特委在汪清罗子沟召开会议，会上就与救国军共同行动攻打东宁县城三岔口、进一步争取和团结救国军共同抗日形成决议。

当时，在东满特委领导下的抗日游击队力量较小，参加救国军的中共党员虽有一定的头衔，但还不能左右军队的军事行动。特别是救国军中的吴义成，东北军出身，相信国民党，敌视和怀疑共产党。所以，与吴义成部联合抗日也是当时的一大难题。东满特委从大局出发，为争取这支队伍共同抗日，派我党领导下的汪清反日游击队负责人到吴义成部协商共同抗日大计。

早在6月份，救国军在安图失守，士兵情绪低落。吴义成为了扭转局面，准备挥师北上，攻打东宁县城。吴义成能同意联合抗日的主张，是救国军中的党组织发挥了很大作用。抗日游击队主动提出联合行动，无疑在军事上助了吴义成一臂之力。

出发前夕，在罗子沟附近的老母猪河召开了游击队、救国军、东宁山林队等抗日部队指挥员联合作战会议，研究和讨论了攻打东宁县城的作战方案。会议决定：攻城部队由珲春、汪清、和龙、延吉四个县的游击队（四个中队200余人），还有救国军、反日会、炮手队以及这四个县的群众组织起的支援队伍约1 800人组成。

敌伪在三岔口的兵力部署是：日军一个大队500人左右（四个中队，每个中队100人左右），伪军项团400人左右（三个步兵队和一个骑兵队），计1 000余人。此外还有伪警察和伪自卫队。他们分别据守在三岔口城内各据点和西山炮台。三岔口附近和周围没有敌人的其他部队。救国军第一次打了三岔口后，敌伪又进一步修了工事，整修了6米多宽的护城壕，在西山炮队加修了碉堡，还调来了大炮和装甲车。

当游击队接到与救国军共同攻打三岔口的命令后，战士们个个摩拳擦掌，决心打出游击队的威风来。他们从罗子沟出发，路过西崴子、太平沟、老黑山、万宝湾、佛爷沟、高安村等地向三岔口进军，一路上得到了群众的积极支援。游击队到达老黑山、万宝湾等地时，休整了队伍，做了攻城准备工作，从群众手中借了一部分斧子准备砍铁丝网用，到高安村又从群众家借了被子准备爬铁丝网用，又发动群众做了一部分梯子准备过壕沟用。佛爷沟、浪洞沟、李家趟子等地群众纷纷做干粮支援抗日队伍，不少群众随着队伍到最前线给部队送粮、送水。

各股部队到了三岔口城外以后，前沿指挥部决定，最难啃的骨头——西山炮台由游击队攻打，三岔口城由救国军攻打。1933年9月4日，天还没亮的时候，游击队首先向西山炮台发起进攻，与此同时救国军从南、东、北三方面将三岔口包围并发起进攻。

西山炮台的第一道防线是乱葬岗子，敌人凭借坟包抵抗。珲春游击队负责阻击从城里的暗道向西山炮队增援之敌，汪清游击队负责主攻西山炮台。游击队员个个作战勇猛，第一道防线很快被突破。第二道防线是敌人挖掘的战壕和交通壕，交通壕连接城内日军指挥部，可以随时调动兵力。最后一道防线是碉堡，碉堡建在易守难攻的山头上，配置了好几挺轻重机枪。游击队先是向敌碉堡猛烈射击，然后声东击西，用小部队迂回，分散敌火力之后，选择突破点用主力猛攻，很快突破敌第一道防线，又占领了一部分战壕和敌人展开了白刃战。

攻城的部队也很快进入三岔口街，与敌展开巷战。这时，汪清游击队从西山炮台向西门进攻，在紧急关头，柴世荣、吴义成率领从南门攻入的一部分队伍赶到，共同合击攻下了西门。经过一上午的激战，救国军已占领三岔口三分之二的地方，日伪被压缩到城内一角拼命抵抗。

日伪为了挽回失败的局面，一面向绥芬河方面求援，一面重新组织全部步兵、骑兵、炮兵、装甲车等疯狂反扑。抗日队伍虽然一次次打退了敌人的进攻，但指挥部研究认为：如果战斗继续拖延，我方弹药不继，敌人的援兵即将赶来，那将有利于敌而不利于我。现在既已攻破了三岔口，消灭了部分敌人，初步达到了预期目的，于是决定撤出战斗。

在撤退中，汪清游击队发现救国军旅长史忠恒身负重伤，游击队战士们不容分说立即背起史旅长边打边退，终于撤到了安全地区。

联合作战二打三岔口，是在党中央“一·二六”指示信传达贯彻后，在党的抗日民族统一战线旗帜下进行的大规模的攻城战，消灭了200多敌人。通过这次战斗，共产党领导的游击队英勇顽强、不怕牺牲的战斗作风给其他抗日队伍留下了深刻印象，特别是游击队冒着危险抢救史忠恒旅长，更是感动了不少救国军官兵。从此，我抗日民族统一战线政策更加深入人心，统一战线工作更加活跃。后来，柴世荣、史忠恒都加入了中国共产党，成为著名的抗日将领。

第二节　东宁人民抗日保卫战

一、痛歼“红袖头”

“红袖头”是伪满洲国靖安军，着装同伪满国军相似，不同之处就是在袖口上镶有一道红边，因此老百姓给它起了个名叫“红袖头”。

“九一八”事变后，日本浪人和田劲为了配合关东军占领我东北，在沈阳市东门外设立司令部，搜罗日本退伍军人和东北的流散军官作为骨干，建立了一支反动武装，最初叫靖安游击队，和田劲自称中将司令，日本人美崎丈平为参谋长。1932年改为靖安军，它的主要任务是“讨伐”各地的抗日武装部队。

日军占领东北全境后，活动在东宁一带的有原救国军吴义成的队伍，救国军督战司令张玉亭的队伍，周保中领导的绥宁抗日同盟军，全哲山领导的游击队及李三峡、朱半拉子、鲍老五等各股山林队、珲春和汪清的抗日游击队。为了配合日军“清剿”，伪靖安军步兵二团，还有炮兵、骑兵约一个旅的兵力于1934年8月调东宁“讨伐”抗日义勇军、山林队和抗日游击队。窜入东宁的靖安军主要驻扎在老黑山、三岔口、道河等抗日武装经常活动的地方。

靖安军一个团的兵力驻守在老黑山地区，分别在西老黑山、万宝湾、奔楼头、头道沟、东片底子等地各驻一个连，本部设在老黑山的南村，团长是日本人滕井，排以上的指挥官全由日本人担任。靖安军无恶不作，他们曾在日本连长的带领下，闯进老黑山的短沟子，以“通共”的罪名进屋先撵人，不准携带任何东西，然后把房子全给点着了。村民徐守山不顾性命抱着抢出来的几床被和准备过年的白面，又被靖安军夺去扔进了大火里。老黑山长沟子有一个叫姜振清的农民，1934年秋天，他去县城卖掉了自己家的小麦，买回了五套绒衣和三双胶鞋，偷偷送到抗日游击队的秘密营地，他的行踪引起了“红袖头”的怀疑，“红袖头”化装成游击队来到姜振清家，姜振清从这伙人的言谈举止中看出他们不像抗日游击队的人，扬言要去宪兵队报告，“红袖头”见欺诈不成，便把姜振清拉出去暴打了一顿。

一次“红袖头”怀疑屯子里一个姓修的老人“通共”，他们就把老修头和他的姑娘一起抓走，从此爷俩再也没有回到屯子里来。

1935年春，靖安军在四道河子制造了骇人听闻的“洗沟”惨案。四道河子是党组织建立的游击根据地。抗日将领周保中等领导的抗日武装经常在这里活动，在这个屯子建立了反日会、农民协会和革命互济会，与抗日队伍保持着血肉的联系。罗子沟地下工作人员徐日南叛变投敌后，供出了四道河子屯革命组织的所有秘密。

1935年农历正月十五凌晨，住在老黑山南村的“红袖头”团长腾井亲自带领200多人去四道河子“洗沟”。“红袖头”用机枪向群众扫射，看到从火焰中逃出来的人，也不分男女老幼，用刺刀刺死扔进火里。不到一个小时，整个村庄变成一片废墟，全村120多口人只剩下了8个朝鲜族小孩和3个青年。

1935年刚刚割完麦子，从山上下来3名土匪到长沟子勒索群众，强迫农民每个麦垛要拿出5块钱。此事让“红袖头”知道后，便以通“匪”为名抓走了屯子里40多名农民，送到了老黑山南村，后又用铁丝把他们串成串，步行100多里地，押到三岔口审讯，28个昼夜的严刑拷打，40多个农民活着回来的没有几个。

老黑山一带的“红袖头”每个士兵都随身携带一块白毛巾，是预备强奸妇女时使用的，这里的女人见到“红袖头”就吓得魂飞魄散。老黑山一带的百姓吃尽了“红袖头”的苦头。

活动在山里的东北人民革命军、义勇军、游击队和山林队，对这伙穷凶极恶的靖安军恨之入骨，一直在寻找机会打击他们。

“四道沟惨案”震惊了活动在吉东地区的东北人民革命军第二军和第五军的全体指战员，他们深知四道沟是他们的革命根据地，这里的反日会组织曾帮助他们度过严冬，鱼水之情怎能忘记。他们决定消灭这伙凶恶的敌人，报仇雪恨。

1935年6月，东北人民革命军第二军第三团和第四团奉军部命令，抽调200多人，在三团长方振声和四团长侯国忠的带领下，直奔东宁县老黑山攻打靖安军。第三天的中午，部队赶到了老黑山头道沟的西沟，派侦察员出去打探敌情。大约一顿饭的工夫，侦察员回来报告说：“老黑山一带‘红袖头’驻地戒备森严，营区内设有许多炮台、暗堡，营房区外有两米高的围墙，围墙外是护城河，河边还有铁丝网。”根据侦察员的报告，方团长和侯团长决定先调虎离山，再诱敌进山，将其消灭。

傍晚，从四团调出一部分人，派他们到靖安军驻地两里多地的一个村庄筹粮食，故意在屯子里吵闹，并让百姓在半小时后到靖安军连部报告，就说山上的抗日部队下来了，背走许多粮食。

凌晨3点左右，大胡子连长听到村民的报告后，立即倾巢出动，发疯一样地朝头道沟扑来。凌晨4点左右，敌人走进沟口，这个沟又深又长，宽不足百米，最窄的地方仅有45米。前边是二十几个日军头目，骑着高头大马，其后便是驮着迫击炮的马队和机枪队，中间7个伪军卫兵保护着大胡子连长，最后是士兵。

侯团长拿起望远镜仔细观察后，立即把神枪手、“小钢炮”召集到山头，把那些骑马的指挥官编成号，两人负责一个。待靖安军大队人马完全进入埋伏圈内，团长一声令下，神枪手、“小钢炮”们枪炮齐发，骑马的头目一个个应声落马，大胡子连长也晃了几晃栽倒在马下。两位团长率领战士们冲进沟里，与敌人展开了白刃战，大部分伪军举手投降，少数顽固分子在战士的枪口下命归西天。战斗只用了20多分钟就结束了，共歼敌30人，俘虏50多人，缴获迫击炮1门，炮弹32发，缴获轻重机枪各1挺，子弹8 000多发，步枪、手枪90多支，药品4皮包，战马7匹。

从1934年到1937年，这一带抗日武装在三年多的时间里，共歼灭日伪军1 000多人，其中歼灭“红袖头”700多人。到1937年末，老黑山一带的“红袖头”所剩无几，都被编进了“国境警察队”里，从此“红袖头”在东宁销声匿迹了。

二、长沟子袭击战

1934年12月28日，驻老黑山的伪靖安军探得长沟子和万宝湾有抗日队伍。日本人连长便率领全连伪靖安军在当天傍晚开进长沟子屯，挨门逐户进行搜查，因没查到抗日队伍，便放火烧了居民房屋，然后奔向万宝湾村。

当晚抗日队伍正在长沟子西山宿营，看到屯里火光，知是日伪军在烧居民房屋，激起杀敌义愤。预料敌人去万宝湾必经山下，于是就在山下埋伏好，当靖安军进入伏击圈，抗日队伍立即开火。在突击中，日本连长、翻译和战马当即被击毙，余众逃回老黑山老巢。

三、头道沟诱敌战

1935年6月，珲春游击队柴世荣部开进老黑山的头道沟，得知老黑山驻有伪靖安军，威胁着部队的活动。游击队派出十几名战士到老黑山附近活动，故意让敌人发现。由于天降暴雨，当天伪靖安军没出动。第二天早晨，伪靖安军的一个连沿昨天游击队战士活动路线沿途搜索游击队。伪靖安军刚进入头道沟伏击圈，柴世荣便发出攻击信号，全线开火，仅20多分钟就结束战斗，打死伪靖安军100多人，俘虏10人，缴获军马10匹和一批武器弹药。

四、老宗家后沟歼灭战

1936年10月，老黑山日军守备队派12名日军押着20匹驮马，驮运皮衣、毛衣、鞋袜、大米、弹药等军用物资去片底子警备队。抗日部队某部孔连长得知这一消息后，做好突袭准备。日军驮运队路过老宗家后沟时，孔连长一声令下，抗日战士一齐开火，将驮运队压到一条山沟，在神枪手的点射中，敌人除1名逃跑外，其余全被打死，缴获步枪11支和驮运队的全部物资。

五、万鹿沟截击战

1936年冬，抗日部队李延平部得知日军从绥芬河向东宁用汽车运送物资的消息，便派人于夜间在万鹿沟里险坡弯道地段上浇上水，使之结冰，安排好伏击兵力。翌日清晨，日军3台汽车行至冰道处打滑不能前进，伏击战士立即一齐开火，经过几分钟的战斗，就消灭了押运的日军，缴获全部物资。

六、三十三枪沟口袋战

1937年农历正月十五，全哲山率领抗日部队300多人从大甸子来到老黑山地区。为痛歼敌人，在三十三枪沟挖好工事，布置好伏击敌人的口袋，然后派部分战士到万宝湾村，故意把粮食撒在由村口至三十三枪沟的道路上，让一名老百姓去警察队报告。住在西老黑山的伪靖安军和警察队得到报告后，立即集合伪靖安军和警察队300人，奔赴三十三枪沟。当敌人进入口袋后，抗日战士突然开火，伪军警猝不及防，被消灭大部，其余逃回老黑山。战后，老百姓传诵着："红袖头（伪靖安军），不露头，一露头，就掉头。"

七、七十二道顶子战斗

1945年8月8日下午，苏军开始对东宁镇和庙沟日军实施空袭，傍晚进行炮击，10日光复东宁。同日17时，第5集团军17军和第25集团军两个军的主力向老黑山进攻，而后机械化第10军尾随第17军、39军，沿公路进入老黑山地区，在万宝湾南侧兵分两路，17军和机械化第10军沿七十二道顶子、罗子沟、大兴沟向汪清进攻，11日在七十二道顶子与关东军激战一天，12日在东大砬子与关东军128师交战，经两天激战，歼灭关东军2 300人（其中俘虏关东军1名少将及以下1 000余人），苏军伤亡2 100多人。

第三节　东宁光复之战

1945年8月9日，进攻东宁正面作战的主要是苏联远东第一方面军左翼的第25集团军主力部队。8月9日凌晨，苏军炮兵在瑚布图河东岸向东宁轰击。凌晨3点，第25集团军的先遣支队袭击高安村警备队，向庙沟等多处边境地域的日军观察哨发动突然攻击。随后以坦克旅为先锋迅速向前挺进，日军观察哨几乎顷刻间就被摧毁，日军遭到损失后纷纷后撤，凭借强固工事与苏军展开激战。加农炮、迫击炮、机枪、手榴弹和坦克的轰鸣声响成一片，苏军以排山倒海之势，冲锋陷阵。9日拂晓，在第25集团军主力编成内作战的第106筑垒地域独立机炮第98营各分队，在冲击敌东宁筑垒地域的"帽堡"高地时，一个日军永备火力点的猛烈射击挡住了苏军战士的前进道路。这时，分队里年龄最大的列兵波波夫自告奋勇前去炸毁日军的火力点。波波夫在小丘和树丛间匍匐前进至敌永备火力点20米处，向射击孔投掷手榴弹。敌人机枪哑了一会儿又疯狂响了起来，波波夫已经无弹可投，只见他坚决而快捷地纵身跃起，扑向敌人的机枪口。英雄的战友们眼红了，立即发起猛烈的冲锋，永备火力点的日军全部被歼。战后波波夫被追授为苏联英雄。

日军132旅团长鬼武五一得知苏军进攻情况后，命令部队要死守胜哄山、郭亮两个阵地；作战司令部从东绥转移到郭亮船口山；石门子旅团挺进大队第3中队336人配属在胜哄山阵地，隶属783大队，用一个大队的兵力占领东绥的即设阵地。主力步兵一个大队、挺身大队、炮兵队、工兵队的两个小队占领勾玉（麻达山）及三角山阵地。

8月9日8时，苏军飞机在东宁上空投弹发射机关炮。9时左右，苏军炮兵向东宁县城公路西侧的日伪机关和日本居民区进行炮击。10时后，日军组织各机关日本人和家属逃跑，县城一片混乱。苏军先头坦克部队在苏联空军的掩护下，进攻东宁县城。至8月9日中午，日军很多防御点与后方的联系被苏军切断。

8月10日，苏军一支二三十人部队在胜哄山要塞阵地东山顶，由于山上有雾,误入日军阵地，被日军轻机枪、步枪一齐射击，全部牺牲。鉴于日军要塞易守难攻，第25集团军第39军留下部分部队对东宁要塞进行迂回封锁，集团军主力继续向吉林、汪清县方向迅速挺进10~12公里，出现在东宁—土门子—珲春横向道路上，使敌人丧失了机动的可能性。第25集团军部分兵力在太平洋舰队舰炮支援下，强渡了珲春河和图们江，突击了靠近朝鲜边境的日军工事。

在夺取东宁的战斗中，由西蒙诺夫少尉指挥的第二五九旅第一营某坦克排作战果敢灵活，当坦克进攻到绥芬河畔时，乘坐在坦克首车里的排长，一面指挥行进间开火，一面驱车冲向渡口,迅速攻占了日军阵地，这时日军调来了预备队，西蒙诺夫少尉把坦克一线排开，进行防御。全排顽强战斗了 5个小时，在主力部队到达之前始终坚守在渡口,为主力部队的纵深攻击创造了条件。

8月11日，集团军所属部队继续歼灭被围困在东宁筑垒地域的步兵132旅团。在争夺东宁城的战斗中，步兵第384师第567团7连20 岁的共青团员菲尔索夫下士建立了类似波波夫的功勋。在冲击敌永备火力点时，他携轻机枪冲在连队前列，当他看到后面的战友被敌人机枪扫射无法前进时，就一个人奋力爬向日军火力点，抵近点射。子弹打光了，敌人仍有一挺机枪在射击，他毅然扑上去用自己的胸膛堵住 敌人的射击孔，为连队进攻创造了条件。战后，他荣获列宁勋章，被授予苏联英雄称号，安葬在滨海边疆区十月区波尔塔夫卡镇。在符拉迪沃斯托克（海参崴）市有一条以他名字命名的街道，并有一座纪念碑。同时， 在他的家乡梁赞州也有一条以他名字命名的街道。

苏军突然而又快速的行动破坏了日军的防御配系,被击溃的日军第132旅团（第一国境守备队）向西南方向退却。日军残部或被合围在各要塞的防御阵地里，或流散在周边的森林中和多条道路上。各要塞的守备队陷入孤立无援的境地。第25集团军抽调组成围歼要塞残敌的部队在各个阵地上继续战斗。要塞里的日军仍在拼命顽抗，而集团军主力则向前推进15～45公里，顺利地向汪清方向挺进，追击逃遁的日军。

为了加强第25集团军，第一方面军司令员K. A.麦列茨科夫元帅调整了部队兵力。从8月10日17时起，第5集团军所属的第17军转归第25集团军指挥。8月11日，又把第88军转属第25集团军。此外，机械化第10军8月12日日落前集结于东宁和三岔口地域，准备尔后向汪清、吉林方向行动。方面军司令员命令第25集团军迅速向西南方向发动进攻，占领汪清、延吉、图们，切断日军在朝鲜各港口通往中满和东满的交通线。利用机械化第十军的快速机动,切断日军绥芬河—牡丹江集团部队向南和西南的退路，并与第5集团军和红旗第1集团军协同围歼日军，与太平洋舰队协同沿海岸一带实施辅助突击，占领朝鲜的主要港口清津和罗南。

第25集团军得到了第17军和第88军的加强，在机械化第10军的支援下，加快了进攻速度，用一部分兵力沿绥芬河左岸向大碱厂（共和乡）方向进攻，消灭日军二线防守之敌。在老黑山和石头河子地段上，第17军、第39军和机械化第10军的各兵团都要在山岳原始森林中仅有的一条道路上行进，还需不断粉碎日军"特攻队"的顽强抵抗。8月14日日落前，集团军向前推进了5~50公里。①

①以上内容参见中共东宁县委党史研究室编著《中共东宁县地方史》，第30页、31页、62页，哈尔滨：黑龙江人民出版社，2012年版。

第三编 ★ 解放战争时期东宁剿匪

第一章　解放战争初期的东宁匪患

第一节　匪患形成的过程

东北根据地创建初期，东宁地区一度匪患猖獗，尤其是土匪三次暴乱，震惊省内外，它从一个侧面反映了当时国际国内敌我之间激烈的较量。

东宁地处中苏边境，是我军一个重要的战略后方，牡丹江军区曾把荣军学校、后方医院都设在东宁。我军在这里开荒生产，支援全国解放战争，因而敌我对这一边陲地区的争夺十分激烈。

1946年5月间，混入我绥阳、东宁县民主政府内的国民党奸细，勾结受国民党委任建立的所谓挺进军王枝林、吴三虎等股匪，趁苏联红军撤离回国、我主力部队集结于正面作战、后方比较空虚之际，相继发动了东宁“五一”、绥芬河“五四”、绥阳“五八”暴乱，杀害绥阳魏县长等干部群众数十人，囚禁了东宁县县长杨森林，颠覆了两县民主政权，进而向西攻占了穆棱县的马桥河，向南进攻大甸子，扬言顺铁路向牡丹江推进。匪徒一度占领了大片边陲地区，切断了中苏国际交通线，配合了当时国民党中央军向我东北地区的正面进攻，使我处于腹背受敌之境。东宁地区土匪这些猖狂活动，对当时北满局势的影响相当严重。

一、匪患滋生的历史背景

东宁过去曾经是一个山高皇帝远的地方，“九一八”事变前，军阀张宗昌曾割据一隅于此，他为筹集军饷，扩充势力，在此倡导种鸦片、开赌局，社会乌烟瘴气，赌棍流氓较多。1933年日军侵占东宁后，为准备对苏联战争，在此大搞军事设施，贮藏了大批武器弹药和军需物资，为强化统治，网罗了大批民族败类充当鹰犬，以致特务、警察、汉奸、走狗多如牛毛。抗战胜利后，日军投降时又遗弃了大量武器弹药于此地，这就为匪患的滋生及活动提供了条件。

1945年8月9日，苏联红军向东宁境内进军，受日伪统治12年的东宁地区得到了光复。这时，在苏联红军驻军司令部的授意下，东宁县成立了以孙玉坤为会长、王干忱为副会长的维持会，下设四个科及工、农、商、学各会，还组织了120多人的治安大队。在大肚川、老黑山、道河也相应成立了维持分会和治安队。

同时，绥阳（当时为绥阳县，于1948年10月绥阳、东宁两县合并为东宁县）也成立了以李盛仁为会长的维持会及绥芬河维持分会。

在维持会的各种组织中，混入大批日伪残余及封建势力，其中一些骨干分子只想找国民党做靠山，迫切盼望国民党中央来接收，并企图在他们来接收时因自己迎驾有功而得到封官之赏，于是东宁维持会主动派其行政科长高程九、教育副会长王世祥外出接头，打算到长春国民党东北行辕联系接收问题。

同年9月下旬，有陈宝惠（留绥阳）、李可器（来东宁）两人，自称国民党的代表，拿着国民党吉林省党部制的蒋介石训令、行政院长宋子文指令及国民党吉林省第八督导区张明伦的委任状，来到东宁、绥阳活动，分别取得了苏联驻军司令部的同意和维持会的支持，挂出了国民党党部的牌子。陈宝惠、李可器等人，利用人们盲目的正统观念，大肆进行反动宣传和拉人入伙的活动，不少人纷纷投靠，有些维持会的职员，或一马双跨，或者脱离维持会到国民党党部占一席之地。于是在绥阳成立了以李盛仁为书记长、陈宝惠为组织科长的绥阳县国民党党部，在绥芬河（当时属绥阳县管辖）成立了以陈瑞禾为书记长的国民党区分部。绥阳县党部成立后，曾出版《新民日报》多期，宣传国民党的主张。1946年2月在苏军支持下，我牡丹江军区派魏绍武来绥阳县接收，国民党书记长李盛仁等骨干分子拒绝交权，被苏军逮捕，绥阳县国民党党部解散。

与此同时，东宁成立了以李可器为书记长、吴亚石为总务科长等共有二十多人组织的东宁县国民党党部。国民党党部一成立，就大肆进行蛊惑宣传，积极搜集整理各种地方情况资料，做迎接国民党中央来接收的准备工作。

12月中旬，驻东宁苏军司令部令维持会会长孙玉坤等人去牡丹江军区联系，派人到东宁接收，我军区政委李大章决定派杨森林到东宁组建民主政府。

苏军司令部接来杨森林，即令东宁县国民党党部摘牌子，限令李可器立即离境。李临走前，召集了吴亚石等人，布置了以隐蔽方式继续进行特务活动的任务。因此，国民党党部的牌子虽然摘了，李可器也走了，但国民党的特务活动并未终止。

杨森林自牡丹江带领刘风山、栾福海、乔振山、黄甫臣及杨本人的家眷数人来到东宁，于1946年1月1日，成立了东宁县民主政府。以杨森林为县长、孙玉坤为副县长、李谷贻为秘书长，下设四个科（总务科长邹永和，行政科长薛桂荃，实业科长王干臣，财务科长张玉玺）和一个公安局（副局长孙忠魁，到2月份牡丹江军区派李东升来任局长，孙仍任副局长）。县政府组成后，于3月份培训了一批当过伪满洲国兵和旧职员的青年为骨干，将原维持会治安大队改编，又从全县农村及城镇抽来一批青年入伍，分四个中队共500多人，更名为县保安大队。配备的是日军仓库中取来的“三八”大盖枪及机枪、山炮等，武器精良。以孙忠魁为保安大队长，刘凤山、胡文彬为副大队长。到4月末，孙忠魁升任副县长兼保安大队长，这个枪杆子的实权，是掌握在孙忠魁及其亲信手里。

1946年2月，牡丹江军区派魏绍武、于佑民、吴舒兰（魏的爱人）等到绥阳成立了绥阳县民主政府，魏绍武任县长，吴舒兰任县妇联主任，于佑民任公安局长兼保安大队长，卢凤岐（伪警尉）、刘发先（伪警尉）为副大队长。这个保安大队也是在原维持会治安队的基础上，经培训骨干，补充一批青年组成的，约200人。

4月25日，由于反动分子在苏军司令部挑拨离间，苏军对杨森林不满，把杨森林送往穆棱，东宁县政府被副县长孙忠魁把持。4月28日，苏联驻军全部撤离回国，29日穆棱县长尚景波带一个排的武装坐汽车护送杨森林回到东宁仍主持县政府工作。尚景波于当日下午返回时，把挑拨分子李谷贻、王干忱等人带走，押于绥阳县公安局。

东宁这个受东北军阀及日伪长期统治的地区，光复初期，伪满警宪特、汉奸走狗及恶霸势力根基深厚，苏联红军进来后，开始碍于苏联政府与国民党政府签订的《中苏友好同盟条约》，对我党我军支持的态度并不很坚决，一度允许国民党特务来此活动，建立了国民党党部，使得国民党特务同日伪残余及地方恶霸势力勾结起来，已聚合了一批反革命势力。杨森林、魏绍武来此虽然成立了民主政府，但手里可靠的干部及武装力量极少，政府机构的许多要害部门，被孙忠魁等这些“明八路，暗中央”的人把持，这就为匪患的滋生和孕育暴乱埋下了祸根。

二、股匪形成的过程

东宁的土匪是国民党特务、汉奸走狗、地方恶霸势力三位一体的产物，开始大致可分为两股：

（一）城里暗中活动的王世祥股匪

1945年8月，东宁维持会成立不久，就秘密派高程九、王世祥去长春国民党东北行辕联系接收东宁问题。高、王两人到哈尔滨时，碰到国民党光复师师长杨楚平（杨是高程九早已相识的同乡），由杨楚平发给委任状，委任王干忱（东宁维持会副会长）为光复军上校团长，王世祥为光复军少校团副，高程九为光复军联络员，并指示：回县组织地方武装自卫，等待中央接收。于是确定由王世祥返回东宁传达和落实杨楚平指令，高程九继续留哈尔滨联络。

王世祥回到东宁，这时东宁的国民党党部牌子已经摘掉，维持会也已撤销，杨森林已来到东宁建立了民主政府，但是原维持会和国民党党部的许多骨干分子已混入我民主政府。于是，王世祥（这时王为县民主大同盟主任委员）、王干忱（县政府实业科长）等人常到一起密谋，到处联络、网罗党羽积聚力量，特别是通过孙忠魁、胡文彬在保安队内培植亲信控制县保安大队，以待时机成熟就夺取县政权。

高程九在哈尔滨继续多方联络，曾先后捎回三封信传达光复军头目杨楚平的指令，如1946年4月中旬捎回的第三封信的指令大意是：国民党政府已与苏联达成协议，苏军于4月底全部撤出东北，中央接收总部已发出命令，苏军撤出后，国军将进驻各地，各地方武装要相机策应国军。并命令王世祥等尽快做好夺取县城的准备，于5月1日举事，得手后沿铁路线向牡丹江挺进，要按期修复已破坏之机场，以备国军飞机降落，对空联络信号，一律用国民党旗等。

在此之前，这伙匪徒曾进行了一起挤走杨森林的阴谋活动。他们向苏军司令部密告，说杨森林吸食鸦片，不做工作，农村土匪嚣张，无所作为等，苏军受其蛊惑，于撤军前将杨森林送走。王世祥以为孙忠魁已控制了县政府，政权已握在自己手里，谁知苏军于28日撤走，杨森林于29日就返回，政权又成了问题。况且哈市光复军司令已令“五一”举事，时间紧迫，王世祥、孙忠魁、吴亚石等恐城里力量不够，就派亲信直接去老黑山同王枝林匪首联系，共商配合举事之计，从而暴发了“五一”暴乱。

（二）山里公开活动的王枝林股匪

山里的一股即王枝林为首的股匪。1945年冬，有一自称国民党第二战区东北挺进军第二纵队第十六支队司令（师长）兼军事特派员的姜兴宇（姜由胡宗南指挥的原国民党第八军军长、后改为国民党第二战区东北挺进军第二纵队司令、“军长”郭师贞委任），携带印鉴和委任状，潜入牡丹江、东宁一带进行建军活动，委任王枝林为挺进军上校团长，负责东宁一带的建军活动，还委任周武学（姜的妹夫，王枝林的内弟）、程玉祥均为上校团长，分别负责绥芬河、绥阳一带的建军活动。

王枝林受委后，于1946年初，以老黑山、奔楼头一带为基地，纠集日伪警察、特务、汉奸为骨干，蒙蔽拉入一批日军从外地抓来（光复后一时难回家）的劳工，搜集日军遗弃的武器装备，建立了土匪武装，并策动了老黑山治安队队长程喜率队携枪叛变为匪。

同时，王枝林又拉拢了大肚川的吴家三兄弟叛乱入伙。吴家三兄弟，人称吴家三虎，大虎吴振山，二虎吴振江（伪满国兵和日军骑兵），三虎吴振海。经王枝林策动，并委任吴振江为中校团副，吴振海为少校营长，吴家三虎欣然入伙。

不久，活动于汪清县罗子沟的匪首安振有率其残部也来投靠王枝林。安振有曾任抗日军团长，后投敌叛变当上了日本宣务班特务，光复后，安又在罗子沟、大甸子一带建立地主武装，自称保安团长，骚扰地方。1945年冬，安被姜兴宇委任为东北挺进军第二纵队第十六支队第二旅旅长。1946年3月，安匪被我民主联军“间岛部队”于反攻中歼灭其大部，安振有率残部三四十人到老黑山同王枝林匪部会合。

王枝林还伙同绥芬河地下建军头目程玉祥策动了绥芬河公安局外勤巡官徐佩叛乱，委任徐为少校营长。1946年3月，徐佩将公安局武装40余人，胁裹到老黑山加入王枝林匪部。

到1946年4月，王枝林匪部已扩充到1 400多人。这时姜兴宇从哈尔滨传来指令，大意是：苏联红军不久就要回国，令王枝林整理好队伍，准备进攻东宁县城。此时，正好城里匪首王世祥等派宋明昌、李文选来老黑山找王枝林联络，共商联合夺取县城之计，这正中王枝林的下怀，这样山里城里两股土匪就勾结起来，合而为一。

东宁地区的股匪是受国民党特务及其建军头目直接策动、指挥和组织发展起来的。这些股匪的骨干分子多数是日伪残余、汉奸走狗，由于他们的旧靠山——日本帝国主义的垮台而找国民党为其新的靠山，而国民党亦很需要以他们作为其反革命力量，因而沆瀣一气，是一伙直接受国民党反动派豢养的反共反人民的地方反动武装。

第二节　土匪在东宁制造的惨案

一、东宁“五一”暴乱

1946年4月28日，驻东宁苏联红军撤离回国，已经内外勾结起来的城里山里两股匪徒趁机加紧了活动，土匪暴乱已是箭在弦上。

当月30日晚，在东宁镇后街吴国义家里秘密召开了暴乱行动会议，大意是：5月1日凌晨3点动手，以城里的力量为主，由王枝林派手枪队深夜潜入城里协助解决八路问题，同时还派匪军包围县城，以敲钟三响为号，围城匪军进城。随后匪徒们商定了暴乱的具体行动方案与分工：暴动总指挥是孙忠魁、胡文彬、王世祥。解决保安大队是由孙忠魁、胡文彬率其亲信，并要王枝林的部分手枪队员协助行动；逮捕县公安局长的是李文选、吴国义，并随后负责组建警察局；逮捕杨县长由王世祥、李翼廷负责，并由王枝林手枪队配合行动；负责同老黑山方面军事联络的是宋明昌、侯国良；负责宣传讲演的是王世祥、李景春；负责恢复与重建国民党党部是吴亚石、李景春。并商定会后由孙忠魁、胡文彬立即指派亲信把原岗哨都撤换下来，严密控制保安大队并封锁镇内交通要道，派人严密监视杨森林县长及与杨县长关系密切的人，专等王枝林手枪队来到就同时动手。

5月1日凌晨3点左右，王枝林派来的由范兴山率领的手枪队按时到达，匪徒们立即按照分工同时开始了暴动。

孙忠魁率领其亲信将县保安大队（现东宁实验小学）严密监视控制，先由胡文彬（保安大队副大队长）将保安大队另一副大队长刘风山缠住，再由李志义（保安大队连长）去找刘副大队长，谎称杨县长有急事来电话找他，把刘风山骗到电话室，这时潜伏在电话室的手枪队张绍良（外号张高丽）开枪把刘打伤，刘风山奋力跳出窗外正要与匪徒搏斗，另一名手枪队匪徒王海山又补一枪将刘风山打死。同时匪徒王敏元将排长乔德林枪杀，匪徒孙绳祖将警卫干部栾福海枪杀，还杀害了通讯员小王。

枪声把保安大队的人都惊醒了，孙忠魁立即下令紧急集合，宣布已经举事，裹胁了保安大队500余人叛变为匪，所有武器装备全部落入匪手。

此时，另一批匪徒由李文选、吴国义带领，抓捕了公安局长李东升。

与此同时，王世祥、李翼廷、范兴山率匪队将杨县长住宅包围，以“自己人”的欺骗手段先将卫队缴械，然后破门而入，将杨绑出。另一伙匪徒将杨森林之弟杨树林也抓来，连同李东升、杨森林用汽车押往老黑山（以后李东升、杨树林于老黑山被匪徒枪杀，杨森林脱险）。

当天，匪徒们又把杨森林的家属及亲近杨森林的县政府工作人员胡永忠、孟昭庶、杨庆树等逮捕，关押于匪组建的警察局（至6月11日东宁解放时被我军救出）。

匪徒们颠覆了民主政权以后，建立了东北挺进军东宁旅司令部，旅以下设三个团（并设有旅部警卫连、便衣队等），这时土匪武装达两千五六百人。

二、绥芬河“五四”暴乱

东宁“五一”暴乱之后，1946年5月4日土匪又在绥芬河发动了暴乱。“五四”暴乱既由东宁“五一”暴乱所诱发，又起因于土匪在绥芬河的地下建军活动。

（一）暴乱前土匪在绥芬河的地下建军活动

1945年8月9日，苏联红军歼灭日军进驻绥芬河，当即成立了地方维持会，不久又建了“国民党绥芬河分部”及“欢迎中央军筹委会”。这些组织的成员大都是日伪残余及国民党特务分子，他们大肆进行反动宣传，只盼望国民党接收。这时尚未来得及逃走的日伪军、军警、宪兵、特务潜伏于各地暗中活动，社会秩序不安定，人心惶惶，这就为土匪的建军活动提供了条件。

1945年冬，国民党建军头目姜兴宇潜来了牡丹江、东宁一带，委任了程玉祥、周武学为上校团长，负责绥芬河、绥阳一带的建军活动，由常海升以赶马车、跑老客为名，往返于东宁、绥芬河之间联络建军问题。在绥芬河纠集了邢介山、刘仲林等多次秘密召开建军会议，在一次会上常海升把从东宁带回的空白委任状（白布盖红印）由刘仲林、卢子政用毛笔填写，委任邢介山为少校书记官，孔令学为团部少校军需官，徐佩为少校营长，于是绥芬河团就正式成立了，其全称是：国民党第二战区东北挺进军第二纵队第十六支队东宁旅程玉祥团（3月末程玉祥被处决后，由周武学继任团长，当周武学率该部攻占马桥河失败逃回老家弃职不干后，王枝林将该团残部并入范兴山团）。

匪徒们组建的程团，除套亲靠友网罗坏分子及不明真相的人入伙外，还策动了绥芬河公安局部分武装人员叛变为匪。于3月上旬由绥芬河公安局外勤巡官徐佩主持，两次召开了策反公安局人员叛变的会议，有公安局的巡长宋国春、邹绍举，公安局秘书解景繁及冯永庆、张秉臣等人到会密商研究了叛变投敌的具体办法。

3月12日，邢介山将绥芬河公安局二十余名武装人员集中在公安局门口，程玉祥、孔令学给每人都发了用白布做的印有国民党党旗和中央军字样的臂章，由徐配带领拉了出去，直奔老黑山加入了王枝林匪军。

（二）绥芬河“五四”暴乱的经过

绥芬河当时为绥阳县的一个区，1946年2月绥阳民主政府成立后，虽然名义上接管了绥芬河地区，但还没有来得及派人主持工作，这时候的绥芬河地方政权实际是苏联红军司令部组织的维持会把持。到3月12日绥芬河公安局部分武装人员被策反叛变后，3月中旬绥阳县才派赵长华来绥芬河任区长、肖凤云任绥芬河公安局局长，还抽调细鳞河公安小队孙振环任绥芬河公安队长。他们3人到任后，整编了公安局，就地补充了一些人员，但原公安局人员仍有不少留任（其中部分是日伪军警、宪、特分子）。这时赵长华虽然接管了政权工作，但许多事情的决断都是受苏军司令部掣肘，直到4月末苏军撤离回国，赵区长才得以全面主持工作。

邢介山、徐佩裹胁绥芬河公安局部分人员叛变投奔老黑山为匪后，他们跟随王枝林匪军参加了东宁“五一”暴乱。暴乱得逞后，于5月2日，邢介山、徐佩率领40余名匪徒，从东宁出发，当晚住在北寒葱河村。匪徒们秘密捎信给暗藏于公安局内部的奸细解景繁，信中约定了接头地点、时间、暗号及攻打办法。

5月3日晚10时许，匪徒们向绥芬河前进，到4号零点左右到达了约定接头地点——绥芬河西北侧路口大杨树下，这时负责内应的解景繁、关永年已提前来到这里。凌晨3点左右，解景繁带路，畅通无阻地把匪徒们带到了公安局楼下，由邢介山、徐佩带领邹绍举、谭祥、孙录、马大格子等几个骨干分子上楼杀人。土匪们先后杀害了孙振环队长、肖凤云局长和赵长华区长，又强令公安局的30余名战士加入挺进军。绥芬河区政府及公安局的武器装备全被抢劫，计有机枪1挺，长短枪80余支，子弹10余箱，汽车1台。

惨案发生后，匪徒们宣布撤销区政府，组建自治会。

三、绥阳“五八”暴乱

1946年初，建军头目程玉祥秘密在绥阳活动。绥阳民主政府成立后，县保安大队副大队长卢凤岐（伪警尉）被程玉祥拉过去等待时机叛乱。

5月4日挺进军占领绥芬河后，王枝林便积极准备进占绥阳，派田子元、佟志久去绥阳与卢凤岐联系，令其在进攻前将保安队分散开以削弱其战斗力。卢凤岐按指令于5月7日将保安队仅有的一门小炮调到北山，以试炮为名，把80多名队员分散到各地站岗。

5月8日晨，王枝林各部已将绥阳包围，黎明发起攻击。民主政府县长魏绍武率警卫班在南楼，公安局长于佑民率公安干警在北楼居高临下，迎头还击。分散各处的保安队也各据地势进行阻击。卢凤岐见挺进军攻不进来，就令通讯员传令各保安队停止射击，然后到北楼谎骗说要集中兵力保护魏县长，全部转移到南楼。保安队停止射击后，王枝林各部队从四面八方涌进县城。县城只有南楼一个据点，被挺进军层层包围，挺进军强攻不下，令保安队排长郭克胜上楼劝降。魏绍武坚贞不屈，斥退郭克胜继续抵抗。保卫班长张志刚战死后，警卫战士有的战死，有的逃散。魏绍武夫妻和于佑民等人因弹药打光，被挺进军攻入，于佑民战死在楼梯口，魏绍武夫妻和李福堂（总务科长）战死在楼上，大儿子也被打死，小儿子腿部被打中一枪，被其邻居林某要求收为义子才被救出（新中国成立后被送到哈尔滨烈士子弟学校，后在解放军科研单位工作）。

挺进军攻陷绥阳后，大肆搜捕“通共”嫌疑分子，共逮捕50多人送到东宁，其中20多人被杀害。

四、道河保安队“九三事件”

1946年9月3日凌晨，道河区保安中队指导员万有林和李排副被枪杀，保安队80余名保安队员持械叛变。这就是发生在道河保安队震惊全县的“九三事件”。

叛变前夕，道河保安队内部分为两伙：一伙是以吴登举为首的一部分人，想投奔砬子沟的匪首郑玉发部；另一伙是以马伯良为首的一部分人，同吴亚石秘密联系挂上了钩。当时，匪首吴亚石隐居在红石砬子附近，此处有匪营长王炳君带领的40余人，经过丁双祥从中搭桥牵线，马伯良等一伙开始窥测动向，等待时机，准备下手。

叛变的前一天上午，道河区保安中队召开了全体队员大会，万指导员根据上级的命令，宣布了翌日要向东宁开拔、准备奔赴前线的消息。

这一消息使几个包藏祸心的家伙坐立不安。即日下午，以马伯良为首的同伙经过密谋后，决定派人去给吴亚石报信，让他速带人来道河接收保安队，同时约定双方鸣枪为号。

晚8时许，北山响起了叛乱信号枪，叛变首恶分子之一、炊事班长吴登举见时机已到，首先闯入万指导员的住处，将其打死在床上。随后，他领着同伙向匪首郑玉发驻地奔去。

以马伯良为首的另一伙，见吴登举动了手，便立即响应，不等吴亚石赶来接收，也开始肆虐。为防不测，事先，马伯良派其同伙将孙区长、胡排长、杨排长、王排副等人的枪偷偷摸走，然后将其就地捆绑起来。此时此刻，排长已察觉情况有异，正欲起身探个究竟，被闯进来的几个人抓住，捆上押走。叛乱中，在他人指使下，保安队员张学信、王玉森将拒不投降的李排副枪杀在井沿上。

叛变得逞后，就在当天早晨太阳刚露头，马伯良便带领同伙及胁迫人员，押着孙区长、胡排长等人向红石砬子逃去。队伍行至道河西村西南大街榆树附近，忽然后面有人飞马追了上来，来人是匪首郑玉发手下的匪兵陈某某。

原来，叛乱之前，保安队内部提前派出两人跑到小碱厂沟上头向土匪报了信。一个外号叫朱磕巴的人领着匪首郑玉发、杨树林、杨本江等十余人返回道河村里时，发现人已走光，匪首郑玉发命令匪兵陈某某骑马急速追赶上来。陈某某把队伍截回来后，匪徒不知是谁听到了风声，四下搜寻十五团侦察人员马子文。在副区长赵柬堂家中，将马子文抓走，被凶手马奎元枪杀。肆虐完毕，匪首郑玉发、吴亚石分别带领部下返回自己的巢穴。

事后我民主联军进山搜剿时，这些人相继逃散。

五、土匪三次截车制造惨案

1946年6月前，虽然东宁县的大股土匪已被歼灭，但小股的残匪还时常流窜于东宁、绥阳与穆棱一带，堵截车辆，抢劫财物，袭杀军民，曾发生了三次劫车事件。

第一次截车是在1946年秋末冬初，200余名匪徒隐藏在东宁万鹿沟盘道的转弯处，将我军一个班由海林县押运返县的两台客货混装的汽车截获。因我军的兵力单薄，战士均被打散，匪徒除抢走了两车物资和一挺机枪外，还打死一名乘车旅客。

第二次劫车是同年11月间，私人车主杜成祥开着汽车往绥芬河运豆饼，车内除司机杜成祥等两人外，车上还有7名乘客。当汽车开出东宁，缓慢行驶到万鹿沟盘道中间时，突然遭到东、西、北三面山上近百名土匪的袭击，司机杜成祥右腿当即被子弹打穿，血流不止，被迫停车，车上的所有人员纷纷跳车躲藏。匪徒们边射击边包抄过来，当场打伤3人，随后把旅客的衣物、钱财全部劫走。

第三次劫车是同年11月下旬，东宁县民运工作团长兼县长白醒亚为了满足群众新年用品需求，专门组织动员商人收集日伪遗留的衣物、日用品等，决定用5台汽车运往牡丹江出售。为确保运输安全，特抽调连长魏之明带领一个配备4挺轻机枪、由30多名战士组成的朝鲜族武装排，分乘在5台汽车上押车护送。

当载满货物和乘客的5台汽车由东宁出发，驶入寒葱河与北寒葱河之间的时候，突然遭到来自南、北、东三个方向的土匪截击。数百名匪徒拼命朝汽车射击，我军战士奋起还击，当跳下汽车时已伤亡过半，其余战士在魏连长的指挥下，边打边撤，很快撤到西山山头。这时，连长魏之明已身负重伤，情况万分危急，魏连长当即命令两名战士分别去东宁和绥芬河向领导报告。此时，匪徒们吼叫着爬了上来，魏连长和剩下的几名战士最后全部壮烈牺牲。

随后，匪徒们便对乘车的旅客强行搜身，抢夺了全部财物。据目睹情况的女乘客说："双方激战时，被打伤两人，打死一人。搜查中，又将一朝鲜族妇女及两个孩子无辜枪杀。"其后，把劫获的4台汽车全部放火烧毁。

第二章　东宁地区剿匪主要战斗

第一节　清剿东宁“挺进军”

1946年5月18日，由东北民主联军牡丹江分区副司令员刘贤权率二团4个连、一团2个连、十五团3个连向东宁进军，6月5日，先后收复绥阳县城和绥芬河镇。

6月6日，部队进至通沟北沟，与“挺进军”阻击部队遭遇，展开激战。民主联军进占通沟后，探知“挺进军”集中兵力在万鹿沟、北河沿一带设防，便兵分三路进取东宁：以一团三营的2个连队从通沟东进，造成从北河沿渡河的架势，牵制敌军主力；二团的4个连带炮兵和坦克进占碱厂沟（今和平村）控制大桥，由河南东奔县城；以十五团的第三营从通沟渡河，控制河南高地，策应二团的进攻。坦克所到之处，“挺进军”纷纷溃退，守北河沿的姜开山营听说民主联军已在河南进逼县城，丧失斗志，被一团三营击溃逃到万鹿沟。

6月10日，王枝林率司令部和城内部队撤离县城。11日清晨，民主联军解放东宁县城。

民主联军进城后，王枝林纠集各路挺进军千余人集结在东宁南山一带，准备进攻县城。民主联军派2个连队分路出击，“挺进军”闻风丧胆，一触即溃。王枝林知大势已去，带着几名亲信逃往外地，“挺进军”参谋长吴振山后率部投降。这场战役，缴获野炮1门、迫击炮5门、九二步兵炮2门、平射炮2门，重机枪7挺、轻机枪9挺、长短枪1 500余支，各种炮弹3 000余发，各种子弹数万发、汽车20辆以及其他军用物资，并生俘“挺进军”骨干安振友等。被胁裹者纷纷投降，少数顽固伪警特纠集残余隐匿边远山区，各成一帮（后名中央胡子）骚扰四乡群众。

民主联军收复绥阳、东宁后，留十五团驻守东宁、绥阳、绥芬河等地。挺进军残余逃往外地一部分，其余变成零星土匪。较大的两股是杨树林和战老两，他们各有百余人，出没大肚川、老黑山、道河等地。鉴于残匪猖獗，1947年初，牡丹江军分区派副司令员田松率队来东宁、绥阳等地清剿土匪。他们在民运工作团和群众配合下，冒着严寒，爬山越岭，跟踪追击，在深山里活捉顽匪战老两。顽匪杨树林率百余人流窜，拒不投降，民主联军紧紧追击，最后在沙河子村将残匪包围，经过激烈战斗，匪首张迫子率残部投降。至此，东宁县境内大股土匪基本肃清，零星漏网顽匪后来在“土改”中被彻底消灭。

第二节　沙河子战斗

1946年秋末冬初，牡丹江地区的大股土匪基本肃清，只剩下尚存的九彪、“坐山雕”等少数顽匪。而九彪是远近闻名的惯匪，危害最大，军区将剿匪任务交给了二团（牡丹江军区独立二团建团之初，团首长只有副政委曲波一人。1946年3月王敬之调来任团长。8月，军区政治部主任王希克调该团任政委）。

11月下旬，王敬之、王希克和曲波带领几个连，首先到穆棱与牡丹江交界处的磨刀石进剿，当时，九彪隐藏在南山的脊背处。尽管情报准确，而且又封锁消息，但因九彪为几十年惯匪，山路特熟，经验丰富，况且磨刀石都是其山东沂州府的同乡（当时磨刀石尚未“土改”），难免有人为他通风报信，以致我们摸到九彪的巢穴，却被他逃掉。而且据九彪自我吹嘘：他不经村庄，可从海参崴走到辽西翳巫闾山；听到树上鸟叫声，便能断定何人来自何方，数量多少。这次，我们虽然已经摸到他的老巢，却仍被他逃掉。我们估计该匪家底和粮食均已被我剿光，不能久遁山村，可能向宁安东部山区逃去，以便靠近人家劫粮。于是，王敬之、王希克和曲波带几个连，随即绕道宁安向东部山区奔袭，搜索数日，仍不见九彪踪影。他究竟窜到何处？经分析断定，大概又窜向东宁西部山区，于是又经铁路转到绥阳附近的一个村庄。翌日，秘密出发到金厂，一面封锁消息，一面派人收集情报，得悉沙河子有土匪潜藏，金厂附近也有个别匪踪。当即决定留下一营教导员朱绪庆带一连在附近搜索，由王敬之和王希克率领二连、三连和机枪连远程奔袭沙河子。

发现匪踪之后，大家当即分析匪情，认为沙河子与金厂相隔几十里，敌匪尚未发现我军到达，况且敌人又是漏网之鱼、惊弓之鸟。据此，为了出其不意，攻其不备，团部当机立断，决定入夜整队出发，远程奔袭，打他个措手不及。于是，派出侦察排长杨子荣带领侦察员魏成友等3人先行侦察，部队随后开始夜行军。行军时三连在前，王敬之、王希克和团部几个人居中，后面是二连和机枪连。

离开金厂，开始沿公路西行，然后又改沿森林铁路基向西南奔去。一路急行军后，到距沙河子有二三里的桥头北侧时，在前头搜索探路的尖兵，碰到了侦察排长杨子荣派回迎接部队的魏成友和宁宝林，魏成友当即向团首长报告了土匪尚在村里的消息。自追九彪以来，几次进山且又跑了几百里路，始终不见匪踪都十分憋气，这次总算碰上了，战士们说不出有多高兴，认为这次九彪可插翅难逃了。

此时，天还未亮，王敬之随即命令各连加快脚步急速前进。

在魏成友和宁宝林的带领下，部队迅速踏过封冻的小绥芬河，在对岸的桥头下与杨子荣会合，接着队伍沿森铁路基到了沙河子村西北一个小土岗停下，这时已模糊地望见了该村的轮廓。

见到杨子荣，王敬之又询问了敌匪的情况。当时估计土匪正在睡觉，王敬之和王希克简单商量后，先命令三连绕到村南山脚下包抄，以防敌人向南逃窜，而后又命令二连陈大正指挥该连从西偏南方向急速冲进村子。而后机枪连上来又会合该连，绕到村东堵截，防敌向东南方向逃窜。

几个连行动后，不久即听到前面已打响了。

天放亮时，战斗即告结束。经查点，这次战斗，当场击毙匪首郑玉发营长，还有他的警卫员、通讯员等，俘虏匪徒十余人，其余大部四散而逃。我方轻重伤七八人，阵亡10人，十位烈士在当地村民协助下，埋葬在沙河子村西头（现已迁移到村南面二里多远处山坡的松树林下）。

沙河子战斗结束后，二团各连继续跟踪进剿，奔深山、钻密林、包围堵截，在双丫子将沙河子逃敌大部俘获。

第三节　“功臣号”坦克初试锋芒

1946年2月，南泥湾炮台校奉命赴东北战场。炮台校的30多人来到东北军于1945年12月1日成立的一个坦克大队。当时，只有从日本关东军坦克修理厂搞到的一辆日式10吨坦克。不久大队转移到通化进行集训，人员逐渐增加至80余人，东拼西凑增加到

5辆坦克。这些坦克在日军投降时，他们把车上电台全破坏了，瞄准镜也没有，电瓶也没有，机件严重缺损。就在这种极其困难的条件下，用了短短几个月的时间，炮台校的战士们就修复了坦克，掌握了射击、驾驶和修理技术。

1946年初，坦克大队接到了配合牡丹江军区民主联军步兵进剿谢文东匪部的任务。这是坦克大队第一次用自己的坦克打仗，每个战士都眼发红，心在跳，热血沸腾，人人都急于参战。经过几天的紧张准备，由副大队长高克带领4辆坦克从宁安乘火车出发，当火车行至绥阳县附近时，发现前面的桥已被敌人破坏，只能在距离绥阳县约二十公里的细鳞河下车。火车刚进站，敌人就向坦克大队开炮。这里距敌人大约有两公里。战士们憋了几个月没打仗了，此时见敌人分外眼红，于是坦克在火车上就向敌人开了火，敌人的火炮随即变成了“哑巴”。战士们用枕木临时搭了站台，坦克几分钟就下了火车。高副大队长领着车长、炮手、驾驶员看了地形和道路。下午一点多钟，两辆坦克在3发红色信号弹的命令下，从正面向细鳞河山上的敌人冲去，歼敌一部，残敌溃逃。时值3点多钟，战斗即告结束。

细鳞河一仗下来，高克副大队长带领14名学员和几名技术人员及两辆坦克，随牡丹江军区部队进剿东宁的股匪。一道道山冈从眼前掠过，突然一阵密集的枪声震荡着山谷，前面传下来：先头部队在通沟遭到敌人伏击。一个参谋气喘吁吁地跑下来传达命令：坦克立即掩护步兵攻占东山头！战士们开到战地一看，敌人在东山头架起了重机枪，正在疯狂地向我步兵射击。战士们把车开到离敌人两三百米的小河边，靳志打开炮门，从炮膛里瞄准一个机枪火力点（当时没有瞄准镜），只一炮，连人带枪都打飞了。两辆坦克炮不停地轰击，掩护着步兵一举攻上山头，溃散的敌人窜进大松林里去了。

太阳落下西山，山谷又平静下来。根据司令部的命令，战士们绕过通沟从西南方向直袭东宁。经过一天履带行军，离东宁还有二十多里。司令部带来了两名东宁当地俘虏，带上车做向导。夜间两点半出发命令下来，两辆坦克和两个尖刀连离东宁越来越近了，战士们控制好油门，悄悄地逼近县城，在西大街两辆坦克就分两路直取敌人的团部。刚拐过一道街，就被敌人哨兵发现了，并惊慌地开了枪，这时，一个楼窗口伸出两挺机枪，嗒嗒地吐着火舌，步兵被迫在街道两旁卧倒了，靳志借着火光瞄准，几炮就消灭了敌人机枪火力点。坦克带着步兵在一片枪声中向前冲去。敌人被这突如其来的袭击打蒙了，不敢顽抗，惊慌地向城北溃逃。步兵同志在一片喊杀声中攻占了敌人团部，缴获了三挺重机枪和一部分弹药。

东宁是敌人一个“大后方”，由穆棱、细鳞河、绥阳溃退下来的敌人都集中在这里，有不少的物资仓库，敌人是不甘心丢掉东宁的。战士们刚吃早饭时，敌人就开始反扑了，城北战斗异常激烈。命令下来了，坦克配合步兵出击。在城北隔着绥芬河，步兵正和敌人激战。显然敌人妄图夺回东宁，连山炮也用上了，打得河水腾起一道道水柱，重机枪疯狂地向河滩阵地扫射。坦克一接近桥头，两挺机枪猛向敌人射击，驾驶员加大油门，从桥上冲了过去。敌人在河北岸一个小土包上架起一门炮，企图向坦克射击，驾驶员猛拉操纵杆，直向敌群闯去，连打带辗，把敌人打了个落花流水。步兵同志见势冲杀，敌人招架不住，向北溃退了。

以后战士们轮换着上车，清剿溃退的股匪，今天截辆汽车，明天缴一批弹药，经常有收获。

附：“功臣号”坦克说明。

这辆日本造九七式坦克，是1945年11月从沈阳日本关东军坦克修理厂搜集的，是我军最早的一辆坦克，因为它的机件旧、历史老，所以坦克手都称它为“老头坦克”。我军使用它参加过绥芬河剿匪、三下江南、打锦州、解放天津等多次战斗，为人民立下了功勋。为此，这辆“老头坦克”被授予“功臣号”。1949年开国大典时，它接受了党和国家领导人的检阅（现存于中国人民革命军事博物馆）。[①]

①以上内容参见中共东宁县委党史研究室编著《中共东宁县地方史》，第163页、165页、169页、173页、179页，哈尔滨：黑龙江人民出版社，2012年版。

第四编 ★ 经济建设

第一章　农业

第一节　新中国成立前的农业生产

东宁地区约到1860年才有人进入开垦土地，到1881年设招垦局时，已有居民92户，开出零星土地786.3垧。到1889年，共有垦户652户，已垦出熟地八九千垧。

1930年，东宁县作过一次土地调查，全县面积（包括绥芬河市）：东西宽273里（东起瑚布图河岸，西至宁安窝集岭），南北长315里（南至珲春界，北至密山界。当时鸡东、鸡西属密山县）；东南至西北341里，从“帕”字界牌到穆棱县的夹板河；西南至东北393里（西南自母猪砬子至东北的“那”字界牌）。全境总面积合207.9万垧。其中：（1）山林面积2 016 315垧；（2）河流面积2 930垧；（3）湖泡石甸面积2 025垧；（4）道路面积740垧；（5）城镇街基面积850垧；（6）民有可垦面积35 770垧，已垦出熟地35 640垧，未垦出的130垧（即领到荒照尚未开垦的）；（7）公有可开垦面积20 370垧。

到1949年，耕地面积357 750亩，其中水田面积30 750亩。

早期农业生产的几种形式：

（1）地份子：是地主的土地，由一人或几人耕种，赋税由地主承担，生产用工和费用由地份子负责，秋后产粮，地主和地份子对半或四六分成。

（2）出租：地主土地由佃户耕种，赋税由地主缴纳，秋后佃户向地主缴纳固定租谷，按土地肥瘠每垧地由三五斗至七八斗，最高不超过一石粮。民国后期曾施用钱租，即每垧地向地主缴几元至十几元租金。

（3）雇工：分长短工，以一年为期的是长工，称年“劳金”。早期长工多以粮计酬，由地主负责吃、住。佣金一般是当年平均产量2~3垧地的粮食，也有外加5斗或1担的，称“辛苦粮”。

民国初期有的改为以钱计酬，即每年酬金七八十吊至一百多吊。民国后期大多改用按月计酬，每月七八元至十几元。

短工：因地主雇用长工，每人要种七八垧至十几垧地，农忙季节忙不过来，都雇短工。民国时期农忙季节三岔口有短工市场，清早佣工到市场待雇，雇主挑选身强力壮者雇用，惟几家烧锅因需要人多，不许挑选，要“砍块”，即在人群中指定那一段，不论老弱都要领回去。民国时期每日佣金由二三角至五六角不等。

伪满时期，东宁县土地大多收归“国有”，由县公署农政股管理，每年春起与各村农民签订租地和出荷粮合同，农民多系租得土地（2～5垧）自己耕种，少数有钱有势者能租到较多（十几垧）土地，雇工耕种。

第二节　新中国成立后的农业生产关系变革

一、土地改革

东宁县全面土地改革始于1947年9月初，中间历经发动群众组建农会、斗恶霸挖浮财、划阶级成分、分配土地与果实、组织发展农业生产五个阶段，前后长达11个月之久，至1948年7月底胜利告捷。

这次“土改”达到了“耕者有其田”的最终目的，全县6个区58个村4个街共分配土地14 406.813垧。其中水田1 390.18垧，旱田13 016.633垧，按全县人口平均计算，每人分地4亩左右（不包括生荒地）。

这次“土改”大致经历了五个阶段：

1.发动群众 组织农会

这个阶段，群众发动工作搞得如何，直接影响到其他阶段的工作任务能否顺利完成。

（1）访贫问苦，扎根串联，发现骨干。发动初期，各村工作组采取的方法是分片包干或每个组员分包到户到人。当工作组深入到各家各户进行调查摸底时，许多贫雇农思想有顾虑，不敢开口。为了打开局面，工作队员只好找苦大仇深的跑腿子交朋友，同吃同住同劳动，建立感情，说知心话，进而宣传共产党领导穷人闹翻身的革命道理。这个时期，工作组把苦大仇深、作风正派、有群众威信的作为骨干。骨干队伍初步建立后，接着又采取了滚雪球的方法，用骨干分子再去发现骨干，壮大骨干力量。工作初见成效后，再碰头汇总情况，开座谈会。在总结经验的基础上，加以推广实施。

（2）诉苦、找穷根、算细账。为激起广大贫雇农的阶级仇根，提高其阶级觉悟，各工作队将村里的骨干分子组织起来，开展了诉苦引苦、比苦找穷根、算细账的活动。首先是诉苦，其方式：一是找知心人唠嗑，3—5人不等，自由结合；二是召开不同类型忆苦会，典型引路；三是介绍报纸动人的诉苦材料。诉苦中，人们多是从挨饿受冻、卖儿卖女诉起。一旦诉起后，工作队便加以引导，矛头对准地主阶级。其次是比苦找穷根，即在诉苦的基础上，提出谁的苦最大，为什么苦，谁养活谁？经过贫雇农充分讨论，弄清了穷的根子是因为地主阶级。最后是算细账，即算剥削账和压迫账，用事实揭露地主恶霸欺诈人民血汗的罪恶。

（3）组建农会。通过扎根串联、培养骨干，继而诉苦、找穷根、算细账等一系列步骤，由贫雇农组成的骨干队伍基本形成，工作队抓住这一时机，立即组织成立各村屯的农会。此外，还组织了基干队、妇女会、儿童团等群众组织。自“土改”工作团进点截至划阶级定成分以前，90%的基本群众（包括中农）都入了农会，会员近两万人。

2.斗恶霸挖浮财

农会建立后，接着转入第二阶段——斗坏蛋、挖浮财、追浮产。此间，在工作队的指导下，各村农会组织广大群众紧密联系本村地主恶霸的罪恶事实，充分加以揭露，深入进行阶级教育。在此基础上，经农会讨论研究，依据其罪恶大小，逐个排号，决定本村的斗争对象。接着开始行动，抓人看押令其交代罪行。斗争过程中，工作团接受了外地的群众经验，采取了边抓边斗边挖浮财的两结合措施，即斗坏蛋结合挖浮财，满足广大贫雇农的经济要求。许多村屯当天抓当天挖，将财物拉走归农会。“土改”工作团在暖泉沟村搞试点期间，将旧中国县自卫队总队长、后又充当匪营长的姜开山斗争后枪决，缴其皮袄、毯子等日货五六大车，起出金首饰等金子14两多。“土改”时，道河区通沟村农会斗争了大恶霸地主吴常庆，此人当过伪保长、区长等职，曾去过日本东京。光复后又入匪充当营副官，无恶不作。其本人拥有土地25.7垧，有马6匹、牛5头、车2台，每年雇6个劳金。这个恶霸后被道河村群众揪去斗争并处决。

3.划阶级定成分

1948年1月下旬开始，全县各村屯开始划阶级定成分。

划阶级定成分的基本原则是：无生产资料，主要靠出卖劳动力为生的是雇农；有少量生产资料，不能养活自己，还靠给别人吃劳金或卖零工的为贫农；自己不受剥削，基本上也不剥削人的自耕农是中农；有轻微剥削，但不超过25%的为富裕中农；剥削量超过25%且少于50%的为富农；剥削量达到与超过50%以上的为地主。其主要依据是：

看其剥削关系。富农和富裕中农之间易混淆。区别和处理：长年雇猪倌、牛倌或忙时大批雇短工的则作为富农；而一年雇二三十天短工，或雇短工属于换工性质的则为富裕中农。其次，根据生活水平和生产工具的占有，来评定其在同一阶级中的等级。划阶级要照顾特殊情况。老弱残疾而无法劳动、土地出租，其生活水准与贫雇农相同时，则应为贫雇农而不属于地主阶级。照顾现在和历史，照顾其经济和思想。如“八一五”光复以前的阶级仍为历史上主要的参考条件。分清个人和家庭的经济关系或依靠政治上的剥削关系：本人为警察特务，其家庭仍劳动种地者，其本人应为地主。但考虑其生活上垮台，可在分土地财产时照顾；本人为贫雇农，其祖上为地主富农，但本人未享受家庭优裕生活，则其成分应以本人为限。

根据上述原则和精神，各工作队及村农会利用一个月的时间，胜利完成了这项工作。

4.分配土地与果实

划定成分后，“土改”工作团为搞好土地与果实的分配，提前用8天时间，专门召开了各团各组长联席会议，详细地讨论了《土地法大纲》的内容及具体实施办法。

关于平分土地，除依照《土地法大纲》之各项基本原则外，确定先找一个或两个村作试点，然后交流经验全面铺开。其具体步骤和原则是：首先要丈量好地，防止黑地，一垧地以7 200

弓（一弓以5.2尺）计算。基本上按人口分，打乱平分或填平补齐。分配果实和土地必须按贫苦程度，不能按农会的内外，劳力多少，或斗争的积极与否划其等级。并力求在分配果实时照顾其生活状况，以免苦乐不均。对中农，特别是下中农，可给以适当照顾。土地不要分得太零碎，以免生产费工。对于地主的青苗，可以按其他果实同样分给农民，但粮食由农会保存一部分，供明年春耕用。人口和土地的处理：人少地多地好的村子应和人多地少地差的村子进行调剂，或移民，或换地。新开荒地和撂荒地：第一，贫雇农去今两年开的荒地目前不动，作为本人私有，另外分给与其他贫雇农同样的土地。中农的荒地则可不动，视各村具体情况而定。但尽可能给中农分一点好菜地。第二，撂荒地不分，待明年大生产前再分，群众要求分时可看情况决定。与此同时，为了给地主富农生活出路，农会也分给同样数量的土地（劣地）。

平分土地后，中央发出了复查扩大斗争面的指标，规定斗争面地主不过3%，富农不过4%。据全县38个全部被斗户情况的对比统计可知：按旧标准斗争了673户，按新标准斗争了457户，斗错划错216户，如果以新标准的457户为基数，打击面将缩小47%。根据这一精神，全县普遍进行了复查与纠正，召开了会议，当众道歉，退回部分斗争果实。

5.组织发展生产

纠偏工作结束之后，备耕春耕生产已迫在眉睫。为了适应新形势发展需要，全县各“土改”工作队相应改建成所在区区政府及区委，开始领导春耕生产。可一接触实际，却遇到了难题：即车马农具分到各家各户，单车独马无法耕种。为了解决上述矛盾，在县区两级政府的领导下，由村直接组织村民进行插犋换工，组成互助组等，互帮互利，迅速展开了春耕生产突击战。一些区村还展开了劳模竞赛活动。

由于各级领导高度重视，工作抓得及时，措施得力，全县春耕生产搞得热火朝天。全县动员了近16 000个整劳力、7 000余个半劳力，2 930台畜力车，5 738头（匹）牲畜，投入了春耕生产大会战。全县共播种14 855.99垧土地，其中旱田13 420.84垧，水田1 435.15垧。

经过七个多月的“土改”运动，翻身的广大农民政治热情空前高涨。此间，为了支援前方，全县出民工247人，输送青壮年参军1 359人，约达一个团的兵力。

一、农业合作化

经过土地改革，农民分得土地后，党中央提出走互助合作道路，提倡人畜换工，合理使用劳力，解决单干贫困农民的困难。从1948年春开始，以自愿互利原则，组织起由三五户到十几户的互助组。互助组有三种形式：第一种，常年互助组。由党团员、干部带头，组内按人畜评分，农具定固定工分，年末按出勤日数和固定工分分配收益。第二种，季节性互助组。马插犋，人换工，农忙季节合作，农闲季节各干各的。第三种，亲朋组，都是临时性互相帮助，不记工分。经过两年的实践和党与政府的倡导，季节组和亲朋组逐渐向常年组发展。到1951年，互助组达到2 087个，其中常年组有1 886个，季节组和亲朋组201个。

1952年，三岔口区大乌蛇沟下屯（东方红）的金俊熙（朝鲜族）常年互助组扩大到18户，办起以土地、牲畜、农犋作价入股分红，劳力评工记分的初级农业生产合作社。经过一年的实践，初级社超过各互助组的产量。1955年10月，党的七届六中全会通过了《关于农业合作化问题的决议》，全县掀起了农业合作化运动的高潮，到年末，全县实现了半社会主义性质的农业合作化。1956年原107个初级社合并为66个高级社，高级社下设生产小队，入社农户达到95%。原则是一村一社，个别较大村如金厂有2个社，三岔口有5个社。大的社有300—400户，小的有40—50户。高级社是把农民的土地、牲畜、农具作价入社，农民在社内劳动按劳计酬。至此，农民由个体转为集体，完成了对农业生产资料私有制向社会主义集体所有制的改造。

二、“人民公社”

1958年9月开始至10月初，全县农村响应毛主席“人民公社好”的号召，一个月内在原高级社的基础上建成了东宁、绥阳、三岔口、大肚川、老黑山、道河、绥芬河7个人民公社。入社农户达到全县农户99.6%，实现了“人民公社化”。

人民公社代替了乡、镇政权，是工农商学兵五位一体、农林牧副渔五业并举、政企合一的基层组织。原高级社改称管理区（1960年改称大队），管理区下设生产队（1960年改称小队），实行以管理区为核算单位。1960年秋按毛主席提出的三级（公社、大队、生产队）所有、队（生产队）为基础的指示，改以生产队为核算单位。

三、农业学大寨

1964年党中央提出农业学大寨的号召，东宁县1965年成立了农业学大寨办公室。从1966年开始，县、公社、大队、小队各级领导陆续去大寨参观学习。

1972年冬，县委对全县各大队进行了评定。学大寨一类队34个，二类队55个，三类队13个。1975年9月，国务院在昔阳县召开全国农业学大寨会议，时任东宁县委书记王键参加了会议。翌年，在全县评出201个小队、63个大队为大寨式的大、小队，先后有三岔口、细鳞河、大肚川、东宁、道河、绥阳6个公社被评为大寨式公社，东宁县被省命名为大寨式县。

1976年12月，时任县委书记、革命委员会主任王德春去北京参加第二次全国农业学大寨会议，向党中央、国务院作了学大寨的专题报告。1978年2月，在全省农业学大寨会议上，省委、省政府授予东宁县农业学大寨一面锦旗，给出席会议的东宁县革命委员会副主任刘福禄披红戴花。4月，东宁县被评为全国大寨县之一，在北京展览馆展出学大寨成果（每省只有一个）。

1978年12月，党中央召开了十一届三中全会，全党工作作了重点转移，停止了推广大寨经验。

第三节　十一届三中全会后的农村经济体制改革

20世纪80～90年代，东宁县农业还是以种植业为主，主要是以大豆、玉米、水稻为主的粮食作物和以果菜、烟草为辅的经济作物。至20世纪末，东宁县的农业依据市场需求已呈现出多元化发展态势，果、菜、菌、烟等特色主导产业快步发展和壮大，农业产业化进程逐步加快，“特色农业”“绿色农业”“外向型农业”已形成了规模化、全域化的生产格局。进入21世纪后，农业开始步入产业化道路，种植业结构不断得到调整和优化，粮经作物种植结构向“高产，优质、高效”方向合理调整。农村社会化服务体系不断加强和完善，农业基础设施建设得到长足发展，大力推广和普及农业科技、提高农业科技成果转化率、延长土地承包期、落实中央“两补一免”（良种补贴,粮食直补,免除农业税）等一系列政策措施，极大地调动了农民的生产积极性，粮食产量和经济作物产量不断增长，农、林、牧、副、渔各业得到全面发展。乡镇企业经历了一个大上项目、快速发展、企业数量多、规模小、工业企业少，到以外向型企业为主导，规模化、产业化、集团化的发展格局。

一、土地制度改革

1978年中共中央召开十一届三中全会后，东宁县委于1979年12月召开农村工作会，通过了《全面发展农业，尽快使集体和社员富裕起来》的报告。1980年县委做出《农村经济十个问题的试行规定》。同年，县革命委员会颁布了《关于农村社、队账务管理的试行规定》。

1981年2月，县委认真总结了“农业学大寨”的经验教训，开始清理“左”倾错误的影响，纠正“大锅饭”和平均主义等问题，在农村开始推行各种生产责任制。主要形式有专业承包、联产计酬、分组作业、统种分管、联质奖惩、小段包工、定额管理、口粮挂钩、联产到劳等。年末，全县152个生产大队、413个生产小队全部实行了不同形式的生产责任制。

1983年，东宁县土地使用制度，执行的是中央、省、市在第一轮土地承包时制定的有关方针政策。是年，全县农村开始推行第一轮家庭联产承包经营责任制（农民称之为“大包干”“分田到户”），由于种种原因，家庭联产承包经营责任制并没有全部铺开，个别村、个别生产队没有落实家庭联产承包经营责任制，直至1985年春才全部落实以家庭经营为基础、统分结合的双层经营体制。到1985年末，全县10个乡（镇）152个行政村22 293户，承包土地40.9万亩。

1986年，根据市委要求，土地承包期一律改为15年，同时允许农民对土地转包、转让。东宁县实行了先分工分业后分地，使当时从事乡镇企业的人及部分能工巧匠没分得土地，加上承包后新增加人口不给地，这部分人全县大约有2万人，占农村人口的20%。

1995年，国务院7号文件规定，土地承包期再延长30年。1996年下半年，根据中央和国务院文件精神，县委、县政府对即将开始的新一轮土地承包工作展开调查研究，并在个别村进行试点工作，在充分听取广大干部群众意见和试点工作经验的基础上，1997年11月，按照中央办公厅国务院办公厅1997年16号文件《关于进一步稳定和完善农村土地承包关系的通知》要求，1998年1月县政府做出《关于进一步搞好土地第二轮承包工作的通知》。全县在新一轮土地承包中，坚决执行中央关于土地承包期再延长30年不变的政策，本着“大稳定、小调整”方针，坚持从实际出发，因地制宜的原则，尊重大多数群众意愿，采取顺延和适当调整两种方式，改变第一轮承包把耕地分为口粮田、责任田、饲料田、菜田、自留地的做法，实行“一田制”，按人口分配土地。二轮土地承包政策的落实，给农民吃了“定心丸”，普遍加大了对土地的投入，全年投入农业基本建设资金4 253万元，农民对农业生产的投入超历史水平，在遭受低温、春旱等自然灾害的情况下，仍实现粮食特大丰收，总产量达到140 588吨，创此前历史最高水平。

1999年1月7日，县政府在老黑山镇召开土地延包发证推进现场会。会后各乡镇按照耕地权属与林业不清的不发证，陈欠未收回的不发证、退耕还林任务未落实的不发证、有明显隐患的不发证、各种档案不齐全或合同主体不明确的不发证、土地承包补税没补完的不发证的要求，完善第二轮承包，做到发证到手、合同到户、制度到人、档案到位。至此，全县第二轮土地承包工作圆满结束，151个村中有128个村适当调整，23个村顺延，签订土地承包合同26 800份，其他经济合同800份，共发包46.7万亩耕地，留出机动地3万亩，学校试验地2 560亩（中学每班5亩，小学每班3亩），收回陈欠481万元，占欠款总额的73.8%。此后，农村土地承包政策和承包关系进入了相对稳定期。

2003年，贯彻《中华人民共和国农村土地承包法》和省农委《关于转发农业部〈关于开展农村土地承包政策法律贯彻执行情况检查的通知〉的通知》，东宁县农业领导小组下发《关于开展农村土地承包政策法律贯彻执行情况检查的通知》，对全县农村土地承包政策法律贯彻执行情况进行检查。针对检查中发现的一些村留机动地超标，无地农民回村要求承包耕地，二轮土地承包时因逃避计划生育等处罚而出去未分得土地或因欠集体款和农业税等被收回土地顶欠和自愿以地抵欠后又要地的，土地流转不规范无书面合同而造成矛盾的等遗留问题，县农委制定《关于解决农村土地纠纷问题的意见》。同年12月，贯彻《中华人民共和国农村土地承包经营权证管理办法》，向26 062个农户颁发土地经营权证书，占农村总户数的94%。

2004年，贯彻国务院办公厅《关于妥善解决当前农村土地承包纠纷的紧急通知》和省政府办公厅《关于妥善解决农村土地承包纠纷问题若干意见的通知》，较好地解决了农村土地承包中的户口在人不在、新增人口、婚嫁人口、欠债户、机动地、经营权流转、林农矛盾等问题。是年，由于中央“两补一免”（良种补贴、粮食直补、免除农业税）政策的落实和种田比较效益的提高，农民种田积极性空前高涨，土地矛盾凸显，涉及土地问题的上访增加，至9月末，到县、镇两级因土地上访的就有315批（次）460人。12月，为解决农民因土地问题上访激增的问题，县政府办公室下发《东宁县解决农村土地承包纠纷问题工作方案》，同时成立东宁县农村土地承包纠纷化解工作领导小组和办公室，在解决土地纠纷中严格执行《东宁县解决农村土地纠纷信访工作流程》和《东宁县农村土地承包合同仲裁工作流程》，规范了土地承包纠纷信访工作,土地承包纠纷得到有效化解。

2005年1月，贯彻《中华人民共和国农村土地承包经营权流转管理办法》和省农委《关于开展全省农村土地承包管理规范化建设工作的通知》，开始使用全省统一土地台账和标准合文本。年末，县、镇两级成立农村土地承包合同仲裁委员会，在全县实行县、镇、村农村土地承包纠纷“三级调解”制和县、镇“两级仲裁”制，由于法律、政策的配套和完善，是年，农民因土地上访较前一年下降了50.4%。至年末共流转土地承包经营权面积45 581.5亩。

农村经济体制改革给全县农民带来了巨大的经济效益，先是1997年新一轮土地承包政策的实施，给农民吃了“定心丸”，后是中央“两补一免”政策的贯彻与落实，农民的负担切实减了下来，全县农民实实在在得到了更多的实惠，农村社会化服务体系建设以及各种管理制度的不断完善，使农民成了农村经济体制改革的最大受益者，沿袭了两千余年历史的农民税费制，于2004年彻底废除，土地使用制度改革，税费改革，使广大农民真正成为新世纪、新土地的主人。

2006年，党的各项惠农政策全面落实，发放粮食直补、良种、综合补贴和农机具购置补贴累计1 035.85万元。贯彻《农村土地承包经营权流转管理办法》，依法有序流转土地53 000亩。东宁县发挥邻俄地缘优势，当年转移农村劳动力3 180人，其中赴俄1 300人，实现劳务收入 2.52亿元，被黑龙江省定为“建设外派劳务基地示范县”。至2007年，贯彻国务院农村耕地、宅基地和房屋交易规定，依法、自愿、有偿、合理流转土地近七万亩。

2014年，土地确权是全县现代农业综合配套改革重点工作，全面进入了田间实测和数据库建设工作，全年完成全县六镇24个村、13万亩耕地的四至指界、面积实测等工作，其中6个村野外实测工作已全部完成。

2018年，农村土地确权和集体产权制度改革基本完成。

二、农村税费改革

1983年，实行土地联产承包经营责任制后，农民负担项目主要有向国家缴纳的各项农业税金，向集体交纳的村提留、“两工一车”（两工即义务工、积累工，一车即车工）和乡（镇）统筹费，社会各部门向农民收取的各项费用。1983年承包时，集体经济组织以土地为征提对象分级定等向承包户提取村提留（即两金一费：公积金、公益金、管理费，三项比重为2:1:3），水田7~10元/亩，旱田5~7元/亩。当年，农民的农业负担总额532万元，其中国家税金89万元，提留443万元。1985年1月起，按照省政府《征提乡（镇）统筹费暂行规定》，集体经济组织的提留统筹改变过去的以土地为征提对象为以农村人口为征提对象，开支范围及项目为农村教育、计划生育、民兵训练、义务兵优抚、交通、广播、畜牧、防疫共8项。当年，全县提取公积金、公益金、管理费、统筹费计340万元，支出420万元。

1989年7月，贯彻《黑龙江省农民负担管理条例》，提留以村为单位不超上年承包收入5%，统筹以乡为单位不超上年承包收入3%，公路建勤工每劳力每年不超过3个工日，全村享受定额补贴人员不得超过3人，误工补贴不得超过定额补贴总额的2/3，农村劳动积累工每年不超20个工日。当年，全县提取公积金、公益金、管理费、统筹费计274万元，总支出507万元。1990年，全县提取公积金、公益金、管理费、统筹费计270万元，总支出507万元。

1992年2月，开始实施省人大《关于修改〈黑龙江省农民负担管理条例〉的决定》：村提留不超过上年人均纯收入的3%，统筹费以乡镇为单位，不超过本乡镇上年人均纯收入2%，义务工5—10个工日，劳动积累工不超过20个工日。当年，全县农民负担总额1 060万元，其中，国家税金558万元。

1993年，贯彻中央和国务院办公厅《关于涉及农民负担项目审核处理意见的通知》，取缔70项收费，43项达标升级活动，纠正10项不合理收费与管理方法，继续执行38项。1995年各镇按不超过上年人均收入3.5%标准确定提留统筹费，比1994年前大幅提高。当年，全县农民负担总额1 006万元，其中，国家税金642万元。

1996年12月，开始执行《中共中央国务院关于切实做好减轻农民负担工作的决定》和省政府《关于解决农民负担若干问题的意见》，共涉及公路建设集资、光缆电话集资、教育集资、低压线改造、农村社会养老、屠宰税、拖拉机养路费、各种基金、两工、订报刊、各类达标升级、乱收费、高利抬款等13个问题。当年，全县农民负担总额2 016万元，其中，国家税金992万元，分别是1986年的4.59倍和5.45倍。

1998年，提统费按上年标准收缴，并一定三年不变。是年，全县收缴提统费912万元，是1986年的3.55倍。

2000年，贯彻落实中共中央国务院《关于进行农村税费改革试点工作的通知》和《黑龙江省农村税费改革试点实施方案》，出台《东宁县农村税费改革工作方案》，取消乡（镇）统筹费（原项目开支由政府通过财政预算予以安排），取消农村教育集资等专门面向农民征收的行政事业性收费和政府性基金、集资，取消屠宰税，用三年时间逐步取消义务工和劳动积累工。

2001年3月，以财政、经管部门为主，联合农技、统计等部门在县、镇、村三级同时对耕地、产量、收支等情况开展调查摸底测算工作。同年5月上旬，摸底测算及相关配套政策制定工作基本完成。5月下旬，按中央要求税费改革工作暂停，继续执行原农村税费政策。是年，农民义务工和劳动积累工分别不超过7个和13个。

2002年，国务院办公厅在《关于做好2002年扩大农村税费改革试点工作的通知》中将黑龙江省纳入农村税费改革试点省。按照省委省政府要求，县委县政府再次启动农村税费改革工作。当年，各镇农经站调整会计核算科目，设立农业税附加和财政转移支付专户，核算财政所拨入资金并分配至各村，当年财政拨入农业税附加163.3万元，转移支付317.5万元。12月，实行农村税费改革，取消提统费“两工”（义务工和劳动积累工）等法律强制性农民负担，此后的农村生产、生活等公益事业建设，按自愿受益和上限控制原则，实行“一事一议”、筹资筹劳、民主理财。至此，农民负担得到了切实减负。当年，农民义务工和劳动积累工分别降至不超过5个和10个。是年，按《通知》要求调整农业税政策，计税面积划分旱田、水田、菜田3个地目，农业税计税常产以1994—1998年5年间各种农作物折算主粮（玉米）后的平均产量确定，税率不超过7%（省统一），计税主粮价格0.84元/公斤（省统一）。当年，征收农业税762.6万元。同时，按《通知》要求，调整农业特产税政策，对在非农业税计税土地上生产的农业特产品，继续征收农业特产税，在农业税土地上生产的农业特产品征收农业税，当年征收农业特产税44.3万元。是年，按《通知》要求，改革村提留征收和使用办法，由原提留中开支的村干部报酬、五保户供养、村办公经费采取新的农业税附加的方式收取，比例为农业税正税的20%。改革后农村兴办集体生产和公益事业所需资金和劳务按“一事一议”筹资筹劳方式解决，上限分别为每人12元和8个工。

2003年5月，按照《省财政厅关于进一步规范农村税费改革对村转移支付补助资金使用和管理的通知》的要求，县对镇级转移支付的补助数额，经过两年调整和完善后，已作为固定补助，除另有政策规定外，一般情况下不作调整。对补助收入不足4万元的村要补足到4万元，对“五保户”人数超过5人的行政村，按高出人数和人均1 200元/年相应提高村级补助标准，落实到户。同年8月，按照《黑龙江省人民政府关于深化农村税费改革试点工作意见》要求，将粮食计税价格统一由0.84元/公斤，下调至0.80元/公斤，并按耕地面积实行良种补贴。是年，全县农业税正税632.9万元，附加149.2万元，转移支付314万元，五保户开支29.5万元（198户），村干部定额工资129.2万元，误工补贴81.3万元，报刊费14.4万元。是年，农民义务工和劳动积累工分别不超过4个和6个。

2004年5月，贯彻《黑龙江省全部免征农业税改革试点工作方案》精神，全部免除农业生产单位和个人的农业税和附加；省财政给予乡村转移支付补助；实行“村财民理乡代管”；全部取消“两工”；“一事一议”筹资完成的公益事业，在人均12元限额内，省级财政给予50%的资金补助（即以奖代补）；财政每年对五保户补助不低于1 200元标准，直发到户。公益事业补助的范围是农田水利、植树造林、修建村屯道路、改善环境卫生等。同年9月，贯彻《黑龙江省村级组织岗位设置和人员补贴意见》，村级享受定额补贴干部限定支书、主任、文书（助理会计），不得超过3人，妇代会主任、团支书、民兵连长、治保主任、计划生育、卫生保健、畜牧防疫等工作人员可享受因公误工补贴，但不得超过5人。同年，全县为兴办村级公益事业通过“一事一议”的方式共筹资9.4万元，按照“以奖代补”的政策标准，省财政对其中的41 880元给予50%的奖励式补助，实行“一事一议”

筹资的村总共获得财政奖励资金20 940元。是年，彻底取消在农村实行了两千余年的“皇粮国税”，农民义务工和劳动积累工也全部取消。当年，发放粮食直补面积46.8万亩，亩标准11.49元，金额539.4万元；发放水稻良种补贴面积5.46万亩，亩标准15元，金额81.9万元，共计621.3万元。

2005年，“以奖代补”政策调动了各村筹资兴办公益事业的热情，“一事一议”筹资额达到121.6万元，总共获得财政奖励资金60.9万元。实行农民购买大型农机具补贴政策。

2007年，全县粮食补助资金和良种直补资金开始全面发放。东宁县适合粮食直补和良种直补政策的土地面积共有50万亩，其中，粮食直补土地面积44.5万亩，良种直补土地面积5.5万亩。粮食直补资金的发放标准是每亩12.86元，总计574万元，良种直补资金的发放标准是每亩15元，总计82万元。

2014年5月，东宁县被农业部确定为全省唯一一个土地确权整县推进试点县。

2018年，新增集体耕地管理收费1 022万元，村集体“空壳村”全面消除。

第二章　工业

东宁工业，经历了漫长的家庭手工业阶段，直到20世纪20年代，才开始使用机器。1912年创立绥芬河宝成电灯公司，1913年成立绥芬河东方啤酒厂，1920年成立三岔口耀东火磨（制粉兼火力发电），1924年建起三岔口东涌酒精制造厂，成为旧中国时期东宁地区的工业基础。伪满时期，只建一座神洞发电厂和扩大了东宁、老黑山煤矿生产规模，其他工矿企业没有发展。日伪投降前将县内发电厂和矿井等工业设施全部破坏，东宁工业陷于瘫痪状态。

解放战争后，党和政府大力恢复和发展工农业生产，到1949年新中国成立，恢复和建立了手工业企业208户（其中全民企业7户，私营企业201户），工业总产值76万元（全民企业72万元，私营企业4万元）。

1956年对私营工业和个体手工业在生产资料所有制上进行了社会主义改造，先后有东宁砖瓦厂、东宁耐火材料厂、东宁铁木社、东宁皮革厂等7家私营工业企业转为合作工厂，有210户（246人）个体手工业者，经政府批准组成12家生产资料为集体所有的手工业生产合作社，并于当年12月组成手工业生产合作社联社，到年底全县工业总产值249万元，其中手工业产值54万元。

1958年，掀起大办工业热潮，几个月中，办起各类企业50余户，但经济效益极差，年后相继下马。

1966年“文化大革命”开始，工矿企业的各种规章制度被废除，企业管理混乱，1967 年全县工业总产值720万元，仅占1960年工业总产值的60.6%。

1978年党的十一届三中全会后，为发挥本地煤炭、石英、石灰石、黄金、水利等资源优势，集中资金大上煤矿、陶瓷、食品、水泥、发电等骨干企业，全县工业企业发展到92个（全民38个，集体54个），工业总产值达3 867.3万元。

1984年在党的“对外开放、对内搞活”方针指引下，开始进行经济体制改革，由过去单纯追求“一大二公”改为以国有经济为主导，国营、集体、个体多层次的经济结构。到1985年有全民企业31家、集体企业58家、乡镇企业40家、个体企业127家，由原来国家对企业实行统购包销，改为以税代利，自负盈亏，关停了7家因产品无应变能力长期亏损的企业。

1985年3月成立了县经济委员会，统管工业。精简合并了重叠机构和行政性公司，实行跨行业、跨地区的横向经济联合，有52户企业同全国10个城市13个大中型企业、4个大专院校及科研单位建立了经济技术协作关系，引进外地资金60万元，有16种工业产品打入国际市场，创外汇122.4万元。

1985年工业总产值达到6 555万元，其中全民4 034万元，集体2 501万元，个体20万元。

20世纪80—90年代，伴随着工业企业体制改革和市场经济的不断发展，东宁县的工业发生了深刻的变革。工业管理体制由计划经济向市场经济全面过渡，彻底打破政府管理企业、办企业的格局。国有企业改革全面完成，县属123家国有（集体）企业全面改制，工业企业步入市场经济轨道。全县工业继续大力发展外向型经济，放手发展民营经济，加大项目建设，开拓市场，提高企业竞争力，经济效益不断提高。

第一节　工业体制改革

党的十一届三中全会后，东宁县工业战线的广大干部职工，解放思想，更新观念，结合本地实际情况，开始循序渐进地推进企业改革。

1979年，贯彻国务院《关于扩大国营工业企业经营管理自主权的若干规定》，向企业“放权让利”，调动企业和职工的积极性，搞活生产。

1981年，贯彻国务院批转国家经委、国务院体制改革办公室《关于实行工业生产经济责任制若干问题的意见》，在企业中推行与企业利润和产量、质量、品种、成本挂钩的生产经济责任制。

1982年，实施中共中央、国务院《国营工厂厂长工作暂行条例》，厂长开始对工厂生产经营活动行使统一指挥权。

1983年，贯彻国务院《国营工业企业暂行条例》，开始实行党委领导下的厂长负责制和党委领导下的职工代表大会制。是年，实行国务院批准财政部颁发的《关于国营企业利改税试行办法》，在国有企业中实行利改税。

1984年，贯彻中共中央《关于经济体制改革的决定》，国务院《国营工业企业暂行条例》、《关于进一步扩大国营工业企业自主权的暂行规定》、国务院批准颁发的《国营企业第二步利改税试行办法》，继续在国有企业中推行党委领导下的厂长负责制，“松绑放权”，实行第二步利改税，以增强企业活力。

1985年，贯彻国务院批转国家经委、国家体改委《关于增强大中型国营工业企业活力若干问题的暂行规定》，按照政企职责分开、简政放权的原则，为增强大中型国有企业的活力积极创造条件。

1986年9月15日起，为贯彻中共中央、国务院重新修订发布的《全民所有制工业企业厂长工作条例》、《全民所有制工业企业职工代表大会条例》和《中国共产党全民所有制工业企业基层组织工作条例》，县委、县政府明确了厂长在企业中处于中心地位，起中心作用，对企业负有全面责任；企业党组织要搞好保证监督；通过职工代表大会实行民主管理等重要原则。年底，推行党委领导下的厂长负责制。其中县建筑陶瓷一厂（简称一陶）、县陶瓷二厂（简称二陶）、水泥厂、白酒厂、印刷厂等6户企业实行党政分设，其余各厂也配备了专职副书记，建立了以厂长为首的生产经营管理系统，党支部（总支）对党和国家的方针政策贯彻实行保证监督，职工代表大会行使民主管理权力。

1987年，借鉴外地经验，在企业中推行为期三年的第一轮承包经营责任制，全系统各企业除东宁县卷烟厂、东宁县第四陶瓷厂外，按照包死基数、确保上缴、超收多留、歉收自补的承包原则落实多种形式的承包责任制。9月8日，县经委召开东宁县工业工作大会，主管工业的副县长代表县政府与23户企业签订6种形式的承包合同。陶瓷一厂、陶瓷二厂、陶瓷三厂、水泥厂、制酒厂、葡萄酒厂、啤酒厂、砖瓦厂、发电厂、铁合金厂等10户企业实行上缴利润包干，超利分成；印刷厂、电器厂2户企业实行利润基数包干；机械厂、农机修造厂实行亏损包干、减亏分成、歉收自补的承包形式；县煤炭局所属的五个煤矿：高安煤矿、东宁煤矿、新城沟煤矿、南山煤矿、老黑山煤矿实行特定亏损包干政策，给予一定优惠；县木制品厂实行租赁经营；县文具厂、县橡塑厂、综合社、白铁社、工艺美术社等二轻企业实行特殊政策，在承包经营的基础上，要求企业内部、企业对车间、车间对班组、班组对个人实行不同形式的责任制。

1988年，贯彻国务院《全民所有制工业企业承包经营责任制暂行条例》（简称《条例》）、《中华人民共和国全民所有制工业企业法》，发展和完善全企业承包经营责任制，转变企业经营机制，明确政府与企业之间、企业与企业之间必须严格依法办事，确立企业的法人地位和厂长的法人代表地位，增强了企业活力，提高经济效益。

1989年，经委直属企业工业总产值三年平均增长9.5%，上缴税金920.3万元，比1986年增长49.9%。经过三年的承包经营，企业内部的经营责任制、风险机制、利益分配机制、自我约束机制初步建立，干部职工竞争意识和市场经济观念得到加强，有效地解决了平均主义、大锅饭的弊端，通过引进人才、技术、资金，搞活了企业，企业外部环境得到优化，内部关系得到理顺。1989年，全县工业总产值达到11 847万元，利润1 666万元，税金2 245万元。

1990年，贯彻国务院关于修改后的《条例》，经委直属企业开始实行第二轮承包经营。承包形式均为领导班子集体承包，承包的方法是包死基数、确保上缴、超基数利润，按八级累进税率计算，企业自留部分可增加10个百分点，亏损企业扭亏时4:6分成，即上缴4，企业留6。有亏损未弥补的企业，超过利润基数部分弥补亏损挂账。2月26日，举行第二轮承包签字仪式，县经委代表县政府与31户承包企业签订了为期三年的承包合同。签订承包合同的企业有县白酒厂、县果酒厂、县啤酒厂、县木制品厂、县印刷厂、县机械厂、县电器厂、县水泥厂、县第一陶瓷厂、县第二陶瓷厂、县陶瓷三厂、陶瓷四厂、砖瓦厂以及二轻、电业、煤炭局所属企业。第二轮承包从形式上到内容上较第一轮承包均有很大改进。从厂长个人承包改为领导班子集体承包，发挥了整个班子集体的力量，调动班子成员的积极性。承包基数趋于合理，让利企业，增强企业活力。是年，经委直属企业工业总产值实现3 699.5万元，产品销售收入5 127.6万元，上缴税金2 000万元。

1992年，贯彻和执行国务院《全民所有制工业企业转换经营机制条例》和中共中央、国务院下发《关于认真贯彻执行〈全民所有制工业企业转换经营机制条例〉的通知》。

1993年，贯彻中共十四届三中全会审议并通过的《中共中央关于建立社会主义市场经济体制若干问题的决定》。12月24日，县体改委和县经委制定“深化企业产权制度改革”，探索建立现代企业制度，调整产权结构的意见，推动国有企业进一步转化经营机制，逐步建立适应市场经济要求，产权清晰、权责明确、政企分开、管理科学的现代企业制度，把企业推向市场，使企业真正成为“自主经营、自我发展、自负盈亏、自我约束”的经济实体和市场竞争主体。按照分类实施，先易后难，一企一策的原则，科学地确定了企业产权制度改革的模式。

1994年，深化以企业管理制度为重点企业经营体制改革，推进企业内部人事、劳动、分配三项制度改革，以逐步解决计划经济时期留下来的“大锅饭、铁饭碗”等平均主义的弊端，打破过去由上级任命企业经营者的用人办法，采取引入竞争机制，公开招标的方式，选聘企业负责人（厂长）。

在推进企业领导体制和人事制度改革的同时，深化企业内部分配制度的改革，企业普遍实行以定额工资、岗位工资、浮动工资、计件工资等多种分配形式，基本上取消了“大锅饭”。

1997年3月25日，东宁陶瓷一厂与广东佛山瑞昌陶瓷有限责任公司及香港妙骏发展有限责任公司联营成立“东瑞陶瓷有限责任公司”。4月24日，成立东宁县卷烟集团总公司，含烟厂、印刷厂、包装制品厂。4月24日，成立东宁县酒业集团总公司，含东宁酿酒有限责任公司、牡丹江啤酒厂东宁分厂、福源酿酒股份合作公司、酒类专卖局、糖酒公司。成立东宁县运输集团总公司，含东宁运输公司、机械厂、联运公司、铁合金二厂。年末，经县政府批准，经委直属纸箱厂、葡萄酒厂、东宁建筑陶瓷一厂、陶瓷二厂、陶瓷三厂、白酒厂、啤酒厂、铁合金一厂、铁合金二厂、东宁电器厂、东宁机械厂、陶瓷六厂12户企业和二轻系统皮革厂，共13户资不抵债的企业报请县人民法院申请破产。通过破产，这些企业共卸掉债务16 944.7万元。

1998年，破产企业中，职工买断剩余资产重新组建成7户股份制企业。纸制品厂改制为私营企业东宁县信业有限责任公司。电器厂组建为东宁县永升机械股份有限公司。陶瓷三厂12名职工集资38万元购得部分资产组建第一家股份制企业——东宁县耐火材料有限责任公司。陶瓷六厂与河北井泾县上千碳酸钙厂联营成立东宁县化工合作公司。12月，东宁机械厂改制后组建为股份制企业——东宁机械制造有限责任公司。水泥预制件厂改为股份制企业——东宁县水泥制品有限责任公司。

2000年，贯彻中共中央《关于国有企业改革和发展若干重大问题的决定》。县政府批准将啤酒厂、水泥制品有限责任公司出售给吉信工贸集团。酿酒有限责任公司、铁合金二厂、机械制造有限责任公司出售给华宇公司。福源酿酒股份合作公司、纸箱厂、东宁制药厂，出售给个体经营者。东宁橡塑厂、皮革厂、文具厂、印刷厂，全员抵押给劳动局。木器厂、东宁陶瓷四厂、木制品厂、五金厂、综合社、工艺美术社、烟厂、陶瓷二厂、联运公司9户企业因无力经营而关停。

2004年，东宁县水泥有限责任公司加盟牡丹江水泥集团（简称牡水集团），成为牡水集团的子公司。

2005—2018年，县属国有（集体）企业全部完成产权制度改革，步入市场经济轨道。

第二节 工业经济发展

东宁县工业经济经过新中国成立后四十多年的建设和发展，到20世纪80年代中期形成了具有一定经济规模的工业体系。

1986年，全县有工业企业98户，其中全民所有制企业35户、集体企业63户。工业总产值10 259万元（不变价），净值2 397万元（分配法），职工总数 9 152人。主要产品有皮鞋、卷烟、饮料酒、原煤、发电量、铁合金、木材、人造板、水泥、黄金、汽车配件、木制家具、釉面砖、红砖、泥瓦。

在工业经济各行业中，食品和饮料制造业、建材工业、煤炭采选业、电力工业四大行业实现总产值5 907万元，占全县工业总产值的68．76%，食品和饮料制造业、建材工业、煤炭采选业、电力工业是东宁县工业经济的骨干行业。年产值500万元以上的企业有东宁卷烟厂、东宁水泥厂、陶瓷一厂、铁合金厂。年销售收入500万元的企业有卷烟厂、水泥厂、陶瓷一厂、铁合金厂。年上缴税金50万元企业有制酒厂、啤酒厂、铁合金厂、水泥厂。工业经济在全县国民经济占有重要地位。

1990年，全县工业企业86户，其中全民所有制企业38户、集体所有制企业48户。全部工业企业固定资产原值11 481万元（现价），净值8 836万元（现价），职工总数10 022人。主要工业产品有原煤、发电量、红砖、水泥、釉面砖、饮料酒。实现工业企业总产值15 381万元。

1995年，全县工业企业发展到1 081户，其中县属企业25户、乡镇企业179户，个体私营企业833户，占77.1%；另有中外合资企业1户，股份制企业1户。全部工业企业固定资产原值43 645万元（现价），净值4.35亿元（现价），职工总数37 728人。工业产品主要有原煤、木材、发电量、饮料酒、卷烟、皮鞋、人造板、黄金、墙地砖、木制家具。

2000年，全县有工业企业1 493户，全部工业企业固定资产原值31 023.9万元（现价），净值24 256.8万元（现价），职工总数23 201人。工业产品主要有原煤、木材、发电量、自来水、食用植物油、黄金、铝锭、水泥、墙地砖、白酒、啤酒、供热量。完成工业总产值96 186万元，工业增加值36 801万元。

全县规模以上工业企业（年产值500万元以上）有12户，固定资产原值24 289万元，净值2.41亿元，这些企业分布在9个工业行业中，实现工业产值29 185万元，完成工业增加值13 666万元。占全部工业企业户数1.34%的规模以上工业，完成了全部工业总产值的30.34%和工业增加值的37.13%。黑色金属和有色金属冶炼及加工总产值占规模以上企业产值的40.7%，木材采选和木材加工业占21.8%，电力生产和供应占16.3%，有色金属矿采选业9.5%，食品加工、饮料制造业占8.1%，自来水生产和供应占3.6%。

2005年，全县工业企业999户，全部工业企业固定资产原值76 495.8万元（原价），净值58 026.9万元（原价），主要工业产品有原煤、发电量、供热量、机制纸、水泥、黄金、自来水、铁合金。完成工业企业总产值122 904万元，完成工业增加值53 900万元。年产值5 000万元以上的企业有东宁县煤炭开发（集团）总公司、东宁县吉信木业有限责任公司、东宁县电业局、东宁热电有限公司、牡丹江三隆人造板有限公司。是年，工业总产值占全县地区生产总值的47%，完成工业增加值63 522万元。

2015年，全市规模以上工业企业31户，完成总产值387 261万元，比上年增长3.5%，实现增加值112 641万元，同比增长6.0%。工业经济效益保持稳定。全市规模以上工业企业全年实现销售收入387 770万元，同比增长5.7%。实现利税总额47 826万元，同比增长14.7%，其中利润总额28 804万元，同比增长23.3%。

2018年，全市规模以上工业企业31户，完成总产值152 418万元，同比增长7%，规模以上工业增加值同比增长8.5%。从经济类型看，国有企业完成产值17 693万元，同比增长5.1 %；集体企业完成产值2 562万元，同比下降10.6%；股份制企业完成产值125 178万元，同比增长10.3%；其他经济类型企业完成产值6 985万元，同比下降24.7%。从行业来看，木材作为主导产业发展有所减缓，全年木材行业实现产值4 617万元，同比减少4%；电力、热力生产和供应实现产值45 511万元，同比增长1%。全市规模以上工业企业全年实现销售收入157 138万元，同比增长13.5%；实现利润总额21 956万元，同比增长72.5%。

第三章　外经贸

第一节　对外贸易

1860年中俄签订了《北京条约》，东宁境内的瑚布图河成为中俄两国边界河。东宁三岔口距离海参崴（符拉迪沃斯托克）直线距离仅100多公里，在海参崴谋生的山东、河北和朝鲜北部的劳工发现瑚布图河西岸三岔口一带地势平坦，有丰富的金矿和珍贵的人参，便相约来到这里采参、淘金、狩猎，春来秋返很少定居。后因三岔口一带气候温和，土质肥沃，开始有人开垦土地逐渐定居下来，定居下来的居民在三岔口、双城子（今俄罗斯乌苏里斯克市）、海参崴之间来往经商。当时的一些居民摊贩，从三岔口购买山特产品，转运至双城子、海参崴销售，再运回生活用品在三岔口销售。时人把这种中俄民间贸易活动称之为“跑崴子”。

1881年，清政府在东宁三岔口设立招垦局，贴出告示：领地边民，领垦荒地不收荒价，3年以后按亩升科，每亩缴纳租赋中钱66文，该地即作为该民永业。三岔口一带人口迅速增长，关内外和海参崴等地的商人陆续来三岔口设立商店，三岔口逐步发展起了商业、饮食服务业，恒兴成、益盛永等商店在三岔口中大街相继开业。“跑崴子”已经成为中俄边民之间重要的交流方式。

随着“跑崴子”的发展，东宁三岔口出现了前门设店后院设厂，商业与工业作坊快速发展的局面，与人民生活密切相关的砖瓦、铁木、榨油、制粉等手工业相继出现，各行业得到了快速发展。

光绪二十八年（1902年）东清铁路通车后，三岔口的中俄贸易日益频繁，“跑崴子”也由开始的肩挑马驮演变成铁路运输与马车队规模化运输，“跑崴子”也从单纯的谋生发展成中俄贸易，因“跑崴子”应运而生的三岔口已经成为中俄贸易的重要集散地。民间流传着“填不满的海参崴，拉不完的双城子，装不尽的三岔口”的说法，形象地描述了中俄之间商贸往来的密切与繁荣。

中东铁路通车后，“跑崴子”开展的中俄贸易分成了陆路和铁路两条路线。据1913年统计：铁路从绥芬河出口额达60万卢布，进口额达40万卢布；陆路从三岔口出口335 368卢布，进口196 088卢布。民国时期，中俄（苏）贸易在东宁达到了鼎盛，东宁向俄（苏）出产（口）的货物主要是粮食、土特产品和酒类。

1933年1月，日本关东军攻占东宁，加紧了对边境的封锁，将边境五公里内村屯和居民全部内迁，“跑崴子”被迫中断。

新中国成立后，中苏两国建立友好关系，东宁县委县政府与毗邻的苏方十月区、乌苏里斯克（双城子）、海参崴等城市陆续建立了友好城市，官方之间不仅有政治交流，也开始了农业、科技、教育、艺术等方面的交流和学习。

1959年，中苏关系因为政治、军事等一系列问题，两国关系进入僵持状态，东宁和对面城市也断绝了往来，东宁“跑崴子”进入冰冻期。

1988年 5 月，经黑龙江省经贸厅批准，东宁边境经济贸易公司成立，时为东宁第一家国有边贸公司，边贸公司借助绥芬河口岸开始与苏联进行外经贸合作。7月22日，边贸公司同苏联十月区签订了第一份易货贸易合同，额度为162 126.74瑞士法郎。8月30日，东宁边贸公司对苏贸易首批货物到货，品种有毛毯和各种生活用品。

1989年12月17日，国家批准东宁口岸为国家一类陆路口岸，打开了与苏联及东欧的贸易通道，对苏贸易主要为边境小额贸易以及易货贸易。当年，边境贸易进出口总额350万瑞士法郎。

1990年2月，组建东宁县边境贸易管理局，与边境经济贸易公司合署办公，两块牌子一套人马。5月，各种经济类型的边贸公司应运而生，双方以其各自的资源优势，互通有无，东宁人多以轻工产品、农副产品换苏联生产的在中国紧俏的钢材、水泥、化肥。大批苏联人持旅游护照到东宁进行以购物为主的旅游。

1991年6月，《国务院关于进一步积极发展与原苏联各国经贸关系的通知》发布后，进一步激发东宁人发展边贸的热情，此时，恰逢国内兴起基本建设热潮，钢材、载重汽车和工程机械短缺，东宁口岸开始从苏联进口钢材、起重机、推土机、载重汽车和工程机械。由于国内出租汽车行业的兴起，以拉达、莫斯科人、伏尔加等品牌为主的苏联小轿车开始大量进口。全年边境经济贸易进出口总值达到2 800万美元，是1989年的8倍。

1992年，县委、县政府提出“全方位、多层次发展边境贸易，积极推进对外开放战略升级，加快县域经济发展”的战略，广泛发动包括党政机关在内的全民参与边境贸易，迅速形成了边境贸易新浪潮。当年，在原有东宁边贸公司的基础上，县政府又相继组建东宁国际经济技术合作公司、东宁县对外贸易公司（简称外贸公司）、东宁县宏达经济贸易公司、东宁县宁通经济贸易公司、东宁县二轻贸易公司、东宁县宏业经贸公司、东宁县华宁经贸公司、东宁县顺成经贸公司和东宁县华宇经贸公司十大直属公司。全县各系统、各部门和各单位纷纷进入边贸领域建公司、搞边贸。来自国内上海、北京、辽宁等19个省、市、自治区的企业、个人，也纷纷来到边陲小镇东宁，采取独立、联营、挂靠的方式，注册登记边贸企业。鼎盛时期，全县注册的边贸公司多达1 400余家，办理护照1.4万本。只有 5 万多人的东宁镇，外地流动人口日均多达 1 万人。操不同方言的国内客商挤满大小旅馆，饭店、酒店天天爆满，闲置民房租赁一空，地产、房产价格陡然攀升，每平方米达600余元。11月，中俄两国政府换文开通互免签证旅客运输。东宁陆续开通与近邻俄罗斯的几个城市的旅游业务。个体商贩开始借赴俄旅游机遇，肩扛、手提、大包小裹涌出国门，在乌苏里斯克（双城子）、符拉迪沃斯托克（海参崴）进行以物易物的易货贸易。一包口香糖换一台录音机，一套运动服换一块手表，一车西瓜能倒回一车化肥。一时间“倒包”“倒爷”“皮包公司”遍布大街小巷。三岔口、东宁镇的街头，黄头发、蓝眼睛的俄罗斯人涌进东宁镇的大小商场、商店，抢购中国产的服装、鞋帽、儿童玩具、口香糖、火腿肠。在国门，黑头发、黄皮肤的中国人，黄头发、白皮肤的俄罗斯人往来穿梭，汇集成了一支庞大的跨国“边贸大军”，以一种共同的“人力夫”的方式，扛着超过体重的大包出国、回国，构成了一道奇特的风景线。当年，国家取消进口机动车许可限制，进口俄罗斯机动车辆进入高峰期，车型主要以卡玛斯载重汽车为主。当年实现边境贸易总额15 400万瑞士法郎，其中出口6 600万瑞士法郎，进口8 800万瑞士法郎。

1993年，贯彻《中共中央办公厅 国务院办公厅关于转发国家经贸委〈关于党政机关与所办经济实体脱钩的规定〉的通知》和黑龙江省经贸委关于“清理整顿公司”的决定精神，县政府开始对县内各类公司进行清理整顿，对“三无”（无固定办公地点、无经济实力、无经营业绩）的“皮包公司”和经常以次充好、不守信用、在国际上造成极坏影响的公司，一律不予重新注册登记。经过清理整顿，原1 400多个公司保留了700多家。年底，贸易完成进出口总值1.6亿美元，口岸货运量达到21万吨。从1993年下半年开始，根据国家宏观调控和中俄双方边贸政策调整以及市场的变化，县政府调整工作思路，实施把就边贸抓边贸的行为转变到抓多边贸易，实现大开放上来；把靠各行各业搞边贸的规模效益转变到以贸易公司为主体的规范效益上来；把注重进口转变到注重出口，牵动区域经济发展上来等五个转变，边贸在调整中稳住了阵脚。到1994年底，东宁口岸进出口货运总量140 716吨，进出口货运总值4 445万美元，边贸企业上缴县财政利税费1 200万元，占全县财政收入的六分之一。

1996年，为贯彻《国务院关于边境贸易有关问题的通知》精神，进一步整顿边贸经营秩序，加强规范化管理，取消了边贸委托代理公司，对开展业务较好的、守信誉的企业逐级申报授予经营权。当年，国家外经贸部核准县内76家企业拥有边境小额贸易经营权，县边贸公司争取到对东欧国家现汇权，1户企业争取到专营出口商品权。这些经营权的取得，使东宁县外经贸企业形成了功能齐备、上下配套、形式多样、运作方便的外经贸体系。9月23—24日，省政府在东宁县召开全省经济贸易现场会，东宁县政府、华宇公司、国际公司、东合公司分别在会上作了经验介绍。是年，根据俄罗斯市场的需求，通过提升出口地产工业品和农副产品质量来提高在俄方市场的占有率。出口蔬菜85 440吨，出口水果和食品44 114吨，此两项出口占到全部出口总值的87.2%。对外贸易进出口总值完成15 067万美元，在全省沿边口岸中保持第二位，在全省公路口岸中居第一位。

1998年，面对亚洲金融危机、俄罗斯货币贬值、社会动荡不安给边境贸易造成的困难局面，县委、县政府采取“发挥地缘、资源优势，境内扩建基地，境外拓展市场”等应对措施，大力扶持乡镇继续扩建以出口果菜为主的农副产品生产基地规模，组织县内有实力的公司到境外建立产品批发销售中心和市场、农场等。到年末，县外经贸企业在俄罗斯乌苏里斯克（双城子）、符拉迪沃斯托克（海参崴）、哈巴罗夫斯克、阿尔焦姆等地建起9个果菜食品批发中心和中国商品批发市场，辐射了俄罗斯滨海辖区主要城市。吉信工贸集团投资经营的乌苏里斯克（双城子）批发市场，年批发零售水果 4 万吨，蔬菜 5 万吨，肉类 3 万吨，大米 1 万吨，年营业额超 2 亿美元，出口的果菜中有50%为地产品。当年，完成进出口总值23 135万美元，在全省沿边口岸中仍保持第二位。东宁吉信集团、国际经济技术合作公司、启宏经济贸易公司和广谊经济贸易公司进出口额均超过千万美元，受到省政府表彰。当年，边贸企业税收占全县税收的22%。

1999年，县外经贸局利用年初两个月的时间，采取年审的方式对外经贸企业进行清理整顿，取消无经营业绩的公司28户，保留县内具有边境小额贸易权的企业108家。全县所有从事外经贸的企业统一纳入行业管理，使一些个体公司获得边境贸易权，“散兵游勇”变成“正规军”，从而形成公开竞争、携手闯市场的良好局面，外贸企业的主体力量得到增强。对小额贸易经营权实行滚动式管理，既扩大了税源，又鼓舞了干实事、有业绩的中小型边贸企业。当年，东宁县中小型边贸企业上缴利税比上年同期增加了800多万元。同年，以进口大品种商品为支撑，进一步扩大进出口额度。根据国内外市场的变化，增加木材、废旧金属、矽钢片等货物的进口，保证进口总值大幅度增长。全年口岸实现货运量360 870吨。国外各劳务点喜获丰收，劳务人员收入人均7 000元人民币。全年外经贸企业上缴县财政利税2 911万元，东宁县获得“全省出口第二名”的荣誉。

2000年，县外经贸工作继续围绕“中国口岸名城建设”为中心，继续加快外经贸企业的改制步伐，基本取消国字号企业，民营企业成为外经贸企业的主力军。全县外经贸企业全年完成进出口总值1.55亿元。是年，东宁县被评为“全省边境贸易市县出口先进单位”和“全省边境贸易出口先进单位”。

2001年初，俄罗斯海关委员会发布《关于指定办理废旧有色金属和黑色金属出口手续地点的命令》，禁止废旧有色金属和黑色金属作为俄出境商品从公路运输。东宁口岸废旧有色金属进口业务停止，进口值下降。面对俄方政策的变化，县政府引导企业以变应变，在境外开办小型废旧金属冶炼厂，实现了由进口原材料向进口铜锭、铅锭等半成品转变。当年，全县完成进出口总值22 881万美元，首次突破 2 亿美元大关，同比增长64.5%，外贸企业实现利税4 073万元。

2002年，在东宁县注册的具有大额贸易经营权的25户，有边境小额贸易经营权的企业120户。华宇、吉信两大公司已跻身全省20强外经贸企业行列。边境贸易成为东宁县经济贡献较大的产业。

2003年，县政府继续强化外贸民营企业主体队伍建设，培育自己的跨国公司。以华宇、吉信为龙头，扶持其发展壮大，使之成为省内有影响，在国内外有连锁产业的跨国公司，并成为东宁县对外贸易的“航母”；重点抓好对宏达、金迪、银丰、天府、长城和申宏等一批中小型企业的帮扶工作，使之成为东宁县外经贸的“主力战舰”；依靠优惠政策、优良的经济发展环境，吸引外地企业财团来东宁县投资举开办外经贸企业，使之成为东宁县外经贸的“基地”。到年底，全县有边境小额贸易经营权的企业总数已达124家，其中95%以上为民营企业。实现利税和进出口总值中，民营企业的贡献占98%。华宇公司进出口总值达2亿美元，成为全省外经贸龙头企业之一，吉信集团公司实现进出口总值7 000万美元。

2004年，国内边贸政策调整，国家税务总局取消了边境贸易“双倍抵扣”管理办法，使县内在“双倍抵扣”政策扶持下得以发展起来的一些边贸企业发展陷入困境。5月份开始，俄罗斯对中国出口商品提高税后价格，导致部分商品出口下降；俄罗斯单方决定对中方大型运输车辆限吨限高，也在很大程度上抑制了口岸运量的增长和进出口总值的攀升。

2005年，针对外经贸发展遇到的新情况，县委、县政府积极向上争取政策。全年为外经贸企业争取出口奖励基金1 300余万元，外经贸企业“簇群”效应已呈现出来。“吉信模式”在全县边贸企业中大力推广，加快了边贸企业“走出去”的步伐。在原有境外投资合作的基础上，华宇集团在俄罗斯十月区辟建的加工园区初具规模。金迪公司在俄乌苏里斯克市（双城子）开办的房地产项目全面开工。全年完成进出口总值138 489万美元，同比增长87.8%。外贸企业入库税金10 650.6万元。贸易额首次突破十亿美元大关。

2016年7月，国家质检总局发布公告，东宁口岸成为进境食用水生动物指定口岸，是黑龙江省首个可以开展进境食用水生动物贸易的口岸，打通了黑龙江省进口俄罗斯鲜活水产品的通道；经东宁市委、市政府多年努力，10月23日，东宁口岸在货检通道实行每周7天12小时无午休工作制；对俄跨境电商产业园区初步建成，中俄跨境电子商务平台“达俄通”投入运营，累计进出境商品超过50万件，货值达800万美元。

2018年，东宁口岸完成进出口货物53.8万吨，进出口总值27.2亿元，位居全省口岸第二位。

第二节　经济技术开发区

1993年，经省政府批准，在北河沿设立东宁县经济合作区。2002年6月17日，省政府批准将经合区更名为东宁中俄国际经济技术开发区并迁址到三岔口镇。

2005年4月27日，为适应中俄经贸科技合作战略升级的需要，县委决定成立东宁中俄国际经济技术开发区管理委员会，开发区规划占地面积543公顷，设东宁口岸对俄进出口加工区东宁一区、东宁二区，绥阳进出口木材加工园区一区、二区共4个分区。到2005年末入区企业13户，就业员工6 000人，累计完成生产总值11.482亿元。

2007年，总投资2.5亿元的境外乌苏里斯克康吉经济贸易合作区项目，获得中俄两国政府批准，且通过国家商务部的初步验收。

2011年，3个境外园区累计完成投资25.8亿元，入驻企业44户，其中乌苏里斯克经济贸易合作区累计完成投资14亿元，建筑面积13.6万平方米，已入驻企业24户；华宇经济贸易合作区累计完成投资10.3亿元，建筑面积11.27万平方米，已入驻企业20户；莫戈伊图伊工业园累计完成投资1.54亿元，建筑面积2.58万平方米，有8户国内企业协议入驻。

2011年通过与省商务厅、省海关及俄方政府、俄方海关等部门的协调、沟通，破解了服装半成品关税制约，为企业发展铺平了道路。已有北京金隆昌服装有限公司、顺风服装厂、萨哈狩猎制鞋有限公司、华缘制鞋、霖泉鞋业等多家服装鞋帽企业先后落户东宁，初步建成了服装鞋帽跨境连锁生产加工基地，创造就业岗位6 000多个。

2018年，华宇、华洋等境外农业园区已发展为集种植、养殖、加工为一体的综合性农业开发园区。华宇综合园区建成滨海边疆区最大养猪场，年出栏优质商品猪2万头，养殖蛋鸡25万只，种植黄芪、赤芍、桔梗等中草药1 000公顷。华洋农业园区建成滨海边疆区规模最大优质乳业生产基地，奶制品进入符拉迪沃斯托克、乌苏里斯克等各大超市。

第三节　宝玉石产业基地

东宁口岸是中国北方首个被国家批准可以进口钻石的口岸和东北三省进口钻石、宝石、玉石的专业口岸。

2012年，东宁发挥口岸和区位优势，将俄、朝、蒙宝玉石矿产资源优势与我国宝玉石消费市场优势、加工技术优势相结合，在黑龙江省率先开展了俄罗斯宝玉石贸易和加工产业。6月，被省政府确定为黑龙江省珠宝玉石产业基地。基地经销的宝玉石主要品种为俄罗斯白玉、碧玉、查罗石（紫龙晶）、琥珀、透辉石、猛犸象牙和海象牙等。

是年，6月9日，东宁首届宝玉石文化节成功举办，内容包括知识讲座、毛料展销、成品展销、免费鉴定、加工演示、文化展览、观音现像法会等。来自云南、广东、上海、江苏、山东、河南、北京、新疆、辽宁等省市的100多家成品经销商参展，3万多名游客、群众和采购商参与，场面火爆、盛况空前。

8月25日，承办首届东北亚宝玉石文化节，中、俄、朝、蒙四国政府官员、宝玉石矿主、毛料经销商、加工企业、成品经销商和中国宝玉石协会等30余个行业协会和香港钻汇集团、北京金樽永业集团等100余个实力企业及20余名国家级玉雕大师，共计2 000余名嘉宾参会，成功举办了宝玉石毛料展、成品展、宝玉石与佛教文化展、玉石赌石活动等17项系列活动，为东北亚珠宝玉石业界人士搭建了一个丰富多彩的交易交流平台。

11月23日至25日，在参加第四届中国苏州玉石文化节暨第二届“陆子冈”杯中国玉石雕精品展中，东宁基地携带了30余件产品参会，其中姑苏白玉堂的中国工艺美术师黄正华参选的玉雕作品《悠然自得》和徐圣维玉雕室的中国青年玉雕艺术家徐圣维参选的玉雕作品《喜上眉梢》获得了金奖；鑫福玉器厂中国工艺品雕刻技师宋加林参选的玉雕作品《花开富贵》获得了银奖。

同年，东宁建成玉石文化博物馆。哈尔滨海关在基地设立了东宁德润经贸有限责任公司保税仓库，占地面积3 000平方米，能够为进口俄罗斯宝玉石提供转关、清关和保税服务。省出入境检验检疫局在基地设立珠宝检测鉴定中心，该中心拥有世界较先进的检验检测设备，能够检测和鉴定各种宝石、玉石、钻石及贵重金属。创办了全省唯一的珠宝玉石专科学校，主要培养宝玉石检测、加工和设计人才。

同年，东宁宝玉石产业入驻上海、新疆、河南、安徽、辽宁等地，同时在本市办起160多户宝玉石企业，其中包括国家级雕刻技师徐圣维创立的徐圣维玉雕室，江苏知名玉石企业姑苏白玉堂以及东宁宝玉石协会会长王育泉创立的育泉宝玉石基地。大部分企业按照前店后厂模式建设，主要加工和经销佛教文化和玉雕大件特色产品，与此同时还招引了24家俄货店和多艺斋画廊等相关文化产业入驻东宁宝玉石基地。

2013年5月2日，首批3.814吨俄罗斯玉石毛料以正规贸易方式从东宁口岸通关。东宇公司在俄罗斯办理了1 500吨玉石原料出口许可证书，合同金额达9 700万美元。9月27日，从俄罗斯购进的

10.7吨玉石毛料从东宁口岸入境，创下了我国一次性从俄罗斯进口玉石毛料数量之最。10月20日，从俄罗斯伊尔库茨克至哈尔滨的玉石毛料货运包机运输航线正式开通，首批3吨玉石毛料抵达哈尔滨太平国际机场。

7月25—26日，东宁邀请黑龙江省进出口宝玉石产业协会、黑龙江省金银珠宝首饰行业协会、黑龙江省玉石工艺协会共同开展了首届“黑龙江省玉雕大师”评选活动，专家评审委员会最终从50多位省内外报名者中评选出黄正华、徐圣维等12名“黑龙江省玉雕大师”，评选出的12名大师已全部落户东宁产业基地。东宁珠宝玉石产业基地、姑苏白玉堂、徐圣维玉雕室、鑫辉玉石经贸公司、紫鑫缘宝玉石加工厂获得了“2013年黑龙江百姓最喜爱品牌暨3·15黑龙江推荐品牌（单位）”殊荣。

同年，东宁基地组织企业参加了中国工艺美术“百花奖”、中国玉（石）器“百花奖”、第十二届玉雕石雕作品“天工奖”、第三届中国玉石雕刻“陆子冈”杯、河南南阳首届“玉华奖”、黑龙江首届“天龙杯”珠宝工艺设计大赛等国内重要玉雕评选活动，共获得金奖8个，银奖6个，铜奖3个，优秀作品奖8个。举办了第二届宝玉石文化节，邀请到江苏省珠宝玉石首饰行业协会、满洲里玉石毛料协会等16家专业协会及北京、上海等17个省市224户参展商参展，展出玉石毛料100多吨，成品5万余件，节会期间销售额达到1 000多万元。还组织企业参加了第24届哈洽会、2013北京国际珠宝展、2013中国哈尔滨国际珠宝玉石博览会、第八届中国龙江国际文化艺术产业博览会、首届黑龙江省非物质文化遗产博览会、牡丹江第二届商标大集、牡丹江百姓购物节、绥芬河国际商品展销会等重大展会，展出期间吸引了大量玉石爱好者洽谈购买，荣获了第24届哈洽会优秀布展奖，2013哈尔滨国际珠宝玉石博览会特殊贡献奖、作品创意奖及形象创新奖。

2014年3月7日，从东宁口岸进口9.414吨碧玉原料，由俄罗斯东方矿业集团董事长德米特里·叶菲亲自将玉石运送至基地，标志着俄罗斯玉石企业已经将玉石原料直接运送至基地内进行销售。7月24日，由育泉公司进口的116克拉钻石毛坯在东宁检验检疫局金伯利办公室完成验证核查后，正式报关进口，这是中俄两国间首次实现直接钻石毛坯加工贸易。9月15日，东宇公司以客机运输方式进口的1.5吨碧玉从伊尔库茨克空运至哈尔滨太平国际机场，标志着在去年10月20日开通货运包机运输的基础上又增加了新的空运方式。

2015年，进口俄罗斯宝玉石原料共计232吨，其中东宁口岸进口12吨。东宇公司在俄罗斯办理了白玉出口配额500吨、碧玉500吨、查罗石200吨、翡翠200吨。同年组织20余户企业参加2015中国哈尔滨珠宝玉石博览会，展会期间由东宇公司、石头坊、紫鑫缘等企业选送的作品荣获首届“龙宝杯”玉雕作品评选3金3银3优秀的佳绩，荣获本次博览会突出贡献奖。

2016年8月6日至9日，再次携手中国国际商会、黑龙江省宝玉石产业协会，推出“2016东宁宝玉石文化节暨查罗石交易会”系列活动。

2018年8月8日至10日，举办“2018东宁宝玉石中俄文化节”。节会由中国国际商会主办、东宁市宝玉石协会承办，举办了宝玉石展、中俄特色商品展、宝玉石产业发展研讨会等活动。共邀请来自北京，广东东莞、潮州，江苏苏州，内蒙古满洲里、阿荣旗，辽宁沈阳、丹东，河南镇平和省内哈尔滨、逊克、呼玛、乌伊岭等地嘉宾51人，展商230人。

第四章 革命老区的认定和扶持发展

第一节 老区界定及老区建设促进会的成立

根据1979年国家民政部、财政部关于革命老区的认定标准，黑龙江省人民政府将56个县（市、区）定为革命老区，并按所辖老区乡、村的比例分四类，东宁当年被确定为国家级二类老区。东宁有102个行政村，56个附屯，4万农户，11万多农村人口，其中老区镇1个，老区村37个，1.3万农户，4.6万人口。他们分别是老区镇：老黑山镇。该镇辖16个老区村：黑瞎子沟村、西崴子村、阳明村、太平沟村、上碱村、下碱村、南村、老黑山村、和光村、万宝湾村、二道沟村、奔楼头村、永红村、罗家店村、黄泥河村、头道沟村。东宁镇辖6个老区村：二街村、万鹿沟村、暖一村、暖二村、北河沿村、转角楼村。三岔口镇辖4个老区村：三岔口村、高安村、幸福村、新立村。大肚川镇辖4个老区村：胜利村、石门子村、太平川村、太阳升村。道河镇辖4个老区村：道河村、沙河子村、小地营村（满天星）、土城子村。绥阳镇辖3个老区村：细鳞河村、九里地村、绥西村。

1996年，东宁县根据省老区建设促进会的建议和县委八届三十次会议纪要精神，组建东宁县老区建设促进会。老促会由县处级离退休老干部、老军人、老科技人员和县委、县政府有关部门的领导干部组成，隶属于县委直接管理。按2015年省委省政府文件规定，老促会为各级党委政府的非常设机构。同时在各镇和各老区村也设立了老区促进会。

第二节　革命遗址和罪证遗迹

2015年开始，东宁组织党史办、老促会、档案局、要塞办公室等相关部门和单位对全市范围内的革命遗址和日本侵略者罪证遗迹进行现场取证和记录，作为历史资料永久保存。

一、东宁市革命老区红色遗址

序号	名称	地址	面积	形成时间
1	万鹿沟截击战遗址	东宁县东宁镇万鹿沟村东北部原十八盘公路上		1936年
2	中共东宁特别支部新立村	东宁县三岔口镇北部		1933年
3	中共东宁党组织早期活动地——三岔口镇幸福村	东宁县三岔口镇幸福村		1927年
4	中共东宁特支老黑山支部	东宁县老黑山	2 250平方公里	1932年
5	救国军日报印刷厂遗址	东宁县三岔口镇	200平方米	1932年
6	中共东宁特支部太阳升村	东宁县大肚川东部（原名小乌蛇沟村）	20平方公里	1934年
7	三岔口救国军兵工厂	东宁县三岔口镇	254平方公里	1932年
8	中共东宁高安村党支部	东宁县三岔口镇南1公里处		1932年
9	三岔口地下交通站遗址	东宁县三岔口镇		1932年

续表

序号	名称	地址	面积	形成时间
10	两打三岔口战斗遗址	东宁县三岔口镇	254平方公里	1933年
11	胡泽民烈士牺牲地	东宁县老黑山镇南村		1933年
12	长沟子袭击战战斗遗址	东宁县老黑山镇		1934年
13	二道沟抗日根据地遗址	东宁县老黑山镇二道沟村	252 000平方米	1934—1937年
14	寒葱河抗联密营遗址——将军峰	东宁县老黑山镇二道沟村西北11千米处的大寒葱河右岸的山巅洞穴中	6 平方米	1934—1937年
15	头道沟战斗遗址	东宁县老黑山镇和光村西南头道沟	12 000 平方米	1934—1945年
16	抗联密营地——片底子	东宁县老黑山镇二道沟村西南		1935年
17	三十三枪沟口袋战战斗遗址	东宁县老黑山镇头道沟村		1937年
18	杨木桥子战斗遗址	东宁县绥阳镇沙洞车站再折向西北行四公里处一片开阔地		1940年
19	大肚川军火库爆炸遗址	东宁县大肚川镇		1941年
20	七十二道顶子战斗遗址	东宁县老黑山镇通往吉林省汪清县公路上又名七十二道弯		1945年
21	抗联密营地——马鹿窑子、杀牛沟	东宁县老黑山镇二道沟村		1935年
22	绥阳五八暴乱烈士牺牲地	东宁县绥阳镇	1 919平方米	1946年
23	绥阳北山烈士纪念碑	东宁县绥阳镇第三居委会北山烈士陵园内	1 400平方米	1946年
24	老黑山革命烈士陵园	东宁县老黑山镇东山坡处	50平方米	1946年
25	道河镇沙河子烈士陵园	东宁县道河镇沙河子村南500米处的半山坡上	1 600平方米	1946年
26	潘仁和烈士墓	东宁县道河镇金厂村	4平方米	1947年

续表

序号	名称	地址	面积	形成时间
27	东宁革命烈士陵园	东宁县东宁镇西山山顶	204 000 平方米	1959年
28	道河镇革命烈士公墓	东宁县道河镇	150 平方米	1959年
29	大肚川镇老城子沟劳工坟遗址	东宁县大肚川镇老城子沟村东北1500米处的山冈上	20 000 平方米	1934年
30	东宁苏联红军烈士纪念碑	东宁县东宁镇转盘道中心处，2002年迁移至勋山要塞停车场西30米处	1 735平方米	1945年
31	三岔口西山苏联红军纪念碑	东宁县三岔口镇三岔口村西山山顶上	660平方米	1945年
32	东宁要塞遗址博物馆	东宁县三岔口镇勋山要塞山下	15000平方米	1999年6月18日；新馆是2005年投入使用
33	东宁县党组织早期活动旧址——团山子革命遗址	位于东宁县大密得扬岛，三岔口朝鲜镇北侧约1公里处	方圆10 400平方米	1933年

二、罪证遗迹

序号	名称	地址	面积	形成时间
1	东宁五一暴乱遗址	东宁县东宁镇	550平方米	1946年
2	东宁县侵华日军要塞群遗址	位于东宁县以东中苏边界地区	正面宽110公里，纵深50多公里	1934—1937年修建成
3	大肚川镇新城子沟马魂碑	东宁县大肚川镇新城子沟村风顺村之间的铁路高架桥北200米处山坡上	36平方米	1943年
4	三岔口庙沟忠节碑	东宁县三岔口镇庙沟村北山脚下	4平方米	1935年
5	侵华日军麻达山要塞遗址	东宁县三岔口镇庙沟村东北2千米的麻达山上	435000 平方米	1934—1937年

续表

序号	名称	地址	面积	形成时间
6	绥阳镇曙村侵华日军慰灵碑	东宁县绥阳镇曙村东南20米处的东山脚下坡地上	50平方米	1934—1939年
7	绥阳镇二道岗子侵华日军战车魂碑	东宁县绥阳镇二道岗子村东2千米的林地中	3平方米	1934—1945年
8	东宁镇民主村侵华日军马头观世音菩萨碑	东宁县东宁镇民主村上屯河50米山坡上	4平方米	1934—1945年
9	绥阳镇二道岗北山侵华日军忠魂碑	东宁县绥阳镇二道岗子村二道岗林场北山100米处的北山坡上	30平方米	1944年
10	侵华日军勋山要塞遗址	东宁县三岔口镇矿山村北2千米的勋山上	95 600平方米	1934—1937年
11	侵华日军胜哄山要塞遗址	东宁县三岔口镇矿山村东2千米的胜哄山上	165 400平方米	1934—1937年
12	侵华日军409高地要塞遗址	东宁县三岔口镇庙沟村东1.3千米、绥芬河左岸409高地上	123 600平方米	1934—1937年
13	侵华日军236高地要塞遗址	东宁县三岔口镇南山村南2千米的236高地上	12 800平方米	1934—1937年
14	侵华日军朝日山要塞遗址	东宁县三岔口镇矿山村东北2千米的朝日山上	42 900平方米	1934—1937年
15	侵华日军三角山要塞遗址	东宁县三岔口镇庙沟村西北3千米的三角山上	12 800平方米	1934—1937年
16	大肚川镇神洞侵华日军碉堡	黑龙江省牡丹江市东宁县大肚川神洞村北	45平方米	1934年
17	道河镇侵华日军守桥岗楼	东宁县道河村北日军公路大桥西南50米耕地中	10平方米	1934年
18	三岔口镇泡子沿村侵华日军碉堡	东宁县三岔口镇泡子沿村北部一个居民院内	10平方米	1934年

续表

序号	名称	地址	面积	形成时间
19	绥阳镇二道岗东南山侵华日军忠魂碑	东宁县绥阳镇二道岗子村东南1.5千米山林中		1934年
20	东宁县绥阳镇柞木侵华日军马头观世音菩萨碑遗址	位于东宁县绥阳镇柞木村东800米丘陵漫岗上	占地4平方米	

第三节　动员多方力量帮扶老区发展

1996年，东宁成立革命老区建设促进会暨确定为革命二类老区市后，始终把老区列为特殊照顾的地区加大扶持力度，形成了“党委领导、政府主办、各部门齐抓共管、全社会积极参与”的老区建设工作格局。

一、实行项目和资金倾斜，支持老区优先发展

东宁在对老区的项目和资金投入上实行特殊照顾，具体做到了“五优先，四到位”。“五优先”：扶贫开发项目优先安排，招商引资优先引进，支农资金和农业贷款优先增量投放，新农村建设优先扶持，饮水、行路、上学、就医等民生问题优先解决。“四到位”：资金投放到位，服务工作到位，责任单位到位，检查监督到位。按照这样的原则，始终把支持老区发展的各类项目和资金，纳入农村经济社会发展的统一规划，在制订支持农村生产、农业基础设施建设、改善村容村貌、发展农村社会事业等计划时，都把老区镇村申报的建设项目和资金放在首位，优先列项，变成政府行为，分别落实到相关职能部门负责列项，全力安排，予以支持。

一方面，对老区经济建设实行倾斜。1996年以来，东宁财

政局和各职能部门共为老区争取项目资金10.6亿元，本级财政投入超1亿元，资金的投入促进了老区农村主导产业的蓬勃发展，逐渐形成了黑木耳、烤烟、果菜、特色种养殖四大农村主导产业项目。全市三分之二的老区村成为特色农业“一品村”，奠定了东宁“中国黑木耳第一县”、中国食用菌协会黑木耳分会会长县和全省优质配料烟生产基地、沿边最大出口果菜生产集散地的地位。突出做大做强黑木耳“头号”富民产业，举全县之力，推进产业的标准化、工厂化和产业化，建成了全国最大的黑木耳交易市场——绥阳黑木耳批发大市场，成功举办了四届全国黑木耳节。特别是采取优先调剂、原料优先供应、技术优先培训、产品优先组织销售的办法，全力支持老区群众发展黑木耳生产，仅黑木耳一项，老区人民群众人均增收10 000多元。

另一方面，对老区民生事业实行倾斜。累计为老区中小学扩建、改造和文化中心建设投入2 000多万元；为老区村维修扩建、新建自来水项目投入资金4 000多万元；十多年来共为老区群众落实农村低保政策资金3 000多万元，落实新农合参保率实现99%，落实慈善救助资金1 200多万元。实施扶贫助学政策，落实资金1 000多万元，帮助2 000多大学生实现求学梦。绥西、石门子老区村被评为全国“小蘑菇·新农村”建设示范村，三岔口村被评为市级“魅力乡村”，东宁被评为“全省新农村建设先进县”。

二、建立包扶老区责任制，支持老区加快发展

东宁被国家民政部确认为老区以来，党委政府认真落实“工业反哺农业，城市支持农村”的方针，建立包扶老区责任制，调动社会各方面力量支持老区建设。安排和动员直属机关、事业部门和实力企业与老区结成帮扶对子，根据老区需求，尽包扶单位所能，出钱出物、出人出力，帮助老区解决建设和发展中的实际

困难，并且对老区的包扶和支持的力度不断加大。

截止到2018年末，市委市政府完成对老区全面实行部门包扶责任制工作，安排市老促会29个委员单位和55家包扶部门与全市老区村结成包扶对子。十余年来，各委员单位和包扶部门自筹资金8 740.74万元，用于老区的生态建设、广场、自来水、道路建设、办公场所建设、冬季取暖、中小学和医疗建设等。

三、加大老促会的支持力度，充分发挥老促会在老区建设中的作用

东宁始终积极改善老促会的办公条件和环境，努力做到“五有”，即：有编制、有经费、有办公场所、有通信工具、有交通工具。2008年，党政办公中心投入使用后，在办公室非常紧张的情况下，为老促会解决了两间办公室。对聘用的老促会领导按照上级要求给予一定补助，为老促会更有效地开展工作提供了保障。受聘担任老促会领导工作的离退休老同志和指定参加老促会的部门委员不负重托，工作得力，全心全意为老区服务，成为党委政府加强老区建设的重要助手，使老促会充分发挥了“五个作用”。

一是发挥了参谋助手的作用。每年党委政府主要领导都定期、不定期地听取老促会的工作汇报，认真学习上级老区工作精神，特别是省市领导讲话精神和上级老促会布置的具体工作，同时聘请老促会领导为党委、政府的常年顾问，主动听取老促会提出的意见和建议，及时采纳吸收，指导老区工作。2007年，老促会起草的有关发展滑子菇产业的调查报告被采纳批转，并在老区村道河组织召开了现场会推广经验。2009年夏，老促会经过调研后，向党委政府提出鼓励农民发展林下经济的报告，东宁召开了建言献策动员大会。目前东宁已形成规模化林下散养牛、林下种

参、林下养蜂等几十种产业，已成为农民增收致富的又一新路；2010年，老促会上报关于春耳秋管调研文章，党委政府采纳后召开了春耳秋管工作推进会，这项做法在东宁铺开，仅此一项当年就实现农民人均纯增收2 000元。

二是发挥了宣传作用，召开重要的常委会和市委全会时，都邀请老促会领导列席，以便他们及时向老区宣传全市工作部署和方向，指导老区建设发展；成立的市宣传老区领导小组成员，都是老促会的成员，他们做了大量的、经常性的老区宣传工作，营造了全社会关心、支持老区建设的社会氛围。

三是发挥了检查督促作用。老促会协调、监督和推动各部门和单位，贯彻落实市委市政府加强老区建设的工作部署，使为老区多办事、办实事落到了实处。

四是发挥了下情上传的作用。老促会真实反映老区的社情民意，帮助党委政府体察民情，成为党委政府替老区排忧解难、解决实际问题的桥梁和纽带。

五是发挥了沟通协调作用。老促会与相关部门单位联手合作，包装、申报老区建设项目，争取上级项目和资金，有力促进了老区建设和发展。

第四节　精准扶贫工作成效显著

一、全市上下配强扶贫工作力量

2016年，东宁全市有贫困户380户869人。根据习近平总书记脱贫攻坚重要指示和中央重大决策部署，市委市政府在2017年将市扶贫办由农业局内设机构升格为市委市政府直属机构，把5名干部正式落编扶贫办，同时，全市6镇都配备了扶贫专职干部，还在全市范围内抽调1 140名机关干部组建了100支帮扶工作队，实现了全市贫困户帮扶逐户逐人覆盖。市、镇和专职工作队上下配齐后，紧接着为全市102个行政村重新配备了第一书记。

针对全市村党支部和村委会换届后当选村干部新人较多的状况，市委市政府为确保新干部更快熟悉扶贫、提升抓扶贫工作能力，有针对性地开展了数次脱贫攻坚专项培训，对不合格的驻村干部和帮扶责任人同时实行“召回制”。

市、镇、村三级帮扶责任明确后，市委、市政府印发《东宁市帮扶工作机制》，确立了市委主体责任、党政“一把手”脱贫攻坚第一责任人责任和“五级书记抓扶贫”责任，实行市委常委包镇、单位包村、干部包户工作制度。

二、用致富产业引领贫困户脱贫

市委、市政府在制定《东宁市产业扶贫三年实施方案》中，确定了黑木耳、肉牛养殖、劳动力转移等重点脱贫产业，累计投入扶贫资金1 501万元，建设了北河沿村、和平村两个黑木耳园区、庆财肉牛托养和黑木耳菌包厂等4个重点扶贫项目。其中，北河沿村、和平村两个黑木耳园区带动54户贫困户户均年增收2 000元以上；庆财肉牛托养带动全市276户贫困户，户均年增收2 000元。自此全市每个贫困户都有了一个长期稳定的脱贫产业，户均受益达5 000元以上。

三、严格执行中央扶贫“三保障”标准

2018年，全市累计投入220万元（地方财政投入160万，省财政匹配60万）推进危房改造，改造危房85户，通过联合验收，全市贫困户都住进安全房。

在农村把安全饮水纳入市、镇、村三级党政“一把手”工

程，累计投入1 984万元，全市有贫困人口的76个村屯安全饮水改造工程全面完成，四项指标全部验收达标，221户507名贫困群众喝上安全水。

对贫困户全面落实医疗保障政策，在落实“先诊疗后付费”和“一站式”结算制度及“两免四减半”的基础上，120救护车对急诊贫困户免费使用。市委、市政府还制定《慢性病补贴办法》，对贫困户26种慢性疾病用药由财政进行补贴，为贫困户开展了签约医疗服务，制定个性化治疗方案426套。贫困户2018年累计住院治疗216人次，报销71.1万元。

2018年落实“雨露计划”“金秋助学”等“两免一补”政策资助，累计发放贫困生补助47.6万元，确保每个家庭的学生不会因贫辍学。

2018年着重补齐“三通三有”短板，投入450万元，完成道河镇和平村巷道硬化和老黑山镇黑瞎沟村通村公路拓宽改造。同时对全市有贫困户的村屯进行标准化卫生所改造，配齐村医。新建贫困村文化活动场所三处，三个贫困村全部达到“三通三有”出列标准。

四、用好用活扶贫资金

2018年全市共获得中央和省级财政专项扶贫资金640万元。东宁市将扶贫发展和少数民族发展结转结余资金统筹用于黑木耳菌包厂扶贫项目建设，黑木耳菌包厂扶贫项目采取分红、雇工等不同形式，实现对全市贫困户扶持全覆盖。同时印发《财政专项扶贫资金公示公告实施细则》、《扶贫资金使用管理实施细则》，保证扶贫资金安全和发挥扶贫资金作用，保障贫困户长期、稳定受益。根据东宁实际，按照立项、初审、审核、审批程序，建立了18个扶贫项目库，实现资金与项目匹配、项目与贫困户利益联结匹配，最大程度发挥扶贫资金效益。

同年，设立385万扶贫小额信贷风险补偿金。全市284户贫困户累计贷款1 678.66万元，包括户贷社用212户1 056.5万元，户贷户用72户622.16万元。全市284户扶贫小额信贷累计收益148万元，户均受益达5 000元以上。

至2018年末，东宁全市现已脱贫268户641人，超出省级减贫任务64户119人。经核查全市不存在错退、返贫人口，动态管理新识别贫困户1户1人。

东宁市原有贫困村3个，2016年老黑山镇南村脱贫退出，2018年道河镇和平村和老黑山镇黑瞎沟村脱贫退出。2018年脱贫的贫困户人均收入均超过3 550元标准，危房鉴定和安全饮用水鉴定全面完成，基本医疗、大病保险、教育保障覆盖率分别达到100%，全市贫困人口上不起学、看不起病、住房饮水不安全等问题基本解决。

第五节　革命老区涌现出的典型村镇

一、上碱老区村

上碱村位于东宁市西南，距东宁县城61公里，全村155户，586人。

（1）创新经济发展模式。在"村企联建"的基础上大力发展"打工经济和特色种植业'两条腿'促农致富"的思路。组织村民与煤炭企业签订用工协议，带动全村80%以上的村民到煤矿打工，离土致富，年劳务收入近500万元，成为全市首个农民打工收入超万元村。对于留守人员，引导村民以效益农业带动传统农业，种植烤烟、地栽木耳和白瓜子特色产业，实现种植规模化、产业化、规范化，先后建起了烤烟示范基地、精品黑木耳摆放基地和白瓜子试验基地。2018年人均纯收入达到25 000多元。

（2）加快美丽乡村建设。多年来，先后投入180多万元，硬化村内巷道3 000米，村内的道路硬化率达100%；改造了村委会办公室，新建了活动室和图书室；投入90万元，在村南建设占地14 000平方米的休闲公园；绿化通村公路4公里，栽植杨树2 000棵；修砌边沟1 600米，引村南小河水入村；实施民居改造工程，为每户村民补贴1 500元，将全村80%房屋全部换成彩钢瓦屋顶；推广清洁能源，新建沼气池80座。

（3）引领倡导文明新风。近年来，他们先后举办开展了“十星级文明户”“五好家庭”“好媳妇”等一系列评比活动，评出了公益事业热心人、孝老敬亲模范等一批先进村民，通过典型引导，榜样带动，村民的精神文明意识得到进一步提高。从2009年起，连续9年举办上碱村春节联欢晚会，已经成为上碱独特的名片。组建了全市第一个村级文化站，建起了一支26人的文艺人队伍，建立了歌舞队、秧歌队，精心编排群众喜闻乐见的戏剧、歌舞，并自创了反映新农村建设的相声、三句半和歌曲，活跃了农民群众的文化生活。

二、绥西老区村

绥西村位于绥阳镇西北部，毗邻301国道，现有耕地6 957亩，1 096口人，280户。绥西村通过发展一村一品特色经济、企业带动基地+农户的生产模式，使老区村靠内生动力实现脱贫。紧紧围绕村主导产业黑木耳发展农村经济，带领全村实现脱贫，走上共同富裕的道路。2018年，绥西村人均年纯收入已达22000元，黑木耳种植达1 400万袋，黑木耳收入占总收入的75%以上，2007年被牡丹江市政府授予食用菌一品村称号，已成为东宁市黑木耳生产专业村。

1.依托优势，重振主导产业

绥西村土地平整，水源充沛，为地栽木耳生长提供了有利的气候条件和自然条件，早在20世纪70年代村民们就开始了黑木耳的人工袋料栽培。2001年绥西村成立了食用菌协会，由有多年食用菌种植经验的村委会主任担任会长，协会为村民们制订了“四统一”生产经营模式：统一品种、统一管理、统一销售、统一提供技术培训。优选推广适合本地生长、适销对路的菌种，通过集体采购降低成本。通过生产技术创新、攻关，选择最优技术管理方式，进行统一化管理。在生产的各个环节提高生产标准和质量，推广应用地膜、树叶和稻草等技术提质增效、节本增收的目的。平均每袋生产成本比其他村屯降低0.2~0.3元，全村地栽木耳发展到100万袋规模，经济效益客观，食用菌年收入达80多万元。

2.补齐短板，推动规模化生产

（1）科技是第一生产力，随着黑木耳生产规模的不断扩大，生产中只重数量不重质量的问题导致收益不好，针对这一突出问题，村黑木耳协会组织种植大户和党员干部去辽宁、吉林等地学习先进技术，回来后结合村里实际情况，进行反复对比试验，终于摸索出来适应东宁气候条件和自然条件的栽培技术，并在全村推广种植，当年全村试验生产了100多万袋，得到了较好的收益。此后每年都邀请专家、教授讲座，组织外出学习先进技术。先后培训耳农200多人次，解决生产中的问题50多条，进一步降低了生产风险，实现了提质增效。新技术引进后完成了常压轨道式灭菌锅改造、微喷节水浇灌、遮阳网覆盖、黑木耳搭架晾晒等多项技术得到推广，引进自动、半自动装袋机，通过生产技术的创新和改造，菌农的劳动强度减半，黑木耳的品质也有了大幅度提升，优质品率达到97%以上，生产效益平均每斤提高4~6元。

（2）面对资金缺口这一大难题，绥西村与镇信用社联系，每年在回收贷款期间一次性发放跨年度袋栽木耳贷款280多万元，解决了菌农购买原材料的难题。

（3）绥西村为完善基础设施，河道清淤500多米，修复拦河坝3座，解决了农户种植地栽木耳的水源问题，同时也改善了居民的生活用水条件；引资17万元修建了一座连接绥西村南北的富民桥，极大地方便了菌农生产、销售运输；积极协调供电部门，铺架输电线路2 400米，更换变压器3台，有效解决了喷灌动力难题。

（4）采取“拨亮一盏灯，照亮一大片，举起一面旗，唤起千千万”的方式示范引导。村支部推选4个大户，优先扶持，带动全村大力发展地栽木耳。通过种植模范带头引路，全村95%以上的农户从事黑木耳生产。

3.脱贫致富，村貌焕然一新

通过全村黑木耳产业化发展，逐渐形成了基地+农户的生产模式,形成了家家有产业，户户有钱赚的良好局面。整修道路、修砌边沟、新建市场、修建文化健身广场，群众的文化生活得到了极大满足，村容村貌改善、村内道路整洁、排水畅通，基础设施完善，加快了革命老区村新农村建设的步伐。低矮的泥瓦房摇身一变宽敞明亮的砖房，出行有小轿车，家家户户都能喝上纯净的自来水、接通有线电视，人人都有电话用，全村呈现出“五多五少”的局面：搞地栽的多了，种地的少了；学技术的多了，赌博的少了；想干事的多了，游手好闲的少了；依法办事的多了，无理取闹的少了；富裕户多了，贫困户少了。

为进一步完善黑木耳产业的大规模生产，进一步减少食用菌生产环节中对环境造成的污染，绥西村改变小作坊生产模式，实行标准化生产，建立菌包场。菌包场建立后满足了本村菌农需求的同时，也为周边地区菌农生产提供了便利，完善了规模化产业链。201年末，绥西村共建菌包厂6家，平均每家日产16万袋，生产规模不断壮大，产业链不断完善，绥西村成为名副其实的黑木耳生产一品村。

三、小地营老区村

东宁市道河镇小地营村现有280户1 100人，耕地面积5 500亩。2018年，村总收入实现4 380万元，人均收入达到23 000元。多年来，小地营村的干部党员带领广大农民，抢抓机遇，先后争取国家和省投资450多万元，市、镇地方财政资金500多万元，村自筹资金50多万元。在农业产业化调整中，领导带头，大户引导，整体推进，创建了全市优质烟生产一品村。

1.抢抓机遇，扩大引资，打好基础牌

十几年前，随着新农村示范村建设起步，村领导在市老促会的支持协调下，到位30万元新农村建设资金，建起了文体娱乐广场、文化墙、青少年活动中心和老年活动室，修缮了办公室和学校。市水务局安排50万元，彻底改造了自来水，从省发改委争取到120万元补贴资金，将村内街道、边沟和通五排屯公路11.2公里全部硬化。2008年，村里从市财政局和县烟草公司引进180万元，修建了烤烟灌溉工程，解决400亩烤烟大田灌溉问题。2013年，镇里投资500万元，在村建起了烤烟烘烤园区。为了适应烤烟用地的不断调整，村里两次投资50多万元，架起通往河北及三道桥、四道桥交通的钢架大桥。

2.调整结构，大上烤烟，打好产业牌

小地营村一面靠河，三面环山，山坡地河套地并举，土质较好，适合种植烤烟。以前全村只有20户种烟，收入有高有低，为保证稳产增收，领导和包村干部吃住在村里，挨家挨户去落实。随后，村领导聘请烟草公司的专家和技术员多次到村里办烤烟培训班，成立了烤烟生产协会，目前已发展到90户，1 600亩烤烟，成为红塔集团的专用烟叶。2014年，镇里为了支持老区村烤烟再上一个新台阶，镇财政投资500万元，在村西南角，盖起了占地3 000平方米的烤烟集中烘烤园区。小地营村的烤烟产业每年可以为镇财政保税300多万，烟农收入近千万元，可安排剩余劳动力2 600多个。

四、太阳升老区村

大肚川镇太阳升村现有人口1 635人，耕地14 500亩，2018年全村经济总收入实现4 719万元，村集体收入35万元，农民人均纯收入2.4万元，先后荣获省级“五个好”村党支部，省级文明村等多项荣誉称号。

80年代，太阳升村仅依靠种植玉米和大豆为主，农民生活水平低，村民居住环境差，办公设施破旧不堪。为彻底摘掉贫困帽子，村“两委”班子理清发展思路，确定了“结构调整迈大步，荒山改造栽果树，多业并举壮集体，扶持引导富农户”的发展思路，依托资源，多业并举，发展境外农业，使村级集体经济增长驶入健康、可持续发展快车道。

（1）兴办企业，为经济发展打下基础。为发掘致富的新途径，村“两委”班子把目光锁定在区域内储量丰富的煤炭资源上。经过三年多的努力，先后建起了太阳升煤矿一井、二井。经过30年的发展，两个矿井年产值近千万元，累计上缴税金500万元，吸收劳动力98人。

（2）优化产业，为农民增收提供保障。太阳升村有果树面积4 100亩，1998年建成省级果树节水灌溉示范区，成为年产600

万斤的水果的生产基地，“天奇”“母鹿山”牌苹果梨获得国家A级绿色标识认证。2000年投资71万元，建成48栋反季果蔬栽培大棚，成为全县最大标准化棚室生产示范区。2003年，多项措施引导农民开展黑木耳生产，到2016年全村黑木耳达到600多万袋，实现收入1 500万元。太阳升村农业生产结构趋向合理，果、烟、黑木耳等特色产业初具规模。2018年，全村实现果、烟、黑木耳等产业收入2 540万元，带动农民人均增收1.6万元。

（3）与时俱进，为经济增长开辟新路。太阳升村发挥与俄罗斯相邻的区位优势，积极参与到中俄民间农业合作的大潮中，在俄罗斯先后租赁耕地1.5万亩，年收入3 000多万元，转移劳动力70多人，实现劳务收入350万元，取得了村、农户、俄方均获益的良好成效。2011年以来，在稳定发展原有产业的基础上，采用“集体+企业+农户”的生产经营模式，建设了太阳升葡萄园区，到目前栽植“威代尔”葡萄1 000多亩，成为禄源酒业重要的葡萄生产基地。2016年投资近2 000万元，建成了占地22公顷、东宁市最大规模的现代农业科技示范园。示范园内有葡萄5.3公顷、冷棚30栋、暖棚20栋，房屋1 200平方米，鱼池4个。该示范园组建了农民合作社，带领太阳升部分农户开展农家乐，采摘园，水果、蔬菜种植销售等。

（4）立足精准，全力帮扶贫困人口脱贫致富。2016年，太阳升村建档立卡贫困户25户共54人。帮扶工作开展以来，年底实现了9户22人脱贫。2017年5月，太阳升村开展了精准扶贫“回头看”工作，有贫困户10户23人，到2018年末实现全部脱贫。

五、老黑山老区镇

老黑山镇位于东宁市西南，距市区50公里，全镇16个村27个自然屯都是革命老区，总人口15 610人，其中农业人口11 673

人。全镇耕地面积10万余亩，主导产业为黑木耳、烤烟和白瓜。2018年全镇实现农业经济总收入12亿元，农民人均纯收入25 400元，财政总收入完成1 677万元。

2018年，镇党委政府举全镇之力加快项目建设，带动全镇财力提升和百姓致富步伐。绿色农副产品仓储加工园区项目；丹泉松茸酒业灌装基地完成基础建设；新建南村、阳明村年产菌包300万袋的两个菌包厂；老黑山村招商引资的凯迪公司已完成年处理废弃菌袋2 000万袋回收项目；南村、太平沟村等废弃菌袋回收利用厂正在进行规范化建设。同时，全镇着眼于农民脱贫增收，大力发展黑木耳、烤烟、白瓜、北药、特色种养殖等特色产业。2018年共发展黑木耳6 200万袋；阳明村集中烤烟育苗工厂已实现全镇烤烟育苗全覆盖；积极与宝清联系推动白瓜子产业的健康发展，稳步推进农民增产增收；全力打造小杂粮千亩示范园建设，全镇小杂粮种植面积已达3 000余亩；上碱村养殖示范基地以及阳明村养殖示范基地目前已实现存栏牛600头，猪存栏150头，家禽存栏1 000只；信号村二代野猪养殖示范基地存栏200余头，年可出栏50余头；积极发展林下经济，全镇实现北药种植面积150亩。

第六节　东宁革命老区未来发展远景展望

东宁市未来发展将按照“五位一体”总体布局和“四个全面”战略布局，按照“龙江丝路带”建设和牡丹江市委发展开放型经济、建设开放型城市的部署要求，聚力发展五大主导产业，加快建设新东宁，全面建成小康社会。

（一）坚持创新发展，打造沿边重要经济增长极

加快实施《东宁产业升级三年发展规划》和《加强产业项目

建设工作实施意见》，以创新驱动东宁市“五大主导产业”升级发展，推动经济综合实力位居全省县域经济发展前列。一是发展跨境连锁加工产业。围绕省委“出口抓加工、进口抓落地”的战略部署，促进跨境连锁加工产业链条的双向融合对接，扩大对俄能源、资源进口，培育优质农产品出口基地，加强与俄远东地区合作，吸引生产要素向东宁集聚，打造以能源、矿产、化工、农业、林业、海产品、中药材为重点的跨境产业链，建设境内外联动、上下游衔接的跨境产业合作基地。二是发展绿色食品加工产业。按照粮经饲统筹、农林牧渔结合、种养加一体的思路，不断调整农业产业结构，推动农业全产业链发展，构建百亿级绿色食品产业集群。坚持“六化”引领黑木耳产业发展，建立以东宁为主导的产业标准，做大精深加工，建立质量安全可追溯体系，确保产业健康可持续发展。大力发展葡萄酒庄园经济，在绥芬河两岸建设一批集种植、酿造、休闲娱乐和文化推广于一体的葡萄酒庄，促进产业集聚发展。扩大北药、大榛子等林中经济和果菜、肉牛等特色种养殖产业规模，以“粮头食尾”“农头工尾”为抓手，建设绿色有机农产品生产加工基地。三是发展能矿资源综合开发利用产业。积极开发利用风能、水能等清洁能源，推动矿产资源勘探、开采和精深加工一体化，以“煤头电尾”“煤头化尾”为抓手，综合开发煤炭、铜、油页岩、大理岩等能矿资源，大力发扬工匠精神，加强技术、工艺和管理创新，从供给端增品种、提品质、创品牌，打造能矿资源精深加工基地。四是发展特色旅游产业。积极推进国家全域旅游示范区创建工作，大力实施景点景区、精品线路、配套设施、旅游服务、营销推广五大战略，搭建旅游投融资平台，加快旅游路网建设，推动口岸文化、二战文化、“跑崴子”文化、冰雪文化与旅游融合发展，通过举办宝玉石文化节、冰葡萄采摘节、国际冬泳节等方式持续提升旅游热度，建设芬河帝堡国际旅游度假区，争创国家跨境旅游合作区和边境旅游试验区。五要发展现代物流产业。深化与沿边口岸的战略合作，支持东宁物流企业与国内外物流龙头企业携手共建对俄国际物流服务设施，增强进出口货物集散能力，推动保税物流、冷链物流、跨境电商物流等发展，谋划建设进口俄罗斯油气管道，打通一条货畅其流、经济便捷的跨境陆海联运大通道，建设集仓储保税、国际贸易、加工配送、配套服务等功能于一体的对俄进出口物流产业基地。

（二）坚持开放发展，打造中俄战略合作及东北亚开放合作平台

不断厚植对外开放竞争新优势，在沿边开发开放中走在全省前列。一是以平台建设为动力，打造中俄合作新高地。境内，加快提升经济开发区、互市贸易区和绥阳食品园区承载能力，扩大俄海产品、宝玉石、粮食、中药材等特色商品进口规模，主动承接国内外产业转移，构建外向型产业体系；探索实施“一线放开、二线安全高效管住”的特殊监管模式，逐步实现全城互贸。境外，支持各园区抱团发展，加强与俄罗斯符拉迪沃斯托克自由港互动对接，为中俄经贸合作寻求新的切入点和突破口。支持乌苏里斯克经贸合作区转型发展，推进俄滨海华宇经贸合作区、华洋境外绿色农业园区争创国家级境外园区。充分利用东宁市以及俄罗斯丰富的农业资源，推进华信中俄（滨海边疆区）现代农业产业合作区发展“一区多园”模式，争创农业对外开放合作试验区和境外农业合作示范区。谋划建设集国际贸易、仓储物流、进出口加工等功能为一体的中俄（东宁）跨境经济合作区。二是以通道建设为先导，打造“龙江丝路带”战略枢纽。把完善基础设施作为提升竞争力的先决条件，全力推进“三铁两公一桥一机”建设，高标准打造临空经济区，形成北接“龙江丝路带”陆海联运、南连珲春“借港出海”、东接俄罗斯“滨海1号”的国际大通道，着力打造“龙江丝路带”上的桥头堡和枢纽站。推进口岸提质升级，持续优化通关环境，实行关检合作“三个一”通关模式，全力推进东宁—波尔塔夫卡口岸升级为国际公路客货运输口岸。规划建设集金融投资、信息服务、法律咨询及“保姆式”服务等功能于一体的国际贸易现代服务区，为牡丹江、全省乃至全国对俄企业提供最优质的服务。三是以深化国际合作为驱动，打造中俄地方合作新典范。大力拓展对外开放广度，全方位、多层次、宽领域推动内外双向交流。对内，深化与绥阳林业局合作共建，推动绥东穆区域经济一体化、哈牡绥东产业带联动发展，拓展与京津冀、珠三角、长三角、环渤海四大经济板块及国内友好城市合作。对外，深化与乌苏里斯克等俄远东城市友好往来，开展文化教育体育交流活动，与波尔塔夫卡口岸联检部门建立定期会晤联系机制，加强联合反恐防暴合作，打击中俄边境地区恐怖主义，拓展与韩日、欧美的经贸往来，争取对俄韩日合作取得更多实际成果。

（三）坚持协调发展，打造中国沿边口岸名城

全面贯彻落实中央城市工作会议精神，全面提升城市规划、建设、管理和经营水平，加快构建城乡一体化协调发展新格局，努力将东宁打造成为中国沿边口岸名城。一是建设边境宜居之城。加强规划的整体性、统筹性，推动多规合一，实现一张图管理城市。坚持有序建设、适度开发，开展老城区微改造，提升物业管理水平，推动老城焕发新颜。完善河北新区功能，打造政治文化中心、科技金融中心、现代服务业聚集中心。树立经营城市新理念，推进“智慧城市”“海绵城市”建设，加快城市公共交通、地下综合管廊、公共服务等基础设施建设，不断增强城市承载力，让人民群众在城市生活的更方便、更舒心、更美好。二是

建设洁净美丽之城。坚持人文、人本、人性的理念，创新城市管理方式，推进城市管理精细化、数字化建设，实施城乡环卫一体化管理全覆盖，让城区每一个角落都干净整洁，并逐步将“十无十净”延伸到镇村，让农民也感受到洁净舒适的城市生活。提升城市的品质、品牌、品位，提高城市风貌建设水平，继续见缝插绿、见空增绿，创建国家级生态市、国家园林城市，把整座城市美化为最大的花园、最好的公园，实现“林中有城、城中有林、林城共憩”。各镇要因地制宜地发展主导产业，建设风格独具、环境优美的特色小镇和美丽乡村。三是建设宁静和谐之城。着力提升公民道德水平，引导广大群众自觉维护公共秩序，让“各行其道、各泊其位、各禁其鸣”成为出行习惯，让工地文明施工、秩序井然。加快建设公共休息区、公共自行车服务站、公共直饮水台、慢行绿道等便民服务设施。完善主城区绥芬河沿岸景观带建设，实现以水丽城、以水秀城、以水富城，让市民时刻享受城市的宁静。持续巩固全国平安建设先进城市成果，严厉打击损害群众健康安全、财产安全的违法行为，使东宁成为“夜不闭户、路不拾遗”的和谐小城。四是建设竞技休闲之城。积极拓展全民健身空间，用体育运动、休闲娱乐释放活力，凝聚城市精气神。丰富完善群众健身场地设施，加快综合体育场（馆）和镇文化站建设，提倡全民阅读，鼓励支持发展各类协会和俱乐部，开展国内国际体育文化赛事，吸引更多的外地人来东宁采风比赛，让赛事在户外休闲中进行、户外休闲在竞技中体现，让每一名东宁人都坚持一项运动，在全市上下形成快乐工作、健康生活的良好氛围。五是建设亲敬诚信之城。开展志愿服务活动，提升东宁城市温度。弘扬“最美东宁人精神”，发挥典型示范引领作用，讲好身边好人故事，打造“好人效应”，不断凝聚社会正能量，带动更多的人行善举、做好事，让凡人善举蔚然成风。全面推进社会信用体系建设，广泛弘扬诚信意识，引导广大市民树立良好的职业道德，在社会做诚信的公民、在单位做诚信的建设者、在家庭做诚信的成员。

（四）坚持绿色发展，打造沿边生态文明先行示范区

牢固树立“绿水青山是金山银山，冰天雪地也是金山银山”的理念，使绿色成为东宁发展的鲜明底色，让绿色发展走在全省前列，充分展示出东宁“白天深呼吸，晚上数星星”的城市魅力。一是构建绿色生产体系。加速发展节约资源保护环境的产业体系，努力实现环境指数与产业指标同步提升、经济与生态良性互动。突出抓好传统产业向节能环保型升级，实施能矿资源绿色开采，强化重点行业节能减排和节水技术改造，提高工业集约用地水平，推广应用节材技术。落实减化肥、减农药、减除草剂的“三减”行动，减少农业面源污染。加快发展循环经济，疏堵结合整治废弃菌袋乱扔乱倒，建立和完善废弃菌袋回收利用体系。二是打造绿色生活空间。倡导低碳生活方式，加快污染治理设施提升改造，全力营造绿色宜居的城市生态空间。深入开展大气、水污染防治行动计划，取缔原煤散烧土锅炉，推广使用环保燃料和高效洁净炉具，推进供暖改造，扩大集中供热面积；加大城市水源地保护和绥芬河流域治理力度，推进污水处理厂二期和各镇污水处理设施建设，抓好地表水、地下水污染防治。三是营造绿色生态环境。着力保护和治理好生态环境，打造东宁经济发展的生态安全屏障。坚持实施退耕还林、插柳护岸、侵蚀沟治理、禁牧圈养四大工程，推动鸟青山自然保护区升级为国家级自然保护区，加快东北虎豹国家公园建设，力争五年内全市90%以上的自然湿地得到有效保护。全面加强环境执法监管，严厉打击滥砍滥伐、私挖滥采、乱捕乱猎等各类环境违法犯罪行为。

（五）坚持共享发展，打造沿边最具幸福感城市

坚持把改善民生作为一切工作的出发点和落脚点，把群众满意作为我们工作的评判标准，以更大力度补齐民生短板、更高标准保障民生，确保民生指数居于全省前列，全面提升东宁人民的幸福感和获得感。一是健全就业和社会保障服务体系。把百姓增收作为首要任务，实施城乡居民收入倍增计划。大力发展社会福利和慈善事业，优化殡葬服务，加快完善覆盖城乡的社会保障和救助体系。推进养老养生与生态、医疗、文体、地产融合，培育壮大南北互补的养老产业，打造特色“候鸟养老小镇”。二是持续提高基本公共服务水平。深化教育领域综合改革，持续改善办学条件，推动教育优质均衡发展，加强学前教育，努力培育有品位的学校、有品质的教师和有品德的学生。深化医疗卫生体制改革，建立健全市镇村三级医疗卫生体系，为群众提供安全、有效、方便、价廉的医疗卫生服务。推进精品社区建设，建成一批管理到位、服务优良、环境优美的示范社区。强化公共文化设施建设，提升公共文化服务供给能力，打造具有东宁特色的文化品牌。三是继续加强民主法治建设。全面推进“法治东宁”建设，促进社会公平正义，为东宁发展保驾护航。全面推进依法行政，扎实开展“七五”普法，着力构建法治社会。完善双拥优抚安置保障体系，争创国家级双拥文明城。四是不断创新社会治理体制。加快构建法治化、立体化、网格化的社会治安综合治理体系，重点开展“打非治违”工作。严格落实安全生产责任制，严守安全红线，以更大精力、更严要求和更实措施加强安全生产监管，切实排查治理安全隐患，坚决遏制重特大事故发生。全面提升抗击台风、洪水、冰雹等灾害的应急处置能力，确保城市安全、市民安宁、社会安定。

第五编★人物传略

东宁这片饱经战火洗礼和深受侵略者蹂躏的土地上，无数爱国将士捐躯沙场，视死如归，顽强抗争，显示了威武不屈的民族气概，为取得抗战的最后胜利做出了巨大贡献。东宁在抗日战争期间，曾涌现出了许许多多救国救民的抗日将士，还有许多人连姓名都没有留下，但他们却为了中华民族的解放流尽了最后一滴血，谱写了最壮丽的诗篇。他们的英名将与历史永存，与人民同在。

张信（1893—1941年）

张信，山东莒县人，19岁闯关东来到东宁县三岔口，开始给地主扛活。王德林领导的抗日救国军进驻东宁后，39岁的张信参加了抗日救国军，因和王德林同属山东老乡，且正值壮年，办事稳当又善于交际，被分配到救国军总部当联络副官。张信利用熟人关系，以他的机智勇敢，每次都能圆满地完成组织交给他的任务，因而受到王德林将军的赏识。

1933年1月5日，张信跟随王德林将军和部分抗联队伍到苏联的乌苏里斯克休整。7月的一天，受王德林的指派从苏联潜回东宁的正南岭搜集日军情报。张信历经艰险在绥芬大甸子找到了抗联部队吴义成部并开展工作。1936年春，张信以结拜兄弟的名义秘密成立了反日会。主要成员有黄敬熙、葛福春、葛福清、王绍卿、刘邦洪等，张信为反日会的会长，黄敬熙、葛福春为副会长，王绍卿为联络员。主要任务是搜集日军的情报，为抗联和游击队提供粮食、衣物和药品等。此后的几年时间里，张信带领反日会成员冒着危险，靠机智、勇敢历经艰险为抗联和游击队提供了大量的军事情报和所需物品。

1940年春，由于叛徒告密，反日会主要成员先后被捕入狱。1941年4月10日，张信在家中被日本宪兵队以通苏嫌疑被逮捕。在宪兵队里，张信、黄敬熙、王绍卿拒不承认有反日会组织，保护了反满抗日群众。敌人无奈，又把他们押送到牡丹江第六军管区军法处，不久他们便被敌人以反满抗日、通苏分子的罪名残酷杀害。张信牺牲时年仅48岁。

李延禄（1895—1985年）

李延禄，东北抗日联军第四军创建人。1895年4月1日，出生于吉林省延吉县一个贫苦农民家庭，幼年读两年私塾。1917年入东北军先后任排长、连长。1929年，开始秘密为中共延吉县委当情报员。1931年7月1日，加入中国共产党。

“九一八”事变后，被中共延吉县委派到东北抗日义勇军王德林部进行抗日工作。1932年2月8日，王德林率所部“老三营”创立中国国民救国军，王德林自任总司令，委派李延禄为参谋长。1933年1月，日军第10师团向东宁大举进犯，王德林退入苏联境内，李延禄领导的补充团根据中共绥宁中心县委指示，正式脱离救国军，改编为共产党直接领导的抗日游击总队，李延禄任总队长。东宁沦陷后，李延禄在东宁地区的老黑山和万宝湾发展地下党组织，为发展东宁地区抗日地下党组织奠定基础，同时收编了这些地区的义勇军和救国军余部，组成了800人的东北抗日救国游击军。6—7月，李延禄在密山召开两次反日武装联席会议上提出，各抗日武装不分党派不分民族，在抗日到底、保护基本群众利益、没收敌伪资财等三个条件下联合起来。参会人员一致同意启用“人民抗日革命军”名称，推举李延禄为军长。

1936—1938年，党组织派他到上海、南京做统战工作，他广泛接触国民党中有影响的人士，团结各民族党派和无党派知名人士，共同促蒋抗日，做了大量工作。1938年12月抵延安。1939年任中共中央东北工作委员会副主任，负责培训东北地区的干部工作。1945年作为正式代表参加中共七大。9月回东北任合江省政府主席、省委委员。1946年，选为东北人民政府委员。

1954年8月，任黑龙江省副省长、省委委员。他是第一至第五届全国人民代表大会代表，第三、第四、第五届全国人大常委会委员。1955年，获一级八一勋章。李延禄在晚年身患重病期间，壮心不已，锲而不舍，撰写革命回忆录《过去的年代》，为中央和地方提供了很多有价值的党史资料，给后人留下宝贵的历史遗产。1984年，中共中央表彰李延禄是“长期保持红军传统、艰苦朴素”的模范。1985年6月18日，病逝于北京，享年90岁。

于明智（1906—1936年）

于明智，字若痴，中师文化，1906年3月出生在东宁三岔口八家子村一个农民家庭。1915年就读于三岔口小学，1926年考入吉林省立第四中学，经常阅读课外进步书刊，立志投身于革命。中学毕业后考入滨江师范学校，在校继续开展学生运动、工人运动，因工作成绩卓著，6月，被党组织发展为中国共产党党员。

于明智毕业后受中共北满地委的指派到家乡东宁和中东铁路东线地区建立各级党组织，以小学教员的身份做掩护，在东宁县城所在地三岔口两级学校成立了中共东宁县党支部。1933年8月，于明智身份暴露，正当敌人准备逮捕他的时候，中共穆棱县委立即通知他投奔饶河地方党组织。

1936年6月15日，于明智所在的部队在同江县头道林子与日军遭遇，在掩护部队转移中于明智壮烈牺牲，时年30岁。

于明智是北满地委派往东宁县早期党的领导人，他创建了中共东宁第一个党支部。

胡泽民（1902—1933年）

胡泽民，满族，辽宁省沈阳市苏家屯人。1928年加入中国共产主义青年团，1930年加入中国共产党。

1931年“九一八”事变后，受中共东满特委派遣到吉林省延吉地区开展敌后工作。1933年1月10日，日军重兵围攻东宁县城，在敌强我弱的紧要关头，总司令王德林、副司令孔宪荣任命吴义成为救国军代总司令。在救国军参谋长周保中、胡泽民等共产党员的努力工作下，帮助吴义成整顿救国军队伍，救国军继续在吉东地区开展抗日斗争。

1933年9月6日，胡泽民、吴义成部救国军联合汪清、延吉反日游击队共2 000余人，对东宁县城（三岔口）的日军发起攻击。10月，胡泽民在老黑山反“讨伐”战斗中牺牲，时年31岁。

王德林（1875—1938年）

王德林，1875年 7月 31日出生在山东省沂水县一个佃农家庭，因家境贫寒，不得已背井离乡闯关东，先后做过伐木工、窑工等。

1903年，王德林组织数百义民竖起抗俄救国的义旗，配合东北义和团在中东铁路沿线开展抗俄救国斗争，深得百姓的拥戴，王德林的名字在吉东地区家喻户晓。1917年，王德林的队伍被收编为吉林督军第一旅第六七七团第三营，号称“老三营”。

1931年“九一八”事变后，王德林部正驻扎在吉会（吉林—会宁）铁路要隘瓮声砬子地段。当时，日本南满铁路株式会社正在加紧修筑吉林到朝鲜会宁的铁路，王德林率所部坚决阻止日军修筑铁路。吉会长官熙洽为了讨好日军，让王德林部移防到安图县古洞河一带，继而声称要提拔王德林为团长，令其换防。面对日伪的阴谋，王德林随即率部队起义，正式打出抗日大旗，宣布成立“中国国民救国军”，王德林任总指挥。

1932年12月22日，王德林率部进驻东宁阻敌进犯。1933年1月9日，王德林在东宁县城三岔口联合各义军将领，通电全国，一方面揭露日军的侵略行径，一方面陈述义勇军苦战情形，以唤起全国人民共同抗战，敦促南京政府出兵北上收复失地。10日，王德林指挥救国军一万余人阻击日军第八旅团进犯东宁，由于寡不敌众，王德林率领600余人及伤员、家眷及一部分兵力突围退至苏联境内。余部后来加入了共产党领导的抗日联军。

1938年12月20日，王德林怀着深深的遗憾，没有等到抗战胜利的那一天就闭上了双眼，身边没有妻子儿女，家乡的父老把他安葬在一个小山岭上。

袁镇（1895—1938年）

袁镇，1895年12月出生在山东省福山县永福园村一个渔民家庭。9岁随父逃荒到黑龙江省东宁泡子沿村落户谋生。17岁随父在东宁山区狩猎，练就了一手好枪法。

1933年1月，东宁沦陷后，在周保中等同志的帮助和引导下，袁镇和弟弟袁丰毅然走上了革命道路，战斗在白山黑水之间。2月，袁镇参加了东北抗日救国军游击支队第二分队在东宁县万鹿沟大岭伏击日军运输队，击毙日军数十人，缴获许多物资。在这次战斗中，袁镇双手使用盒子枪，枪法神准，作战勇敢，智慧超群，第一个冲到最前头，在游击队和当地百姓中广为流传，绰号“神枪袁六指”（袁镇右手是六指）。

1935年10月，日本关东军对抗联实施秋季大“讨伐”，袁镇在此后大大小小的战斗中多次立功，多次受到周保中等抗联领导的表彰和奖励。1938年，袁镇随部队转战罗北地区开展游击活动，在一次突围中不幸中弹被俘，被日军折磨致死。

张传福（1901—1941年）

张传福，1901年生于山东省日照县。1916年，随父亲来到东宁县三岔口当挑夫。1928年定居于东宁县乌蛇沟村。1939年春，迁到老黑山二道沟建立新屯，张传福为屯长。1940年3月，屯里成立了反日会，张传福被选为会长，表面上应付敌人，实际上秘密领导二道沟反日会员和群众积极开展抗日救国活动，从此二道沟屯成了抗联活动的根据地，在张传福的领导下为支援抗联部队做出了卓越的贡献。1940年3月的一天，抗联第三方面军40多人，在安吉、崔贤的带领下来到二道沟，张传福和群众商量立即安排了杜继章等人连夜杀了一口猪慰劳部队。

1940年9月，二道沟群众得知抗日联军第三方面军来到马鹿窖子一带和抗联五军会师的消息后，张传福立即派人给抗联部队送去了一头大牛慰劳部队。为纪念这件有意义的事情，群众把马鹿窖子西北沟改名为“杀牛沟”。

二道沟屯反日会和抗联部队保持密切联系。有一次，反日会得知由老黑山向二道沟方向开来了二百多名日伪“讨伐队”，张传福立即派交通员许正祥到抗联部队告知情况，张传福随后亲自到抗联密营找领导研究对策。次日清晨，日伪“讨伐队”窜到马鹿窖子、寒葱河一带沟里时，抗联部队早已转移了。

1940年秋，由于叛徒告密，老黑山宪兵队逮捕了反日会会长张传福，接着分四批逮捕了16名曾给抗联办过事、送过东西的反日群众。在狱中敌人虽用了种种残酷刑罚，但是张传福和被捕群众只字未露抗联的情况。敌人毫无办法，只好把他们认为是“王牌”的叛徒尹洪生拉到张传福面前当面对质。张传福为了保护群众，将为抗联部队送粮食、送物资等事全部承担下来。他对敌人斩钉截铁地说：“我是屯长，给抗联送粮食、送物是我指派的，与他们没有关系。”在监狱里张传福趁敌人不注意，用筷子抠砖缝，把墙抠了一个小窟窿，告诉隔壁的群众：“不要乱咬，把一切的事情推到我身上，就说我叫你们干的。”他发现交通员许正祥还没有被捕，通过内线关系通知老许他们火速离开老黑山。随后，张传福又花了1 000多元伪币买通了宪兵队李翻译和王宪补，利用审讯的机会把叛徒尹洪生踢死了，切断了敌人的线索。宪兵队在没有任何证据的情况下，除张传福外，将其余16名群众释放回家。敌人没有就此罢休，又玩弄起新的伎俩，逼迫张传福全家从二道沟屯搬到了老黑山宪兵队驻地居住，白天让张传福在宪兵队干杂活，晚间才放他回家，暗中派特务监视。这样又持续了一个多月，敌人也没有捞到新的线索。于是，又让张传福只身连续三次回到二道沟屯，让他向抗联部队劝降。可张传福却把敌人的阴谋全部告诉了部队领导，继续带领反日会和反日群众给抗联部队送粮食送情报。

为了保护张传福以及全家的安全，抗联部队打算秘密地把他全家救出虎口，张传福考虑后说："这样自己家是安全了，可是全屯的群众就要遭受日军迫害，我不能离开。"他毅然地又回到老黑山村，敌人又重新把他关进了监狱。在狱中敌人用尽了各种手段，可张传福宁死不屈，大义凛然，视死如归。

1941年3月25日，敌人下了毒手，中华民族的优秀儿女张传福为革命流尽了最后一滴血，时年40岁。

李擎天（1896—1941年）

李擎天，吉林省珲春县大荒沟人，朝鲜族，1896年生。1931年"九一八"事变后，延边地区的抗日活动风起云涌，游击队、义勇军、山林队等抗日武装纷纷建立。李擎天参加了珲春一带的抗日游击队，因为懂得医术，在游击队里担任了地下医院的院长。

1934年日本侵略者在珲春一带实行三光政策，疯狂屠杀抗日武装人员，所有游击队员的家属也都面临着被捕的危险。为了躲过这一难，游击队负责人决定，把他们分别疏散到东宁县老黑山的万宝湾、西老黑山、太平川和腰屯（今南村）等地。李擎天带着家眷也来到了老黑山的腰屯。与别人不同，他是带着艰巨任务来的。地下党组织交给他两项任务：一是到那里要与地下党组织取得联系，开展群众性的反日活动；二是要和抗日游击队保持联系，想方设法搞到药品，为抗日游击队的伤员治病。

1935年初，由于党内出现了叛徒，老黑山党支部负责人黄根和15名反日爱国青年被杀害；1936年2月，老黑山的党支部负责人金英华被捕并遭杀害，老黑山地区的党组织遭到了严重破坏。1936年秋，李擎天临危受命，担任了老黑山地区中共党支部书记。李擎天为保存力量，他以汪清成立“忠誓会”（日伪当局把成立“忠誓会”的做法叫“归顺”）使得警察升官的例子，诱使一个姓金的朝鲜族警察出面，在老黑山地区成立了“忠誓会”，会址设在腰屯，盖了4座房子，共住进16户。参加“忠誓会”的都是在1934年冬天靖安军“讨伐”时所抓捕和查出抗日游击队员的家属、反日会员、农会会员。

李擎天成立“忠誓会”的办法，使押在狱中的人被解救出来，并得到了保护。李擎天以“归顺”了16户人家取得了日伪警察的信任，便以“忠誓会”工作人员的身份和行医的名义到老黑山、太平沟、万宝湾等地开展活动。

1940年秋，李擎天得知抗联部队在山里越来越困难，利用敌人急于消灭抗日武装的心理，就请求上山劝降。他进山后第一个月，写信给老黑山的伪警察队，说抗联的人同意下山，但有的重病难行，要求警察队派人送700份烟土和30双胶鞋，因为山上的伤员缺少药品，烟土可以做药用。又过了一个月，又写信称愿降的人已有四五十人了，要求再送胶鞋。第三次又写信诱骗时，警察队特务系警尉补李顺太对他的上司说：“李擎天不是个好东西。”日军恍然大悟，知道上了当，派特务把李擎天的家监视起来。

山下的消息传到了山上，暴露身份的李擎天已经不可能再回到屯子里，决定继续在山上领导党员和反日群众进行抗日斗争。因李擎天一去不回，还骗去了很多物品，警察队便贴出布告，悬赏3 000元捉拿李擎天，同时安排了特务24小时看守李擎天的家，还在老黑山的西南沟子和通往太平川的大桥附近设置了两处秘密据点进行抓捕。

1941年8月的一天，李擎天不幸被捕，被押送到东宁宪兵队，在狱中壮烈牺牲。他是伪满时期东宁最后一任党支部书记，他牺牲后，东宁县的党组织一直到日本战败后才恢复。

姜墨林（1921—1940年）

姜墨林，黑龙江省宁安县人，1932年参加了共产党领导的地下组织中国共产主义儿童团。1934年参加绥宁反日同盟军，上级经常派他到日军占领区域的东京城、马莲河、宁安镇等地进行侦察。6月，在镜泊湖北面的杨胖子沟与日军作战中，他勇敢机智，第一枪就打死一个日本兵，当一个日军军官带着士兵冲上来的时候，他手疾眼快，一颗手榴弹炸的那个军官血肉横飞。战友们称赞他人小胆大，武艺高强。不久，姜墨林被调到反日同盟军军事委员会，在周保中属下做通信侦察工作，他经常化装到日伪重要布防区域侦察、传递信件，从而保证了部队和地方的组织联系。1935年2月，姜墨林被编入第一师第一团三连当战士。12月，在双河战斗中，姜墨林机智地转移了日伪军的进攻目标，使突击队顺利地占领了双河镇。

1937年12月，日军向游击根据地进行疯狂大“讨伐”，切断了地方组织与抗联之间联系，姜墨林在一个星期内就筹集了100多匹棉布，近千斤棉花，数百双胶鞋和其他物资。

1938年8月，党组织派姜墨林到苏联学习，学成回国后，他单独率一支小分队进行侦察活动。1940年秋，小分队转移到绥芬河大青山一带，在东宁以西的二十八道河子附近，被数百日伪军包围。由于敌我力量悬殊，小分队大部分牺牲，他烧毁文件，砸毁发报机与敌人作殊死搏斗，当敌人叫喊着“捉活的”、疯狂地向他扑来时，姜墨林毅然向自己开了枪，壮烈殉国。姜墨林牺牲后，敌人在姜墨林的衣兜里翻来翻去，最后只找到一张纸条，上面用红铅笔写了二十三个端端正正的字："中国必兴、日寇必亡！中国共产党万岁！抗日救国胜利万岁！"

这位年仅19岁的小英雄姜墨林为中国人民的解放事业献出了年轻的宝贵生命。

庄德富（1913—2002年）

庄德富，字进元，汉族，1913年11月19日出生于山东省胶南县王台镇一个贫苦的农民家庭，8岁随父母来到黑龙江省东宁县大乌蛇沟村，靠讨饭生活。1925年春，经人介绍从东宁县大乌蛇沟边境线越境去离中国边境最近的一个名叫大屯子的苏联小村庄，从此，便在这个村庄一边给几个大户人家放牛，一边读书，不久加入了苏联共产主义青年团，接受了最初的马列主义教育。

1927年9月，经学校苏联党组织推荐，到海参崴的国际事务学校读书，在那里认识了也在此学习的中国驻苏共产国际代表人物王明。同年11月，王稼祥到学校看望王明，经王明介绍结识了王稼祥，由于学习成绩优异受到了王稼祥的赞赏和鼓励。

1929年4月，在海参崴国际事务学校结业后，被苏联分配到海参崴税务局工作。1929年9月被苏联海参崴国际外事处选中，参加外事学习一个月，受到斯大林接见。

1929年10月18日，以苏联外交部翻译的身份陪同苏联外交部部长莫洛托夫到哈尔滨与东北军首领张作相、张学良因"中东铁路事件"战后俘虏交换一事进行谈判，历时14天，庄德富任翻译并发挥了重要作用。以年龄小、处事机敏、无政治背景，又是中国人等原因，赢得了张作相、张学良的信任与赞赏，独自获得了会见双方俘虏的特权（之前，苏方曾派过3个谈判团到中国均没有见到苏军俘虏）。11月2日，从哈尔滨与莫洛托夫外长一起回到苏联，受到斯大林接见并得到斯大林的鼓励和赞赏。之后，又回到海参崴税务局工作。

1930年4月，被调到苏联国家间谍培训机关接受培训。1937年1月18日被苏联间谍机关从大乌蛇沟边境派遣回国，同行的还有黄别吉（朝鲜族人）、刘延亭二人。主要任务是刺探日军在东宁、延吉一带的军事情报。

庄德富潜回国后不久，便被汉奸史成典（大肚川人）告发到日本宪兵队，1937年3月17日，被日本宪兵队抓到三岔口，关押28天，受尽严刑拷打。时任日本特务科主任的刘子宽（刘大鼻子）救出了庄德富。该人和庄德富在苏联是一个间谍班里的学员并任班长，较庄德富早几个月被派遣回国。从三岔口逃出后，他按苏当局指令，在三岔口日本国道局工作，一边工作一边搜集情报。

1945年8月9日，苏联红军进驻东宁，庄德富与开往吉林省七十二道顶子的苏联红军取得联系，8月13日在黑吉两省交界七十二道顶子处参加苏联红军，任前线指挥部翻译，参加了苏联红军第五集团军的一个师与日军128师团在七十二道顶子的战斗，历时2天2夜。8月16日随苏军到延吉，任苏军25军第10师政治部翻译，军衔为少尉。师长叫瓦西里维克，时年63岁，中将军衔。

庄德富在任苏联红军翻译期间，利用其特殊的身份和机智灵敏干练果断的能力，从枪口下救下了千余名中国人的生命，尽自己所能，做了大量有益于中国人民的事，既尽了一名翻译的职责，又做到了一名中国人在特殊的历史时刻所应承担的责任。他常常往返于吉林的敦化、珲春、延吉和东宁的老黑山一带以及哈尔滨等地，为中国的高层领导与苏联红军在延吉的高级指挥官以及金日成同志担当会晤时的重要军事翻译。在老黑山炮弹沟从苏军枪口下救下穿日本军装（捡洋落的军装）的中国老百姓五百余人，在七十二道顶子与汪清县的交界处救下中国百姓近三百人。

1946年3月4日，被苏军驻延吉指挥部派往哈尔滨，在苏驻哈办事处与林彪、罗荣桓、陈云见面，商谈第二日搭乘苏军飞机到延吉与金日成、崔贤会面等有关事宜。3月5日和罗荣桓、周四桓同机从哈尔滨飞抵延吉，金日成、崔贤到机场迎接。3月10日，受苏联在延吉指挥部派遣乘车到敦化与林彪相见，林彪在车站迎接，见面后，林彪交其一封密件命立即赶回延吉，交给了在车站迎候的罗荣桓、金日成。27日，林彪、叶群、彭真到延吉与金日成首次会见，庄德富担任翻译。4月25日，苏军从延吉撤走，4月28日，从延吉途经珲春坐车历经3天回到东宁县石门子村，恰逢中央胡子（王枝林匪部）攻打石门子村，在石门子村村长朱同先的带领下，参与了营救时任东宁县县长杨森林的行动。5月3日，步行到老黑山镇西崴子村落户务农至终。

2002年4月5日，卒于东宁县老黑山村，享年89岁。

姜殿元（1915—1989年）

姜殿元，吉林省桦甸县红石砬子村人。8岁丧父，20岁丧母，家境贫寒。1936年秋，经同乡宋志合介绍参加了抗联，做地下交通员工作。

刚参加抗联的姜殿元秘密地给抗日联军买些靴子、腿绑、食盐、绷带、药品等物品，交给交通员转手送到部队。后因办事机智勇敢，到机枪排任副班长，随军参加战斗十多次，曾多次立过战功。1938年1月，加入中国共产党。1940年，在日本关东军的“围剿”下，抗日联军化整为零从吉林转移到宁安、东宁一带开展抗日活动，姜殿元为小分队队员。同年10月，小分队来到东宁县黄泥河子营地。安营扎寨后，姜殿元带领六名同志到道河红石砬子营地背粮。途中，他们遭到一百多敌人的围攻，经过激烈战斗，只有姜殿元和另外两名负伤的战士突围出去回到营地，其余四名战士壮烈牺牲。1941年姜殿元随部队转移到苏联境内，被编入苏联边防军，上尉军衔。之后，姜殿元经常被派遣到绥芬河要塞、东宁要塞和八面通一带进行武装侦察，一直到1945年抗战胜利，历经艰险，九死一生。

1949年11月，经组织批准，姜殿元从苏联回国，开始被安排在绥芬河公安局工作，后调到东宁县服务公司，1962年被下放到东宁镇转角楼村当农民。1968年1月9日，姜殿元被东宁县公安机关军事管制小组以“苏修特务”问题拘留审查入狱，1月26日，他的爱人、中共党员周立英（俄罗斯人，原名叫安娜）也以同样的罪名被拘留审查入狱，在“文革”期间受到了不公正的待遇。1969年5月8日，其妻被释放。1973年3月29日，姜殿元被释放。1978年12月13日，中共东宁县委在电影院召开平反大会，公开为他恢复名誉。1981年姜殿元被选举为政协东宁县第一届委员会常委。1989年春，姜殿元因病去世，享年74岁。

纪亭榭（1912—2009年）

纪亭榭，黑龙江省东宁县人。1931年“九一八”事变后，他毅然放弃在南满铁路的工作，到北平参加东北学生军，积极开展抗日救亡运动。1934年至1936年，纪亭榭在西安张学良部工作，后组织国民抗日军，1937年10月，接受八路军改编，同年12月加入中国共产党。抗日战争期间，纪亭榭先后任晋察冀军区第一总队长、第五军分区参谋长、第一军分区第三团团长等职，先后参加指挥了反封锁、反围剿、反摩擦和二道河子、东西庄、大龙华、燕宿崖、黄土岭等战役战斗。解放战争时期，纪亭榭历任张家口市保安大队大队长、卫戍司令部副参谋长、察哈尔军区第六军分区司令员兼武装部长、华北军区直属二〇九师副师长等职，先后参加了著名的平津、太原、大同等战役。新中国成立后，1950年任空军第三师副师长，1953年任海军航空兵司令部副参谋长、参谋长等职，参与指挥了1954年春浙东前线海空二师歼敌作战，在我军首次海陆空三军联合作战即解放一江山岛战役中担任联合指挥部空指参谋长，并多次深入部队指挥作战，为我军击落F-47、F-84F、F-104C、P2V-7等多架美蒋飞机、夺取国土防空作战的胜利做出了突出贡献。

纪亭榭1955年被授予海军大校军衔，1964年晋升为海军少将军衔，先后荣获二级独立自由勋章、二级解放勋章，1988年被授予中国人民解放军独立功勋荣誉章。2009年12月7日因病医治无效在北京逝世，享年98岁。

大事记

1926年

5月初，中共北满地委成立后，以哈尔滨为中心，向长春、吉林和中东铁路沿线开展建党活动。在东宁地区的五站（今绥芬河市）成立了中共绥芬河铁路支部，共有党员5名。

夏，中共北满地委派中共党员王纯一、苏子元到东宁五站开展党的活动。王纯一担任教员，苏子元到绥芬河光华学校任校长，他们以教员和校长的身份为掩护从事党的工作，组建了绥宁特支，地点在光华小学（今绥市针织厂）。王纯一为特支书记，所属党员13名。

是年，成立东省特别区绥芬河市。

年末，中共北满地委决定撤销绥宁特支，恢复铁路支部，王纯一、苏子元等先后撤回哈尔滨。

1927年

2月，商人冯夔喜集资2万元，购入万国牌汽车（客车）2辆（购入后转让给袁家煤矿），三岔口至绥芬河始有汽车客运，票价每人大洋4元。

3月，日本政府在绥芬河市设立领事馆。

7月，商人石文璞出资2 000元创办三岔口市内电话，办理中石文璞因事远出，将各种材料兑给詹友存经营，共安装电话30部

（11月30日竣工通话）。

7月下旬，中共北满地委派中共党员牛鹤九、于明智（于若痴）、延颇真等7人到中东铁路东线各站开展建党活动。于明智、延颇真以教员身份为掩护，先后在东宁（三岔口）、五站、六站（绥阳）、七站（细鳞河）等地开展活动，发展党员。延颇真在七站发展了梁达卿（教员）为中共党员。在三岔口两级小学校建立了中共东宁党支部。支部成员有：于明智、延颇真、袁子仁，支部所属党员9名。党支部领导六站中共党员张巨涛（西医）、彭永和（小学校长）、孙公英（女）和七站共产党员梁达卿的工作。

1928年

秋，二十一旅第四团进驻东宁县城乡；第二十六团进驻绥芬河市及铁路沿线。

1929年

4月，建立了“五站支部”。据满洲省委组织部统计，东宁地区五站（绥芬河）有中共党员2名。

7月12日，绥芬河铁路车站苏籍站长乌萨切夫和商务代理处主任鲍格托夫被驱逐出境。翌日中苏间铁路运输中断。

8月17日傍晚，苏军向三岔口大举进攻，县长马绍融逃走，市民纷纷撤离县城，东门外保卫团防区被攻破，苏军进占县城，陆军和警团撤至小城子（今东宁镇）。苏军进城后砸开监狱，放走犯人，捣毁县政府，然后撤回。连续十几日，苏军白天进城，晚间撤回。

1930年

7月，在东宁地区活动的部分朝鲜共产党员被接收为中共党员，成立了中共东宁特别支部，负责人全哲山（朝鲜族）。

8月，中共北满地委领导的东宁特支所属的两个支部，共有党员19名，特支负责人全哲山（朝鲜族）。特支还直接领导了东宁地区青年团组织。

1931年

11月，宁安中心县委成立，书记潘庆由。领导东宁、宁安、穆棱、密山四县党组织。中共东宁特支负责人仍是全哲山。

1932年

4月15日，绥宁镇守使张治邦在下城子召集辖内各县长会议。会上决定：在绥宁地区内不接受伪组织命令，不向敌伪缴纳捐税。

5月，张治邦将二十一旅驻东宁的第三营调至绥芬河，将东宁防区移交给救国军。同月，王德林率领救国军进驻东宁。中共地下党组织派到救国军中的孟泾清、金大伦、贺俭平等人，随总部来到东宁，成立了党支部，并在救国军中发展了7名共产党员。

9月，中共绥宁中心县委派全凤来和团县委宣传部长赵昌燮到东宁组建区委。10月8日，中共东宁特支改为中共东宁区委。全凤来任区委书记，韩子清为组织委员（后来权律为组织委员，韩子清为反日会长），金凤国为宣传委员，赵昌燮任共青团东宁区委书记。区委下设团山子、高安村、岭后、佛爷沟、小绥芬、寒葱河、老黑山7个支部，全区有党员近三十名。

11月，绥宁中心县委估计到今后形势的恶化，将县委机关从穆棱转移到东宁地区五站。同月，绥宁中心县委召开军事会议，主要是听取救国军党支部的汇报。会议决定了要巩固东宁根据地，要发动群众抗日，要发展自己的力量等任务。孟泾清回到东宁后，秘密召集救国军中的共产党员进行了传达。

1933年

1月5日，日军进占绥阳、绥芬河。驻绥芬河二十一旅旅长关庆禄率部下2 000多人投降。10日，日军进占东宁县城（三岔口），王德林率救国军司令部人员撤至苏联境内。

1月中旬，成立伪清乡局，招抚原警察、保卫团组成东宁警察署和保安队。17日，中共东宁区委转移到岭后北沟（今新立村北），重新调配了干部，改变了联络信号。由于全凤来在三岔口已暴露身份，中心县委指示中共东宁区委由池革负责，月底调全凤来到宽沟。

2月，全凤来到宽沟组建了五、六站特支，全凤来任五、六站特支书记。特支共有党员7名，下属两个党小组，寒葱河党小组有党员4名，宽沟六站有党员3名，特支隶属绥宁中心县委和中共东宁区委双重领导。

3月10日，部分救国军和山林队等抗日武装共计2 000多人攻打东宁县城三岔口，战斗持续了3天，共歼敌100多人。这次战斗打破了“皇军不可战胜”的谰言。救国军撤出后，日军纵火烧毁三岔口前街数百户民房，同时进行大搜捕，逮捕了100多名群众，在县城西门外用刺刀刺死。

4月16日，成立伪东宁县公署，随日军来的原吉林省水道局科长刘泽汉任县长，日本人白木乔一任参事官。

7月，随着反日爱国斗争的开展，东宁党组织又有了较大的发展。东宁共有中共党员37名（其中工人5名，大部分是农民）。团员发展到近40名。同月，中共党员全哲山到抗日游击队，领导抗日游击活动。

9月4日（农历七月十五），救国军吴义成、柴世荣等联合汪清、珲春、和龙、延吉等县的抗日游击队（包括金日成领导的游击队）第二次攻打三岔口。拂晓，抗日联合部队向三岔口发起进攻，战斗持续到天黑，抗日队伍趁黑夜撤出县城。这次战斗歼敌200多人，我抗日部队有100多人牺牲。

10月6日10时，日本关东军作战指挥铃木率道、作战主任参谋运藤三郎等乘飞机来东宁、绥芬河一带边境视察，听取守备队将校对苏国境阵地情况的说明，下午3时半返回。

12月20日上午8时20分，日军铃木率道、运藤三郎等再次乘飞机从新京出发来东宁，在郭亮船口高地（庙沟）上空侦察，着陆后骑马到现场视察。

冬，山林队首领李三侠被日军“讨伐队”打死，将其人头割下装入木笼，在三岔口城门悬挂多日。

1934年

4月，东宁日军宪兵队分遣队在三岔口成立，隶属于哈尔滨宪兵队。

5月初，伪靖安军（群众称“红袖头”，是伪满洲国组建的军队，军中连职以上的军官多系日本人）一个旅1 000多人进驻东宁、老黑山等地镇压抗日军民。驻老黑山的伪靖安军，探得长沟子和万宝湾有抗日队伍，日本人连长便率全连伪靖安军在当天傍晚开进长沟子屯，挨门逐户进行搜查，因没查到抗日队伍，便放火烧了居民房屋，然后奔向万宝湾村。当晚抗日队伍正在长沟子西山宿营，看到屯里火光，知是日伪军在烧居民房屋，预料敌人去万宝湾必经山下，于是就在山上埋伏好，当靖安军进入伏击圈，抗日队伍立即开火。在突击中，日本连长、翻译和战马当即被击毙，余众窜逃回老黑山老巢。

5月12日，日本关东军签发《关作命589号命令》，中苏、中蒙边境要塞工程全部启动。6月，东宁要塞阵地工程开始施工。

6月30日，伪政府公布：自7月1日起停止使用中国纸币，一律使用伪满洲国纸币（国币）和日本、朝鲜纸币。

夏，三岔口至绥芬河、红花岭的轻便铁路通车。在三岔口街北修飞机场。

改绥芬河市政公所为东宁县绥芬河办事处。

8月，全凤来调离宽沟去尚志县工作，中共五、六站特支暂时处于无人领导状态。

12月，设滨江省，东宁县由吉林省划归滨江省管辖。推行保甲制，改区为保，各村屯设甲，甲下10户为一牌，实行10家连坐。

1935年

2月，中共东宁区委只有老黑山尚有党的基层支部，负责人黄根、金荣日、金英华。黄根受党组织委派打入了“朝鲜民会”（日本人操纵的群众组织）担任文书。黄根利用这一条件，给抗联、党的地下工作人员开证明信，传递情报等。后因叛徒崔文吾、金学日等出卖，黄根被捕。另外还按名单先后两次逮捕了西老黑山村19名反日爱国青年。不久黄根牺牲在狱中，被捕的爱国青年也大部分被杀害。

3月23日，日本收买了中东铁路，改称北满铁路。26日全线缩轨（即宽轨缩为标准轨）与苏联断绝了交通。

6月，以周保中为军长、柴世荣为副军长、胡仁为政治部主任、张建东为参谋长的东北反日联合军第五军的一部分活动于东宁地区，住在二道沟片底子密营。同月，珲春游击队柴世荣部，得知老黑山驻有靖安军，游击队在头道沟设下了埋伏，并派10余名战士化装成农民进村活动，引敌上钩。伪靖安军一个连尾追不舍，进入了伏击圈，仅20多分钟结束了战斗。共打死靖安军100多人，俘虏10人，缴获军马10匹和一批武器弹药。

6月，日军岩越恒一中将为表示效忠天皇，在409高地（原415高地）山下修建“忠节碑”。

9月13日，中共东满特委指示，根据抗日斗争形势的需要，中共东宁区委转移到老黑山附近，中共老黑山支部改为中共老黑山特别支部。金荣日、金应烈、李擎天等人在西老黑山、老黑山、太平沟、万宝湾、奔楼头、东片底子、二道沟等地，秘密组建中高（丽）反日联合会。

同月，金英华以种田为掩护，在老黑山、太平沟、万宝湾等地秘密发展了反日大同盟会员20名。

秋，日本关东军司令官、驻满全权大使南次郎乘飞机来东宁视察。

1936年

2月，由于叛徒告密，中共老黑山支部书记金英华被捕，同时被捕的还有20多名反日大同盟会员。不久金英华壮烈牺牲在狱中。

4月，东宁成立日军宪兵分队，隶属牡丹江宪兵队。东宁日本宪兵分队在万宝湾逮捕了金荣日，同时还有30多名反日会的会员被抓。金荣日等5人遭敌人杀害。

5月，抗联五军军部离开老爷岭密营，到东宁县二道沟片底子一带开展游击活动。

是年，日军在北河沿与东宁镇之间的绥芬河上修建大同桥（今东宁绥芬河大桥原址）。

10月，老黑山日军守备队派12名日军，前往片底子警备队送给养。当日军驮运队路过老宗家后沟时，被抗联战士截击，除1名逃跑外，其余11名全部被打死，缴获了全部物资。

秋，李擎天担任中共老黑山地区党支部书记。党组织派李擎天打入了伪“忠誓会”担任副会长。李擎天就以“忠誓会”工作人员的身份和行医的名义，到老黑山、太平沟、万宝湾一带活动。

冬，绥芬河日军向东宁运送布匹、粮食等物资。抗联李延平部获悉这一消息，派人于夜间在万鹿沟险坡弯道路段，浇上水，使之结冰，同时安排好伏兵。当日军3辆运输汽车行至冰道处不能前进时，伏击战士立即开火，经过几分钟的战斗，消灭了押运的日军，缴获了全部物资。

1937年

1月，开始对食盐、火柴实行专卖，不久，面粉、酒精、石油等物资亦实行专卖。

2月25日，全哲山率领300多人的抗联游击队由大甸子来到老黑山地区，在三十三枪沟挖好作战工事，然后派部分战士到万宝湾村组织20多名群众向山上运粮，并故意把粮食撒在道上。同时又安排群众向警察队“报告”。敌人得知消息后，立即集合伪靖安军和警察队300多人，向三十三枪沟“讨伐”，当进入伏击圈后，抗联战士突然开火，敌人猝不及防，大部分被消灭，其余逃回老黑山。

7月1日，成立伪满牡丹江省，东宁县划归牡丹江省管辖。

8月，磨刀石以东划为边境禁区。15岁以上的边境居民发放边境居民证明书，无证者不许进入。

12月，根据日本关东军阵地实施计划的要求，东宁国境要塞阵地第一期工程全部竣工。

12月27日，伪满将牡丹江省的东宁等各县列为军事机密特别地区。

1938年

3月下旬，着手兴建绥宁（绥西至东宁91公里）、兴宁（汪清县新兴镇至东宁镇216公里）两条铁路，全长307公里。

是年，日本人田中钧一任东宁县县长。此后直至伪满垮台，都由日本人任县长。

1939年

是年，县城由三岔口迁入小城子（今东宁镇）。

6月1日，划出东宁县北部，另设绥阳县。同年实行街、村制，原有城区改为街，农村区改为村。街辖下为区，村辖下为屯。东宁县设一街三村，绥阳县设两个街。

7月30日，绥宁铁路建成全线通车。

1940年

1月，季青率领一部分抗联队伍由苏联入境，到老黑山片底子一带活动，在二道沟建立了反日会，张传福任会长，并以此为根据地活动于绥宁地区。

10月，在小寒葱河沟恢复了道南特委。书记季青，委员有柴世荣、安吉、崔春国、朴德山。道南特委恢复后，继续领导东宁、宁安、汪清、珲春等地党组织的活动。

11月初，抗联第二路军第五军和第一路军二、三方面军 260余人，在团长孙长祥、崔贤等率领下，突袭杨木桥子日伪据点取得全胜。

1941年

4月，东北抗联战士吕英俊和朴长春被派来东宁县城附近，乘夜穿过七道防线，侦察了日军碉堡以及敌炮口径。6月，东北抗联战士吕英俊和朴长春被派来老黑山，进一步侦察日军人数、设施、调动、运输等敌方活动情况。

7月，中共老黑山支部书记李擎天被敌人逮捕，壮烈牺牲。此后东宁党的组织停止了活动。

1942年

春，公布修改后的《治安维持法》，勒令边境村屯居民内迁。距边境5公里内成为戒严区。居民配给粮由每人每月30市斤压缩到18市斤。

11月13日，公布《国民勤劳奉公法》和《国民勤劳奉仕队编成令》。伪县公署行政科增设动员股，专管勤劳奉仕队的组成和派劳工。

同年秋，实行武装搜荷（用武力搜缴出荷粮），强制农民除留少部分口粮外，全部卖给“国家”。

12月，发布《国民训》，强制居民背诵和无条件执行。

公布《学生勤劳奉公令》，实行学生半日读书、半日劳动。高年级学生增加军事体育训练课。

1943年

2月，在苏联整训的抗联教导旅派党员王亚东、冯淑艳夫妇从苏联回国，他们二人以客商为掩护来绥阳、绥芬河一带搜集情报。

春，对征兵不合格者（俗称“国兵漏”）实行勤劳奉仕（即每年强迫劳动3—6个月）。公布《保安矫正法》《思想矫正法》《保安矫正手续令》和《保安矫正护送规则》，加紧对百姓思想统治。

10月，东满总省成立，东宁县隶属东满总省。

1944年

3月，加紧搜刮人民，决定本年度强迫群众储蓄30亿元。开展金属特别回收运动，强制居民变卖铜、铁。

5月，公布《时局民事特别法》《时局刑事手续法》，各处张贴“勿谈国事”“守口如瓶”等标语，不准3人以上集会或随意交头接耳。定每月8日为“防空演习日”，强制居民家家挖防空洞，户户搞灯火管制。

1945年

5月28日，撤销东满总省，将原牡丹江省与原东安省合并，新设东满省，东宁、绥阳两县划归东满省管辖。

7月，强迫人民群众储蓄（本年储蓄目标60亿元）。

8月8日，苏军对日宣战。9日凌晨，苏联红军进兵东宁、绥阳、绥芬河城区，当地数千名群众手持红旗欢迎苏联红军进城，日伪政权垮台。

1945年

8月10日，苏军进驻东宁、绥阳、绥芬河的司令部，主持成立了东宁县、绥阳县治安维持会和绥芬河区治安维持会，同时组成治安队，维持地方治安。中旬，苏军在绥芬河贴出布告，令绥芬河街内居民全部离开绥芬街到西村去（今建设村），苏军在绥芬河街内搜掠3天，后令居民返回。

9月下旬，吉林国民党党部派陈宝惠（留绥阳）、李可器（来东宁）两人，拿着国民党吉林省第八督导区的委任状，取得苏联驻军司令部的同意，分别成立了绥阳县和东宁县国民党党部。

12月初，驻绥阳、东宁苏军司令部下令解散国民党党部。中旬，苏军驻东宁司令部令东宁县维持会长孙玉昆等人去牡丹江军分区联系派人来接收。中共牡丹江军分区政委李大章派杨森林来东宁。

是年，苏军拆除绥宁、兴宁两条铁路，炸毁全部桥梁涵洞，钢轨、车辆和铁路器材等被苏军运往苏联。

是年，苏军拆除神洞发电厂，机组和大批物资被苏军运往苏联。

是年，王枝林、吴振海在老黑山、大肚川组建“东北挺进军”（以下简称“挺进军”）。

1946年

1月1日，改组东宁治安维持会，组成东宁县民主政府。杨森林任东宁县民主政府县长，原维持会长孙玉坤为副县长。

2月初，牡丹江军分区党委派魏绍武组成绥阳县民主政府，魏绍武任绥阳县长，于佑民任县公安局长，吴舒兰为县妇联主任。

3月初，东宁、绥阳两县相继组建保安大队。3月21日，匪团长程玉祥等8名匪徒被驻东宁的苏军逮捕。经县长审讯后，于24日晚押往绥芬河苏军司令部，后转交绥芬河公安局。

4月15日，成立绥宁省，东宁、绥阳县隶属绥宁省。25日，苏军司令部将东宁县县长杨森林送去穆棱。

4月28日，驻东宁地区的苏军全部撤离回国。29日，穆棱县长尚景波率一排武装，乘两辆汽车送杨森林回东宁，临行带走原维持会骨干王干忱、李谷贻、张若奚等人，至绥阳，将王干忱等人寄押在绥阳县公安局。

5月1日，县保安大队大队长孙忠魁，勾结“挺进军”头目王枝林绑架了县长杨森林（后被人救出）、公安局局长李东升等，打死保安副大队长刘凤山等 4人，颠覆了党领导的东宁县民主政府，重组维持会和国民党东宁县党部。2日，组成“挺进军”东宁旅司令部，王枝林任旅长。

4日，“挺进军”派徐佩营进攻绥芬河镇，杀害了区长赵长华等 4人，推翻了绥芬河区民主政权，改组为维持会。

8日，“挺进军”进攻绥阳，打死县长魏绍武夫妇、公安局长于佑民等，并搜捕一批群众解往东宁；推翻绥阳县民主政府，重组绥阳县维持会和国民党绥阳县党部。

5月中旬，“挺进军”分两路，北攻穆棱县的马桥河（占领马桥河一天，即被民主联军击溃逃窜），南占吉林省汪清县的大甸子。“挺进军”攻占大甸子3天，杀害70余名保安队员和朝鲜族群众，抢掠大部分朝鲜族居民财物后撤回东宁。下旬，“挺进军”从细鳞河逃至绥阳镇点燃堆积的迫击炮弹，致使18户群众无家可归。月末，“挺进军”再打大甸子，营长吴振海（即“吴三虎”）被打死。

6月1日 东北民主联军（解放军前身）“间岛部队”将攻大甸子的“挺进军”赶回老黑山。6日，牡丹江军分区派民主联军解放绥阳县城和绥芬河镇。11日，民主联军解放东宁县城。12日，从老黑山撤回和从县城逃出的“挺进军”合在一起攻打东宁县城，被民主联军击溃。13日，民主联军派两个连去石门子将杨森林县长接回东宁，重组东宁县政府。14日，绥阳县为“5·8”死难烈士举行追悼大会。

7月1日，李瑞主持恢复绥阳民主政府并组建县公安局和保安大队，由鲁滨任公安局长，颜飞任保安大队副大队长。

8月初，牡丹江军分区派白醒亚来东宁任民运工作团团长，开展反奸清霸和肃清残匪斗争。

9月初，杨森林调走，白醒亚接任东宁县县长，全县城乡学校陆续复课。

11月开始至1947年春，从牡丹江、汪清、珲春、海林、密山、穆棱等地陆续移来朝鲜族居民1 347户，6 000多人，在三岔口、大乌蛇沟一带定居。

11—12月，“挺进军”残部连续3次在万鹿沟、南寒葱河拦劫汽车，杀害民主联军战士及群众数十人。

11月末，牡丹江军区二团在团长王敬之、政委王希克、副政委曲波的率领下，带4个连队开赴绥阳附近，后又进驻金厂。12月1日，在沙河子村与郑营等股匪发生枪战，匪营长郑玉发当场毙命，我军冯禄田、魏边升等10人不幸牺牲。这10名烈士埋葬处，于1978年改建为沙河子革命烈士陵园。

12月中旬，牡丹江军分区副司令员田松率领二支队来东宁清剿残匪，在白刀山子将最大一伙残匪战老俩部包围，活捉战老俩，其余或死或降。

1947年

1月上旬，牡丹江军区二团三营七连在连长栾绍家的率领下，于老黑山附近的某山林中，活捉“一撮毛”等残匪10多人（后“一撮毛”又跑掉）。不久，连队在绥芬河执行任务的途中，将这些残匪处决。

1月21日，据《牡丹江日报》报道：“东宁我某团三连在三道河子一带搜山，活捉顽匪8人，缴获步枪7支，短枪1支。”月底，我剿匪部队连续进剿东宁山涧子沟之残匪，毙匪4人，伤匪1人，俘匪营副官郝福亭以下2人，缴轻机枪1挺、步枪3支、短枪2支，粮食2石，牛肉100余斤，毁棚两处。翌日，有4名土匪向我闹枝沟村民兵投降。

2月4日，东宁惯匪吴二虎在我军追剿下，带匪4人向我大肚川驻军投降。

3月，中国共产党绥阳县工作委员会成立。苏濑洲任工委书记（对外称政委）。工委隶属中共东北政联直属牡丹江地区委员会。同月，东宁县民主政府将个人经营的东宁铧子炉，组建成东宁铁工厂，东宁镇开始有了第一家国有工厂。

春，民主联军在黄花松甸子将残匪杨树林部击溃，残余60余人逃入苏联境内，后被苏军送回，由我军押往牡丹江军分区。

春，在红石砬子沟里发现东宁国民党党部代理书记吴亚石冻僵的尸体。

4月22日，据《牡丹江日报》报道：“绥阳县除九里地、太岭、绥阳街外，已全部完成土地改革”。“东宁、大肚川两区朝鲜族移民开垦撂荒稻田100余垧，县政府贷发稻种150石，并帮助解决吃粮及农具困难。”

6月12日，据《牡丹江日报》报道：“东宁县……到月前截止，不但熟地全部种上，而且开撂荒地3 000余垧。”

8月，绥东工作团进入绥阳、绥芬河和东宁开展土地改革试点。东宁县工作团长白醒亚、副团长杜涛。杜涛任中国共产党东宁县工作委员会书记，苏濑洲任绥阳县工作团团长兼中国共产党绥阳县工作委员会书记。

8月20日，东北政委会决定，原牡丹江专区和合江省东安专区合并，成立牡丹江省，东宁、绥阳县划归牡丹江省。

9月初，中共东宁县工作委员会成立。杜涛任工委书记（对外称政委）。中共东宁县工委会隶属牡丹江省委。

9月21日，在县政府门前召开了公审伪警特康景祥、张永生、李庆德大会，会后将3人枪决。月末，东宁“土改”工作团组织全县各村开展了“斗坏蛋结合挖浮财”的群众运动。截至11月中旬，全县共斗封建势力249个；起浮财2.3亿元（旧币）；起出大小枪101支、子弹16 722发、手榴弹23个。同月，全县开展肃毒运动，冬季来临前共收容150多名吸毒成性分子，集中强制戒毒，先后逮捕20余名屡教不改、继续贩毒吸毒分子，处决2名情节恶劣分子。

10月1日，绥宁省改为牡丹江省，东宁县隶属于牡丹江省。

秋，中共中央颁布《土地法大纲》，“土改”工作队深入农村贯彻落实，土地改革运动在全县范围内铺开。

10月下旬，东宁镇4个街的贫雇农联合斗争了原维持会会长孙玉昆。4个街的贫雇农成立翻身总会，选出正、副会长和委员，全县农村也普遍组成农民翻身会。

11月，牡丹江军分区政治部副主任王希克来东宁接任工委书记（当时称政委）。

12月上旬，绥阳“土改”工作团在绥芬河西毛屯（建设），枪毙了大恶霸刘维庞，组织起贫下中农骨干队伍。划阶级成分时，因东宁、绥阳两县都属国境县份，伪满时已将土地收归“国有”，没有拥有大片土地的地主，划成分是按年收入的剥削量确定。对部分运动不彻底、被坏人把持的村屯，工作队进一步发动群众“煮夹生饭”。将坏人和变质分子清除出农会。

12月27日，中共牡丹江省委决定将中共绥阳县工委改称为中共绥阳县委员会，苏濑洲任书记。

1948年

2月，全县各地没收的地主、富农大批财物，除拿出部分支援前线外，按阶级成分和人口进行分配（不分给地主、富农）。

3月28日，党组织正式公开。中共牡丹江省委决定将中共东宁县工作委员会改为中共东宁县委员会。县委书记王希克，副书记杜涛。

春，解放战争进入了紧张阶段，为保卫“土改”的胜利果实，东宁、绥阳两县掀起了参军参战的热潮，东宁有1 359人、绥阳有407人奔赴前线，支援解放战争。

春，平分土地后，组织起常年互助组347个。

6月，“土改”运动胜利结束。据不完全统计，“土改”当中，公安机关配合“土改”工作团，全县共斗争地主、富农、汉奸特务、伪警察、土匪恶霸、伪官吏500人，处决负有血债和民愤极大的分子64人。

7月9日，撤销牡丹江省建制，东宁、绥阳县隶属松江省。东宁县政府开始给翻身农民发土地执照。

8月28日，松江省政府决定将东宁、绥阳两县合并为东宁县。月末，县委书记王希克调离东宁。9月3日，中共松江省委重新组建中共东宁县委，任命苏濑洲为县委书记，杜涛为副书记兼组织部长。中共东宁县委隶属于中共松江省委，县委机关设在绥芬河镇。23日，东宁、绥阳两县领导机关开始合并办公。

12月15日，县委根据东北局行政委员会关于建政工作的指示，开始了全县性的建政工作。县委在抓了11个试点村工作后，随即在全县铺开，全县63个行政村中，54个村已分别建政，9个村未建。建政时间长达100天，至1949年3月25日结束。

月末，据统计，全县农村党员已发展到135人，机关党员已发展到181人，全县共有党员316人。

1949年

1月25日，松江省委调整了东宁县委班子，苏濑洲调出，杜涛任中共东宁县委书记。

4月，结合建政工作，全县又发展了6个基层党支部，41名党员。同月，县长白醒亚及县内26名男女干部被抽调南下，支援前线。

6月，据统计，全县党组织有了较大发展，共有党支部42个，其中机关支部11个，农村支部28个，街道支部2个，工厂支部1个，共有党员532名。全县63个行政村66.6%的地方已有党员。

9月25日，中共东宁县委班子调整，杜涛继任县委书记。王蔚柏、韩国成、李璞、于济民、孙秉和为县委委员。

1950年

春，建国有农场（大城子良种场）。

6月25日，中共中央发出“抗美援朝，保家卫国”的号召，全县共派出志愿军312人，出战勤526人，民工504人，汽车30台，马车 273台。基干担架队员138人，汽车司机32人，助手20人，学员7人，护士15人，翻译94人，先后开赴朝鲜前线。

11月，开展捐款购买飞机大炮活动，全县共捐款5亿多元（旧币）。

12月，中共中央发出的抗美援朝、参加志愿军的指示，在全县928名青壮年报名人员中，经过选拔批准346名参加志愿军。

同月，县委书记杜涛调离，经中共松江省委批准，潘恩波任中共东宁县委书记。

1951年

1月28日，根据沈阳军区命令，县人民武装科改为县人民武装部，称中国人民解放军松江省东宁县人民武装部，受松江省军区和东宁县委双重领导。县委书记潘恩波兼任县武装部政委。5月，县人武部工作人员改为现役军人，享受军队待遇。

3月末，全县完成了省委下达的扩军100名的任务。

5月，据县委在《全县抗美援朝运动总结》中记载，全县动员县、区、村三级干部800余人，教员159人，学生1 190人，组成了宣传报告队伍，向各阶层普遍进行抗美援朝的宣传教育。另外，全县共有278 019人次参加了反美游行大示威，260 004人次参加拥护世界和平公约签名，1.5万余人参加了反美控诉大会。

11月15日，县委向全县7个区委发出了《关于动员新兵的指示信》，并下达了分给各区的共305名的总任务数。

年末，全县党组织已达7个区委，1个机关总支，58个基层支部，共有党员651名。其中，正式党员577名，候补党员74名。

1952年

2月中旬，全县掀起了爱国丰产竞赛运动，53个村、577个互助组、3 395户参加了竞赛活动，其中，占全县劳动妇女总数80%的5 000余名妇女也投入了这次活动。

春季，引进马拉农具，有双轮双铧犁、十行播种机、摇臂收割机、小型小麦脱谷机。大乌蛇沟下屯金俊熙常年互助组扩大到18户，办起以土地、牲畜、农惧作价入股分红、劳力评工记分的初级农业生产合作社，定名为东方红增产农业生产合作社。

5月，中共东宁县委、县政府和所属机关，由绥芬河镇迁至东宁镇（县政府大楼原址）。绥芬河设军政委员会，原东宁县县长张庆禄留绥芬河任军政委员会主任，东宁县县长由县委书记潘恩波兼任。

年末，根据各地互助组条件，以劳模、党团员为骨干又办了10个农业生产合作社，全县38%的农户参加了农业生产合作社。

1953年

1月17日，县委书记潘恩波调离。27日，经中共松江省委批准，赵铁忠任中共东宁县委书记。

3月27日，参加抗美援朝担架队回国，29日，县政府先后召开了欢迎大会和庆功授奖大会。担架队员中有1人立大功，2人立小功，13人被授予模范担架队员称号，96人善始善终完成了任务。

3月30日，经中共松江省委和松江省政府批准，成立中共东宁县三岔口朝鲜族自治区委员会、区政府。

10月中旬，继省委批准建立8个农业生产合作社后，至11月初建社工作在全县铺开。建社工作于1954年3月上旬全部完成，全县共建43个合作社。

月末，县委书记赵铁忠调出，由县委副书记王占鳌主持县委工作。同月，全县实行了粮油统购统销。

1954年

2月12日，全县第一批征购粮工作开始在25个村、2个区铺开，到27日已完成总任务量的近80%。

2月末，修通东宁至绥阳公路，开始汽车客运（隔日运行）。东宁至绥芬河客运仍每天运行一次。

3月10—14日，召开了东宁县首届人民代表大会第一次会议。大会选举张青林为县长，卢钧当选为副县长。

6月19日，中央人民政府决定松江省与黑龙江省合并为黑龙江省。东宁县隶属于黑龙江省。

10月，根据中央军委命令，县人民武装部改为兵役局，称中国人民解放军黑龙江省东宁县兵役局。实行以军队领导为主的牡丹江军分区和东宁县委双重领导的团级单位。

12月末，全县农业生产合作社已达101个，新建社56个，参加农业社户数达4 394户。全县工农业总产值1 892万元，粮豆薯总产量4 904万斤。

1955年

3月10日，经省委批准：王占鳌同志任东宁县委书记。

9月3日，全县农村党支部已达50个，88%的行政村建立了党组织，有党员596名。其中527名党员参加了互助合作运动，占农村党员数的89%。

1956年

2月9日，东宁、绥阳、绥芬河三镇的手工业者，建起7个不同行业的手工业生产合作社。

2月中旬 经过宣传动员，全县建成高级社66个，入社农户达12 654户，占全县总农户的98.4%，全面实现了农业合作化。

2月22日，县委成立肃反5人领导小组。在县直机关、学校、企业、公私合营、手工业系统以及各乡镇355个单位、6 215名干部职工中开展了肃反运动，共查出隐藏的反革命分子80人，其中有血债的22人，处死刑2人，捕判17人。运动中还查出一般反革命分子和刑事犯罪分子48人。通过运动，弄清了458人的政治历史问题。肃反运动于1959年8月结束。

3月6日，国务院批准成立牡丹江专区，同时设立中共牡丹江地委，中共东宁县委隶属于中共牡丹江地委领导。

4月末，经黑龙江省批准，东宁县行政区重新规划，5月7日划分乡镇工作结束，将原7个区改造为3个镇16个乡。撤销了一区（东宁）、二区（绥阳）、三区（绥芬河）、四区（大肚川）、五区（老黑山）、六区（道河）和三岔口朝鲜族自治区的7个区的党委，组建了东宁镇党委、绥阳镇党委、绥芬河镇党委三个镇的党委，以及北河沿乡党总支、泡子沿乡党总支、三岔口朝鲜族乡党总支、大乌蛇沟朝鲜族乡党总支、大肚川乡党总支、团结乡党总支、石门子乡党总支、老黑山乡党总支、二道沟乡党总支、太平沟乡党总支、道河乡党总支、和平乡党总支、沙河子乡党总支、金厂乡党总支、细鳞河乡党总支、北寒乡党总支16个乡党总支。

5月9日，中共东宁县一届一次全委会议召开。选举产生了由王占鳌、唐殿杰、卢钧、张青林、王继友、张友林、李始荣7人组成的中共东宁县委员会常务委员会。选举王占鳌为中共东宁县委书记，唐殿杰为县委副书记。

5月初，建立东宁县广播站，利用电话线路安装喇叭500只，有线广播发展到全县70%的村屯。广播站除转播中央台节目外，每天还播放地方节目15分钟。

10月1日，创办《东宁报》四开（5日一刊）。除转载各大报要闻外，主要刊登县内各条战线重要消息，报道工农业生产建设经验等。1959年3月1日，由5日刊改为日刊，9月1日又改为隔日刊，1960年12月末停刊。

11月26—29日，举行东宁县第二届人民代表大会第一次会议。选举出本届人民委员会组成人员。县长：张青林；副县长：卢钧、李欣、陈志洲。

1957年

4月中旬，县长张青林调离，省委派刘秀峰接任县长。17日，经省委批准，刘秀峰任中共东宁县委书记处书记。

8月19—24日，应苏联红十月区（相当县）的邀请，县委书记王占鳌率代表团（19人）参观、访问了苏联红十月区的5个集体农庄。

9月5—10日，县委、县政府接待了苏联十月区的20人回访参观团。回访团分成三个小组，分别访问了东宁县的九个农业生产合作社，参观了东宁报社等九个机关、企业单位。10日上午，参观团由三岔口离境回国。

11月6日，以县委书记处书记唐殿杰为团长的代表团，应邀赴苏联参加苏联沿海地区十月区革命40周年庆祝活动，并参观了农庄、拖拉机站、煤矿等单位。同时带去了十月区代表团来访时东宁县9个农业社回赠的礼品，9日回国。

22日，省委对中共东宁县委领导班子进行了调整，慕振英任县委第一书记，王占鳌、唐殿杰、卢钧、刘秀峰任县委书记处书记。

1958年

5月22—24日，召开东宁县第三届人民代表大会第一次会议，选举刘秀峰为县长。

7月1日，“大跃进”中建成炼油厂，命名“七一”炼油厂，设备有：年产300和500吨的堆式炼煤原油炉各1座。建厂后共炼出原油3 000吨、沥青1 200吨、柴油50吨、石蜡50吨。于1962年下马。

7月10日，购入进口轮式拖拉机13台。其中“尤特滋”4台，“热特25”1台，“德特28”2台，“乌尔术斯”4台，“德特14”2台。并相继购入国产圆盘耙镇压器和播种机等配套农具。

7月23—29日，中共东宁县委接待了应邀来东宁县进行友好访问的苏联沿海边区格罗捷阔沃区第一书记布罗茨恩考率领的11人代表团。代表团参观访问了大肚川钢铁、绥芬河中苏友好等6个农业生产合作社以及县办工业等8个单位。29日下午代表团由绥芬河回国。

8月29日，经省委批准，东宁县行政区重新规划，将原三个镇和十六个乡改建为七个人民公社，组建了中共东宁、绥阳、绥芬河、三岔口、大肚川、老黑山、道河七个公社委员会和管理委员会。

9月上旬，实行政社合一，取消乡、村政权，行政、生产由公社统一指挥，生产资料为公社所有，分配由公社统一核算，公社下每村为一管理区，管理区下设生产队。公社化后，在“大跃进”中曾出现“三高”（高指标、高产值、高征购），刮起“五风”（浮夸风、共产风、瞎指挥风、干部特殊化风、强迫命令风），大炼钢铁，大兵团作战，蚂蚁搬山活动（用肩挑、人背、手推车搬运征购粮），生活上的大办食堂和实行半供给制等，无论思想、生产、财务各方面都较混乱。

10月，在老黑山太平沟村建炼铜高炉2座，炼铁高炉1座，用柴油发电机发电，利用六道崴子的铜矿石炼铜。因炉温达不到冶炼要求，只能炼些铜铁合金，于1959年7月下马。

秋，在大炼钢铁运动中，全县城乡修建土高炉，收废钢铁搞土法炼钢，因炼出的钢铁质量低劣，年末全部下马。

12月8日，中共东宁县二届一次全委会议召开，慕振英当选为第一书记。

12月末，全县达到乡乡、社社、队队通广播，受到省政府的奖励，荣获“建成广播网标兵”的称号。

年末，县林业局在南天门建起第一个经营林场，负责辖区内的护林防火、次生林改造、采伐和利用枝丫生产木炭。此后，陆续在各公社建起经营林场，各村建林业站。

冬，大办食堂，多数村屯实行集体伙食（有的村出勤的劳力集中吃，不出勤的人在家吃；有的村集体做饭，各户按人口领饭回家吃），不到一年全部停办。

1959年

3月1日，县委机关报《东宁报》改为《东宁日报》，由5日刊改为日刊。9月1日起改为隔日刊。

4月，黑龙江省文物搜集办公室来东宁搜集文物。县政府组成抗联文物搜集委员会。经调查全县有抗联烈属11户，22人，抗联老人6人，对抗联有功群众28人。搜集到的抗联文物有：机枪1架，零件22件；三八式大枪1支；左轮手枪1支；手榴弹3枚；石磨1盘、面罗1个、饭盒3个、小铁锅1口；子弹和传单等共39件。这批文物在县展览后交省文物部门管理。

6月27日，朝鲜劳动党战迹考察团在省地领导与县委书记、县长刘秀峰等人的陪同下，由绥芬河到达东宁。考察团在东宁县期间，除对老黑山、三岔口进行战迹考察外，还向抗联烈士墓敬献了花圈，参观了“七一”炼油厂。6月30日考察团离开东宁。

秋，为纪念在抗日战争、解放战争以及社会主义建设中而光荣牺牲的革命烈士，在东宁镇西山建造革命烈士纪念碑一座。李延禄、于天放为纪念碑题词。

秋，省投资40万元在太平岭建农场，定名太岭农场。经过5年工作，开出耕地260多垧，有进口马50多匹，链轨拖拉机2台，胶轮拖拉机2台，职工200多人，猪30口，羊100多只。因连年亏损，1965年下马。

1960年

1月，中苏两国政府签订《关于护林防火联防协定》，据此，东宁县与苏联边疆区的波格拉尼奇内区于同年3月，分别成立绥芬河护林防火联络站和格罗捷阔沃护林防火联络站。

春，主要副食品实行凭证供应。粮食和副食品不足，一度吃代食品。

6月，建成了面积为3 000平方米、有1 300个座席的东宁电影院（今县工会址）。

10月，为了贯彻党中央以及省、地关于粮食“低指标、瓜菜代”的方针，全县掀起了一个从城镇到农村、从集体到住户的全民性的大搞食品生产高潮。到1960年1月17日统计：共抽调34 124人组成265个专业队，建立起165个专业加工厂，并发动80%的社员家庭从事代食品的原材料采集与加工，加工淀粉255吨，贮备干淀粉86 200斤，猎捕野生动物13吨，吃代食品人数达44 727人。

1961年

2月2—3日，东宁县第四届人民代表大会选举刘秀峰为县长。

春，为度过饥荒，县委决定：城镇职工、干部放假半月，开荒种地，解决粮菜困难，城乡普遍增加了代食充饥。农村普遍发生浮肿、便秘、小儿营养不良等病症，县民政部门拨款8 300元，对贫困户患者进行了免费医疗。东宁、绥阳 2处集市上市品种仅有80余种。由于国家处于三年自然灾害时期，上市的商品价格很高，猪肉每市斤 5元，鸡蛋每市斤8元，白菜每市斤1元。

1962年

3月初，县委根据中央压缩城镇人口，精简职工的指示精神，全县共压缩城镇人口1 858人，精简职工954人；同时接收外地人口109人，全部安排到农村参加生产劳动。

3月，经省委、省政府批准，绥阳公社划分为绥阳、金厂、细鳞河三个公社，县委批准增建中共金厂公社委员会及中共细鳞河公社委员会。

4月，购入国产东方红54链轨拖拉机12台。同年将两批购入的拖拉机下放给大肚川、东宁、绥阳3个公社，为国有社营。建立县农机物资供应站，属农机局领导，财、物由省调配。

5月，贯彻“调整、巩固、充实、提高”八字方针，对工矿企业和手工业进行关、停、并、转工作。恢复了手工业生产合作社联合社，将下放给各公社的手工业生产合作社收归其管理。全县精简手工业职工479人，下放到农村。

11月27—30日，中共东宁县第三次代表大会召开，选举慕振英为县委书记，刘秀峰、唐殿杰、卢钧为副书记。

1963年

4月，从北大荒调来198名转业军官在全县8个公社建立经营林场，在靠近山区的村屯建立58处林业站。1969年农村的林业站全部撤销，各公社经营林场改为公社林业站。

5月26—29日，东宁县第五届人民代表大会召开，刘秀峰当选为县长，魏超亭、金学龙、高奭当选为副县长。

1964年

4月，成立了东宁县瑚布图河护岸工程指挥部，开始兴修瑚布图河（我侧）护岸工程。1966年，完成了第一期工程，1967年第二期工程开工到1969年结束。总投资近400万元。经省护岸工程指挥部检查，认为质量达到了设计要求。1980年秋，撤东宁县护岸工程指挥部，设立瑚布图河堤防管理站，负责看管和维护。

5月22—25日，东宁县人大五届二次会议选举了崔国宾为东宁县县长。

9月25日，中共东宁县四届一次全委会议召开，选举郝弼为县委书记。

10月，东宁县陶瓷一厂建成投产。

1965年

3月18日，经省政府批准，免去崔国宾东宁县人民委员会县长职务，任命刘凤岐为县长。

6月4日，经省政府批准，免去刘凤岐东宁县人民委员会县长职务，任命高晓光为县长。

1966年

5月23—31日，县委召开了由770人参加的农村政治工作会议。会议组织参观了东方红、太平沟、阳明三个大队，学习了他们学习毛主席著作、大搞农田基本建设、发展多种经营、科学试验等先进经验，树立了东方红等十六个样板大队。

6月上旬，县委按照《五一六通知》精神，根据地委要求，成立东宁县“文化革命”领导小组。

1967年

7月13日，经黑龙江省革命委员会批准，成立东宁县革命委员会。张志任东宁县革命委员会主任。县革委隶属于牡丹江地区革命委员会。东宁县革命委员会的成立取代了东宁县人民委员会。从此，东宁县的党、政、财、文一切大权归革命委员会。同月，成立了县党的核心小组，实行党政一元化的领导。

1968年

3月7日，黑龙江省革命委员会和牡丹江地区革命委员会决定，划东宁县绥芬河镇人民公社、建设人民公社为绥芬河特区（县级），隶属黑龙江省牡丹江地区，至1970年，区下仍设两个公社。1973年6月，撤销绥芬河区，绥芬河、建设二个人民公社划归东宁县领导。

11月，县革命委员会组织1 300名民兵，花费5个月时间完成了全长37华里的北水南调工程（引绥芬河水浇灌南部山地，建成后因电费太高停用。）。此项工程投工19万个，开挖土方15.8万立方米，以图解决东宁、三岔口公社的25 000亩水田灌溉及大肚川公社胜利大队部分地块缺水的问题。

1969年

6月1日，为解决绥芬河电厂燃料问题，县革命委员会决定将绥芬河发电厂迁移到东宁镇。到1970年5月建起“三机”“四炉”的发电厂厂房，同时安装3台国产10T/H锅炉和一台1 500千瓦汽轮发电机，并正式投产发电。

1970年

1月18日，经省革委批准，免去崔福臣县革命委员会主任职务，任命王健为东宁县革命委员会主任。

1月20日，县革委动员县直机关干部到农村插队落户。到6月，全县插队落户干部为570户，701人。其中，有牡市158人，绥阳林业局117人，外省返籍7人，本县419人，这些干部分别安置到8个公社80个大队。

2月，全县“一打三反”运动开始。经过10个月的工作，截止到12月下旬，全县捕获苏方间谍2人，特务2人；破获预谋叛国投苏案7起19人；破获重大反革命集团2起，揭露出现行反革命分子和刑事犯罪分子176人，处理贪污盗窃分子52人。

年底，县发电厂运转发电（装机1 500千瓦），东宁煤矿一井、东宁橡胶厂和县水泥厂先后投产。

1971年

4月，绥阳镇建成爱国发电站。工程造价31.6万元，土石方15万立方米，装机容量2/300千瓦时，年发电量97万度。

10月，为解决县内棉衣供应紧张（当时买布需布票），在原织、染、弹生产合作社旧址，建立地方国营东宁纺织厂，有职工24人，德合42布机 4台，10月投产，当年产棉布（劳动布）2.7万平方米。

1972年

年末，县果品公司培养木耳菌成功，东宁县开始人工种植木耳。

1973年

10月5日，经省革委批准党政分设，恢复中共东宁县委员会。东宁县革命委员会成为单一的地方最高行政机关。

1974年

11月，三岔口灌区改线工程动工。全县动员700名农建兵团民工和13 000余名机关干部、工人、学生、农民参加了这次开挖引绥工程，总工程量为土石方313 000立方米，总投资77万余元（工程历时4年，到1978年基本结束）。

12月，东宁县粮食产量上“纲要”，亩产418斤，粮豆薯总产量8 284万斤。全县工农业总产值5 050万元（其中农业总产值2 440万元，工业总产值2 610万元）。

是年，年底东方红煤矿一井投产；东宁电瓶车厂生产出第一台电瓶车；东宁制酒厂罐头车间投产。

1975年

8月15日，经国务院批准成立绥芬河市。绥芬河、建设两个公社从东宁县划出。

12月初，实行开门办学，全县选派450名工人、农民进驻学校。

1976年

7月初，磁石交换机更换为905型纵横制自动电话交换机，市内电话甩掉“摇把子”，开始使用自动拨号电话机。交换机总容量为630门，实际电话机400台，用户电话381台。出口长途电话41 604张，进口长途电话41 819张，农话业务总量实现96 571元。

7月25日，东宁县入夏50多天无雨，全县平均每天出动32 000多人，动用300多台动力设备、100多台拖拉机、700多台大车抽水拉水抗旱，夺取了春播的全胜。

9月7日，县财贸系统学习辽宁省彰武县“哈尔套经验”，在东宁电影院门前举办了“社会主义大集”。全县约3万人参加，规模空前。

10月22日，县委在电影院门前召开万人大会，热烈拥护党中央粉碎“江青反革命集团”，并举行了盛大的庆祝游行。

11月，王德春任东宁县县委书记。

1977年

2月，在全省农业学大寨会议上，省委、省革委授予东宁县农业学大寨锦旗，给出席会议的东宁县革命委员会副主任刘福录披红戴花。

3月，在黑龙江省农业学大寨会议上，东宁县再次被命名为农业学大寨先进县。三岔口、大肚川、道河、绥阳、细鳞河为农业学大寨先进公社。69个生产大队被评为省级农业学大寨先进大队。

4月，东宁县被评为全国大寨县之一，在北京展览馆展出学大寨成果（每省只有一个）。

4月15日，县邮电局电话线路实现了县城至公社的电路载波化，增设长途电话307型12路载波电路终端机1部，电话会议汇接机1部，载波电话增音机 3部，同时东宁至牡丹江的载波电路由原来的3路改为12路。

春，黑龙江省文物考古工作队与吉林大学历史系考古专业组联合对位于东宁县城南16公里大肚川公社团结村北、大肚川河右岸的一级台地上的团结遗址进行了科学发掘，总发掘面积1 300平方米，清理出有铁器时代的房址、灰坑及渤海时期的房址、灰坑、灰沟等遗存。出土各类文物数百件。经整理研究和科学测定，此遗址大体可分为两种考古文化。上层属唐代渤海国时期的文化遗存，清理出的房址，是黑龙江省目前发掘中唯一的一处渤海国平民居址。对渤海国的社会制度、经济结构及社会生活等方面的研究，提供了确切的考古学资料。下层属战国至两汉时期的文化遗存。整个遗址面积10万平方米。考古学界已将其定名为

“团结文化”。

9月，恢复高校招生统一考试制度，全县31名高中毕业生考入各类高等院校。

1978年

2月，在全省农业学大寨会议上，定东宁县为大寨县，并授予农业学大寨锦旗，省委决定东宁县参加第三届全国农业展览会。

4月14日， 东宁县派代表去北京参加全国第三届农业展览（是全省唯一参加展出的县）。

是年，东宁制酒厂产的山葡萄酒和陶瓷一厂产的锦砖被评为黑龙江省优质产品。

5月，按照中发〔1978〕55号文件精神和省委的有关指示，根据有错必纠的原则，做好了改正错划的89名“右派”、87名“中右”、1名“右派”言论、19名反社会主义分子的工作；对29名错划“中右”、10名错划反社会主义分子、16名受株连家属、42名已婚子女进行了妥善安置；同时还对外省在东宁县的6名错划“右派”、2名“中右”、1名反社会主义分子进行了妥善安置；并为12名人员恢复了党籍，3名预备党员按期转正，23名撤销团的处分，给86名同志解决了金额4万多元的困难补助。错划“右派”改正工作到1980年基本结束。

12月5日，县委召开县直机关落实干部政策平反大会。县委副书记林长生代表县委宣布了平反通知和恢复名誉的决定。给在“文化大革命”中原定犯有所谓“路线性”错误的18名干部以及被强加上“莫须有”罪名的21名干部恢复了名誉。

1979年

5月18—21日，中共东宁县第七次代表大会选举王德春为县委书记，刘福录、王忠文、林长生、孙永岱为副书记。

5月，根据“中共中央关于地主、富农分子摘帽问题的决定”，县委按政策规定给269名地富反坏分子摘掉了帽子，改定成分1 533人、出身3 153人。

7月21日，召开全县第一次独生子女奖励大会，县直各机关、单位24对青年夫妇获奖。会后，计划生育工作的重点转移到一对夫妇一个孩的轨道上来。

8月1日，牡丹江行署科委和供销社通过技术鉴定，采用山东杏仁为接穗与当地山杏嫁接的“东宁一号杏”“东宁二号杏”获得成功。

12月末，经过认真复查核实，县直共清理纠正冤、假、错案317起，为317名干部平反；农村清理冤、假、错案258起，为259名公社大小队干部平反，对全县3 765份人事档案进行了全面清理，剔除全部诬蔑不实和不应归档材料，以县委名义召开了落实干部政策大会，全县为62名科级以上干部、355名一般干部、222名农村大队干部、41名街道居民、988名社员平了反。并对因冤、假、错案造成生活困难的947人，给予19.9万余元的经济补助。

1980年

9月21—22日，举行东宁县第七届人民代表大会第一次会议，选举刘福录为县政府县长。

1981年

1月1日，经省政府批准成立南天门人民公社，同时增设中共南天门公社党委。

2月，县委总结农业学大寨的经验教训。指出，东宁县农业学大寨的主要问题是：把抓阶级斗争当成学大寨的根本；把批资批修当作学大寨的主要内容；把平均主义当作共产主义因素；把大寨田当成学大寨的方向；把一刀切当成学大寨的经验。违反了客观规律，并将总结上报了省、地委。

11月，县第二陶瓷厂生产的新产品彩釉砖打入国际市场，港商1982年7月和1983年3月两次来厂访问。

1982年

1月2日，根据中央文件精神，全县农村普遍开始试行土地联产承包责任制。

5月，经中央冶金工业部批准，在金厂建造100立升采金船1艘，1983年4月投产，年产黄金1 120两。

7月1日，进行第3次人口普查，全县有汉、朝鲜、满、回、蒙古、壮、达斡尔、鄂伦春、维吾尔、苗10个民族。最多的是汉族人口，为165 011人，占全县总人口的93%；朝鲜族人口为10 594人，占全县人口的6%；其他民族合起来仅占 1%，其中：满族人口为1 670人，回族人口为212人，蒙古族人口为25人，壮族人口为5人，达斡尔族人口为5人，鄂伦春族人口为5人，维吾尔族人口为2人，苗族人口最少，只有1人。全县人口达到39 449户，177 534人。

是年，到年末,全县413个生产队中，实行专业承包、联产计酬的有160个，小段包工、定额管理的有37个，双包到户的有16个。

1983年

3月21—23日，东宁县第七届人民代表大会第二次会议补选孙永岱为县长。

6月9日，中共东宁县八届一次全委会议选举励树武为县委书记，孙永岱、国新和、梁克义为副书记。

8月15日，在黑龙江省计划生育先进集体、先进个人代表大会上，东宁县被评为省计划生育先进县，并被大会推荐为出席全国计划生育代表大会的先进代表。

是年，年末，实行家庭承包的有 340个生产队，联产到组的有26个生产队，小段包工、定额计酬的有47个生产队。

1984年

2月3日，县委、县政府根据省政府《关于撤销人民公社建制，恢复乡（镇）建制》的指示，县委、县政府决定撤销10个公社管理委员会，按原来公社行政区划建立10个乡（镇）党委和政府。即东宁县共辖东宁镇党委、政府，绥阳镇党委、政府，三岔口民族乡党委、政府，大肚川乡党委、政府，老黑山乡党委、政府，道河乡党委、政府，金厂乡党委、政府，细鳞河乡党委、政府，黄泥河乡党委、政府，南天门乡党委、政府。同时，各乡（镇）召开了人民代表大会，选举产生了正、副乡（镇）长。4月末全县完成机构改革。科改称局（或公司、总站），公社改称乡、镇。

4月18—20日，东宁县第八届人民代表大会第一次会议选举梁克义为县长。

4月中旬，县拟修复绥宁铁路，成立东宁县地方铁路筹建处着手测量、设计工作。

10月初，县陶瓷一厂生产的铺地砖荣获国家建筑材料工业部优质产品。

是年，预算内20户工业企业（纺织厂关停除外），有17户企业实行了放开经营。商粮8户工业企业、供销和商业系统的43户企业也全部实行了放开经营。

1985年

1月2日，新建有1 380座席的东宁电影院交付使用。

1月5日，县饮料厂生产的清凉饮料“珍珠雪梅露”正式出售，到年底共生产雪梅露2 207吨，啤酒150吨，产值95万元，实现利税22.9万元。

1月28日，县委、县政府印发《关于简政放权搞活企业的若干规定》，即简政放权50条。

2月18日，东宁县再次被评为改善办学条件的先进县。

2月25日，成立了县经济委员会统管工业。有52户企业同全国10个城市13个大中型企业、4个大专院校及科研单位建立了经济技术协作关系，引进外地资金60万元，有16种工业产品打入国际市场，创外汇122.4万元。

3月1—2日，国家建材部组织全国建筑陶瓷201个厂家，在东宁召开建筑陶瓷产品行业评比会议。东宁县一陶铺地砖、二陶彩釉砖分别获国家优质产品第二名。

3月3—4日，全县农村勤劳致富表彰大会表彰奖励了5个标兵村，129个先进专业户，4个支农服务先进单位。

3月22日，东宁发电厂首台1万千瓦汽轮发电机组投产。至此，东宁县发电厂发电能力达19 000千瓦，汽轮发电机总装容量17 500千瓦，年发电量5 200万度以上，发电量比1978年翻了一番。不仅满足东宁县、绥阳森工局及绥芬河市的工农业生产及生活用电需要，而且还有余电向外地出售。

5月3日，经省政府批准，将大肚川、老黑山乡改为镇，乡政府改为镇政府。

6月，东宁县邮电局乡邮员鲁坤荣获“全国边疆优秀儿女”金质奖章。县委做出《关于开展向鲁坤同志学习的决定》，全县组织了鲁坤事迹报告会8场，听众累计4 000多人。

9月1日，县饮料厂生产的“小江南”啤酒投放市场，并远销到山东、河北等省。

10月1日，由老黑山至吉林省界 53.9公里的鸡图公路，经过复修后，由国家交通部门验收合格通车。

是年，根据国务院指示精神，取消了粮食统销统购，实行合同定购。

是年年末，东宁县农业夺得全县历史上第三个丰收年，农业总收入达9 077万元，农村人均收入575元。全年农民新购拖拉机具227台，机耕面积达12.5万亩，新增旱改水田4 500亩，选用良种16万亩。本年农村又有2 100户盖了新房，拥有电视机8 000多台，有112个村吃上了自来水，占农村人口的72.6%。

1986年

1月18日，东宁县对煤炭生产达不到安全标准的煤矿，决定停止生产。

5月6日，牡丹江市委做出《关于在全市政法机关中开展向东宁县公安局学习的决定》。

5月24日，县长办公会确定每年的9月1日为老年人节。

5月28日，根据中央军委决定，县人民武装部由军队序列改为地方建制，称黑龙江省东宁县人民武装部，成为以地方领导为主的中共东宁县委和牡丹江军分区双重领导的副县级单位。

5月29日，东宁县水泥厂扩建改造工程开始动工。此项工程总投资88万元，新建一条回转窑，使年生产能力由1.5万吨扩大到3万吨。

8月28日—9月6日，受15号台风影响，东宁县境内出现八级大风并连续降雨16小时，雨量达100毫米，造成绥芬河、瑚布图河等大小六条河水出槽，出现了历史上罕见的洪水。风灾和水灾的相继侵袭，涉及全县10个乡镇的137个村，13 908户，据灾情报告统计：受灾农田162 000亩，冲毁公路15公里，桥梁四座，堤坝67处。全县共筹措资金55.9万元，其中职工捐款5.2万元，给重灾户解决口粮22万斤。另外农电、邮电、广播三家投资109.3万元，修复线路464.8公里，交通部门投资16.5万元修复公路70公里、桥梁8座、涵洞41处。

是年，至年末，全县创建文明单位251个，其中省级文明单位标兵1个，文明单位4个；市级文明单位标兵4个，文明单位71个，文明村99个。县级以上文明单位（文明村）已占总数的75%。在参加全省百个县镇文明建设竞赛中，东宁夺得了县级第一名。

12月30—31日，东宁发电厂与牡丹江电网联网，从1987年1月1日起向国网送电。

1987年

4月26日，县邮电局三岔口乡邮员鲁坤赴北京参加总工会“五一”奖励大会。

4月29日，中共东宁县九届一次全委会议选举孙永岱为县委书记，梁克义、徐维众、王裕民为县委副书记。

9月10日，东宁县啤酒厂与沈阳啤酒厂联营生产的国家名优产品“雪花”啤酒正式投产。

11月6—7日，东宁县人大九届一次会议选举梁克义为县人民政府县长。

11月20日，县公安局局长刘平被公安部授予“全国公安战线二级英雄模范”称号。

1988年

4月20日，东宁县第一次大马哈鱼苗放流活动在县鲑鱼放流站（绥芬河下水磨段）进行，62万尾大马哈鱼苗被放流。黑龙江省东宁县鲑鱼放流站是1987年由国家和省投资建成的。该站大马哈鱼苗的放流，对我国加入世界鲑鱼组织获得鱼源国地位及公海捕捞权起到了重要作用。

4月27日，省经贸厅下发黑边字〔1988〕192号文件，批准牡丹江市、东宁县、密山县、虎林县设立对苏边境贸易机构。

5月1日，东宁县公安局局长刘平被中华全国总工会授予

"五一劳动奖章"。

5月7日，苏联格罗捷克沃区段边防代表团代表日杜诺夫上校等一行4人到东宁，向苏联红军烈士纪念碑献花圈，这是东宁县43年来第一次与苏联军方正面接触。

5月9日，经省政府批准,撤销三岔口朝鲜族乡，建立三岔口朝鲜民族镇。

7月5日，县委制定了《关于支持、鼓励党政机关事业单位干部承包租赁企业和自谋职业的暂行规定》。

7月14日，县人大常委会向县政府序列的22名局长颁发任命书。这是东宁县首次由人大向行政官员颁发任命书。

7月20日，应苏联滨海边疆区十月区的邀请，以县委副书记、县长梁克义为团长的中国东宁县中苏友协贸易代表团一行7人首次赴苏联滨海边疆区进行正式友好访问，访问期间双方签署了两县区建立友好关系的协议和开展易货贸易的意向书。此次访问，结束了两县区30多年不交往的历史。

9月10日，县委、县政府做出《关于办好三岔口城乡综合改革试验镇的决定》，把三岔口朝鲜族镇作为东宁县城乡综合改革试验区中的"特镇"。《决定》对办城乡综合改革实验镇的指导思想和目标、内容和组织领导以及给予三岔口镇20条优惠政策作了明确规定。

9月21日，县政府常务会议决定在三岔口镇新立村船口至下水磨河段设立禁止捕鱼区。

10月11日，县政府根据省政府黑民字〔1988〕20号文件精神，撤销道河乡，建立道河镇。

10月15日，县委、县政府根据企业申报，批准东宁县白酒厂、水泥厂、国营综合商场三个工商企业为"特企"试点企业。

1989年

6月28日，县委、县政府召开修建对苏贸易临时过货桥和口岸公路会议，决定由副县长张石岩任总指挥、交通局长王维国任副总指挥，组建由物资、农电、水利等部门组成的修路（桥）指挥部。

8月11日，县长梁克义与绥芬河边检、会晤站领导，研究在三岔口界河架桥事宜。

8月17日，县委、县政府邀请回到东宁探亲的北京戒严部队首长沈阳部队64集团军100师高炮团团长秦成武同志做戒严部队执行戒严任务情况报告。

9月11日，县九届人大常委会决定：同意梁克义辞去东宁县政府县长职务；任命徐维众为代理县长。

10月25日，东宁县公安局局长刘平被国务院授予全国先进工作者荣誉称号；三岔口邮电局乡邮员鲁坤被授予“全国劳动模范”荣誉称号。

12月17日，国务院以国函〔1989〕81号文件正式批准开放东宁对苏口岸。

12月20日，县委、县政府在三岔口边境河畔举行瑚布图河过境桥落成典礼。县党政领导同苏联十月区党政领导、双方驻军代表、省、市县有关部门负责同志三百多人参加了典礼。

1990年

1月11日，东宁县九届人大四次会议选举徐维众同志为县政府县长。

2月1日，县委常委会议决定：从1990年起全县党政机关干部实行“三个三分之一”制度。即：三分之一下农村；三分之一下企事业单位；三分之一留机关工作。

5月4日，经省政府代国务院验收合格，东宁对苏口岸宣布正式开通，中苏两国地方领导及有关方面负责人在三岔口界河桥头举行过货典礼。

9月26日，中共东宁县十届一次全委会议选举孙永岱为县委书记，徐维众、王裕民、魏臣为副书记。

11月15日，东宁县十届人大一次会议选举徐维众为县人民政府县长。

1991年

2月26日，东宁县举办首届“灯节”经贸洽谈会，苏联十月区、格城、滨海边疆区、符拉迪沃斯托克（海参崴）等36个政府、贸易和军方代表团计180余名苏联客人及国内各省市的200余名客商参加了洽谈会。洽谈会期间签订了总额为1 178.9万瑞士法郎的合同。

5月22日，公安部发布命令：“授予东宁县公安局局长刘平同志为全国公安战线一级英雄模范称号。”

11月20日，中华人民共和国东宁海关正式开关，口岸联检大楼落成交付使用，各联检部门正式投入运转，海关总署代表向东宁海关关长授印。

12月20日，县委副书记、县长徐维众率代表团赴苏联波尔塔夫卡口岸参加苏方举行的口岸开关仪式。

1992年

2月15—19日，东宁县第二届“灯节”经贸洽谈会开幕。四川、天津、哈尔滨、锦州、鞍山、牡丹江等地的100多个国内团组350多人及俄罗斯太平洋军区司令巴雷宾中将，格城边防总队长日杜诺夫上校，乌苏里斯克市、阿尔焦姆市、十月区等地行政公署长官等86个外宾团组312人参加洽谈会。

4月20日，县委、县政府和牡丹江市农业银行在东宁联合召开表彰农村金融卫士宋树龙大会。中国农业银行总行党组授予东宁县农业银行干部宋树龙“农村金融卫士”称号。县委、县政府授予宋树龙“勇敢公民”称号。

5月15日，被最高人民检察院授予“全国模范检察长”荣誉称号的县检察院检察长王殿文从北京载誉归来，县委号召全县干部向王殿文学习。

6月1日，黑政函〔1992〕48号文件规定，从即日零时起共和乡划归东宁县管辖，细鳞河乡归穆棱县管辖。东宁县政府县长徐维众和穆棱县政府县长朱成义、牡丹江市政府南副秘书长分别在交接书上签字。

6月22日，县政府公布建设沿边经济合作区四个优惠政策：即《东宁县人民政府关于对引进争取资金的单位和个人的奖励办法》《东宁县人民政府关于对吸引外地客户到东宁经商办公司的优惠政策》《东宁县人民政府关于引进人才、技术的优惠政策》《东宁县人民政府关于房地产开发的优惠政策》。

10月20日，牡丹江市委常委会议决定：徐维众任中共东宁县委员会委员、常委、书记，免去孙永岱县委书记、常委、委员职务。

10月23日，县委印发《中共东宁县委、东宁县人民政府关于党政机关、事业单位兴办经济实体和党政机关干部从事经营活动的决定》。

12月4日，东宁县被国家体委命名为全国体育工作先进县。

1993年

2月4日，东宁县第三届灯节经贸洽谈会在东宁中俄经贸市场开幕。出席开幕式的有国家口岸办公室副主任胡祖宏，省人大常委会副主任杜显忠，省政协副主席陈文志，省委副秘书长周辉春，省政府副秘书长贾福林，省军区副司令员郑海林少将，牡丹江市委书记申立国，市长杨国俊以及县五大班子领导，国家和省有关部门的代表及俄罗斯总统的代表，总统代表助理巴拉基列夫，俄太平洋军区司令巴格达耶夫中将和大批俄罗斯经贸团组也专程出席了开幕式。省委书记孙维本为东宁洽谈会题词："发挥东宁口岸优势，积极推进边境贸易。"

3月18日，县委、县政府宣布《东宁县党政机构改革方案》。按照精减、统一、效能的原则，党政机构由原来的87个减少到36个，县委办事机构保留5个，政府办事机构保留25个，群团组织4个，按党章设置2个。

7月16日，县委、县政府举行为东宁县公安干警授衔仪式。这是东宁县首次为公安干警授衔。

9月29日，中共东宁县十一届一次全委会议选举徐维众为县委书记，王裕民、周洪江、张月亮、赵春当选为副书记。

10月20日，东宁县城至三岔口东宁口岸三级公路建成通车。

12月17—18日，东宁县第十一届人民代表大会第一次会议选举王裕民为东宁县人民政府县长。

1994年

1月13日，县委、县政府印发《东宁县党政机关与所办边贸经济实体脱钩的决定》。

2月24日，东宁县第四届"灯节"经贸洽谈会开幕。洽谈会期间，牡丹江市委副书记李春一、副市长关庆波，县委书记徐维众、俄罗斯十月区行政长官沙沙为中俄通信开通剪彩。

3月10日，县政府出台《东宁县关于拍卖"五荒"和小流域使用权的若干规定》。

8月24日，东宁县举行地方铁路复建工程开工奠基典礼。国家和省有关部门的领导，牡丹江市委、牡丹江市政府、县五大班子领导及俄罗斯滨海边区官员参加了奠基仪式。

1995年

3月9日，县政府常务会议审议通过关于公费医疗制度改革方案、东宁县乡公路管理办法、东宁镇自来水净化厂建设集资方案及成立东宁县热力公司等议题。

10月9日，投资2 480万元改扩建的东宁绥芬河大桥建成通车。

1996年

3月3日，东宁县第六届“灯节”经贸洽谈会和东宁县第一届农民科技节开幕。此届洽谈会共有800多名中外客商参加洽谈，签约48 480万美元。

4月6日，中共牡丹江市委常委会议决定：姚寿鹏任中共东宁县委员会委员、常委、书记，免去徐维众中共东宁县委员会书记、常委、委员职务。

12月29日，建筑面积2 975平方米，年供水500万吨的东宁镇净化水厂竣工交付使用，从此结束东宁镇居民饮用不合格水的历史。

1997年

2月19—22日，东宁县举办第七届经贸洽谈会和第二届农民科技节。此届洽谈会共邀请到国内外宾客536人，对外贸易、经济技术签约总值13 600万美元。

2月22日 黑龙江省政府命名东宁县为省级文化先进县。

4月15日，东宁县绥芬河（下水磨）大马哈放流站放流40万尾大马哈鱼苗入海，这是东宁县第10次放流大马哈鱼苗入海。

4月18日，省政府（黑政函〔1997〕31号）下发《关于对穆棱市、东宁县部分行政区划调整的批复》，同意对穆棱市、东宁县部分乡、镇区划作如下调整：将东宁县的共和乡全部行政区域划归穆棱市管辖；将1992年划归穆棱市的细鳞河乡的部分行政区域划归穆棱市的福禄乡管辖；穆棱市的细鳞河乡其余行政区域划归东宁县管辖。

5月22日，东宁镇集中供热工程正式开工。此项工程是为改善东宁镇大气质量实施“蓝天工程”的重要组成部分，经过5个月的紧张施工，10月27日工程竣工，开始向东宁镇集中供热。

5月28日，东宁县旅游局组织开展“迎回归绥芬河第一漂”活动，12名游泳队员和新闻记者首次对绥芬河进行考察性漂流。

7月15日，“97东宁对俄出口商品交易会”在边城大厦门前举行，中外来宾500多人出席。

7月17日，东宁至301国道对接工程（206省道东宁至永胜二级白色公路修建）开工。

10月28日，县人大十二届会议邢鹏飞当选为东宁县人民政府县长。

1998年

4月3日，道河镇小地营至五排配电线路工程竣工，至此，东宁县所有村屯实现通电。

4月30日，县电信局在东宁镇主要街道和大酒店，设置一批无人值守的IC卡公用电话。

5月20日，县委、县政府确定东宁镇西山革命烈士陵园、绥阳北山革命烈士陵园、大肚川镇老城子沟后山“劳工坟”遗址、东宁镇第二小学“爱国主义教育展室”、县直少儿教育中心“爱国主义教育展室”为东宁县第一批国防教育基地。

7月16日，县政府决定对吉信、华宇等6户边贸企业实行挂牌保护。

7月22日，县领导到绥阳林业局道河林场看望董存瑞生前所在部队排长、老英雄张德文。

8月31日，东宁县第一家私立小学——育龙小学开学。

9月28日，东宁至301国道二级公路竣工通车。此项工程1997

年5月开工，总投资2.03亿元人民币，这是东宁县公路史上投资最多、规模最大的公路工程。

11月29日，中共东宁县十二届一次会议选举宁铁夫为中共东宁县委书记。

12月1日，县政府投资建设的东宁镇新水源地与净化水厂自来水管线对接完毕，开始开闸放水。

12月末，东宁县被省委、省政府破格命名为“文明村镇建设标兵县”。

1999年

1月10日，黑政发〔1999〕2号文件《关于公布黑龙江省第四批省级文物保护单位的通知》，批准“东宁要塞”“劳工坟”为省级文物保护单位。

3月4日，中央电视台《焦点访谈》节目组一行3人，对东宁要塞进行了为期4天的采访。4月28日，中央电视台以“埋在深山的罪恶”为题，对东宁要塞进行了长达30分钟的深入报道。

3月24日，东宁县第一个省级现代化农业示范区——三岔口镇幸福村工程正式启动。

4月27日，县水产部门在绥芬河下水磨放流站人工放流大马哈鱼苗40万尾。

6月18日，侵华日军东宁要塞正式开放、陈列馆开馆剪彩。中央军委副主席张万年为东宁要塞题词：“勿忘国耻、强我中华。”

7月6日，中央电视台《新闻30分》节目组对东宁要塞进行为期3天的实地采访，8月1日在央视《新闻30分》播出，并首次肯定了侵华日军东宁要塞是亚洲最大的军事要塞。

7月26日，国务院副总理钱其琛到东宁视察，为东宁题词：“发挥东宁口岸优势，促进中俄边境贸易。”

8月13日，县委、县政府在勋山要塞举行“东宁地区各界群众纪念抗日战争胜利大会”，大会邀请当年幸存的劳工控诉日本帝国主义的侵略罪行。中央电视台和省电视台《新闻联播》对此进行了报道。

9月20日，中央电视台《新闻调查》节目组，对东宁要塞进行了为期6天的走访调查，10月在中央电视台播发。

11月11日，东宁第三小学教学大楼竣工投入使用，1 400多名师生搬进新校舍。

2000年

是年，东宁县水泥有限责任公司加入牡丹江水泥集团有限责任公司。

5月1—4日，举办侵华日军中苏防线暨东宁要塞群国际论证会。来自日本、俄罗斯及国内的专家学者，对侵华日军东宁筑垒地域大多数地上、地下遗迹进行了实地考察，并对幸存劳工和慰安妇进行了调查取证。经专家学者讨论交流论证：东宁筑垒地域是目前发现和确认的第二次世界大战期间亚洲综合规模最大的筑垒地域；东宁筑垒地域最后一次战斗于1945年8月30日结束，是第二次世界大战的终结地、最后战场。

8月4日，县委召开全县加快城市基础设施建设十万人誓师动员大会，大会部署了当前及今后一个时期城市基础设施建设任务。

10月20日，县政府常务会议议定，东宁镇内禁放“礼炮”，限制鞭炮鸣放时间。

2001年

6月4日，东宁—波尔塔夫卡中俄双边口岸旅客出入境实行12小时开关。

10月2日，由中央电视台和省影视中心联合摄制的电视电影

《东宁特遣队》在东宁正式开机拍摄。

10月10日，县人大常委会审议批准新建设的东宁镇绥芬河桥南广场，被命名为“率宾广场”。22日，占地10.3公顷的东宁率宾广场举行竣工典礼，正式对游人开放。

11月23日，东宁摔跤运动员任力，在广东举行的第九届全国运动会上获金牌。

12月15日，县十二届人大常委会二十九次会议选举陈殿运为东宁县人民政府代理县长。

2002年

2月5日，县人大十二届六次会议第一次会议选举陈殿运为东宁县人民政府县长。

4月29日，东宁县第二届滩头鱼生态旅游节在三岔口镇新立村绥芬河北岸开幕。

6月10日，由东宁县与省交通厅共同投资2 100万元改扩建的东宁新口岸投入使用。

7月1日，绥阳黑木耳、山野菜批发大市场开业，国家和省、市领导视察东宁口岸和地栽木耳示范村。3日，全省发展食用菌特色产业推进会在东宁召开。

8月10日，中俄界河考察组到东宁考察绥芬河、瑚布图河两界河情况。

9月13日，牡丹江市委任命陈殿运为中共东宁县委书记。县十二届人大常委会三十六次会议选举孙永先代理东宁县人民政府县长。

2003年

2月15日，东宁通信公司开办的无线电话“小灵通”在东宁镇城区开通。

6月30日，全省最高铁路桥——东宁地方铁路新城沟大桥开始铺轨。

8月30日，东宁地方铁路正式剪彩通车。该工程一期工程于1994年开工，在完成1 500万元投资后缓建。1999年7月复建工程开工，2003年8月竣工，工程总投资4.9亿元人民币。

9月20日，哈药集团三精制药有限公司开发东宁胶原鹿骨粉项目签约仪式在东宁举行。

11月26日，中共东宁县委十三届一次会议选举陈殿运为中共东宁县县委书记。

12月16日，召开全县食用菌协会成立暨会员代表第一次大会，国家食用菌协会副会长蒋润浩应邀参加会议。

2004年

4月28日，举行东一波互市贸易区开工开盘典礼。国家、省、市及有关部门领导及省内外30多家新闻单位记者出席典礼。

5月9日，省华富电力投资有限公司到东宁测量大架子山风力发电资源。

7月19日，由上海林浦木业有限公司投资的飞浦木业在东宁工业园区正式开工建设。

9月16日，县政府与哈达公司达成合作建设对俄出口果菜批发大市场协议。

9月22日，中国（东宁）第一届黑木耳节暨无公害黑木耳栽培技术研讨会开幕。与会人员参观了绥阳黑木耳大市场，举行了项目签约和新闻发布会及木耳栽培技术研讨会。

9月25日，投资495万元、采用预制砼板护面的绥芬河东宁镇城区堤防护坡工程竣工。此项工程既提高了防洪能力，又美化了东宁镇一道坝、二道坝环境。

11月5日，东宁至老黑山通乡公路通过省级验收并通车运营。

12月18日，牡电集团东宁热电公司2.4万千瓦机组扩建工程并网发电。

2005年

1月31日，哈尔滨人和集团与县政府合作建设东宁哈达中俄果菜批发市场签约仪式在东宁举行。

3月1日，县政府按《东宁县全部免征农业税工作实施方案》，开始向农户发放“两补”（粮食直补和水稻良种补贴）资金。到3月末，549万元直补资金全部发放到农户手中。

6月27日，东宁县在放流站放流500万尾滩头鱼苗。

8月25日，东宁招商引资企业——东方鑫凯造纸公司投产运营。

8月30—31日，由中国二战研究会主办、东宁县人民政府承办的纪念中国人民抗日战争暨世界反法西斯战争胜利60周年中国·东宁要塞研讨会在东宁召开。

10月9日，政府常务会议决定从2005年采暖期开始，东宁镇居民住宅楼每平方米供热价格上调5元。

10月18日，举行东宁东—波互贸区正式开业运营及中国–俄罗斯国际商品交易会、东宁要塞历史陈列馆暨苏联红军烈士纪念碑落成仪式开幕典礼。国家、省、市领导和中外来宾及东宁县各界群众3万多人参加。当日，召开东宁东—波互市贸易区商品交易中心开业典礼新闻发布会，俄罗斯30多家旅行社经理和国内外50多家新闻媒体参加了发布会。

11月1日，东宁社会福利院落成投入使用，全县75名“五保”老人得到统一供养，结束了乡镇办敬老院的历史。

12月6日，县政府常务会议通过《东宁县价格调节基金征收使用管理办法》，从2006年起，取消个体工商业户、私营企业等的价格调节基金，开征煤炭、沙石、金矿等矿产资源及木材的价格调节基金。

2006年

1月7日，东宁籍选手李国梁获第三届全国跤王争霸赛男子轻量级冠军。

2月15日，东宁电视台报道：目前，东宁县私用小轿车的拥有量已达2 500辆，居牡丹江地区前列。全县手机用户达67 733户，城镇居民手机拥有率为140部/百户，居牡丹江各县市前列。

2月27日，东宁电视台报道：2005年，全县向境外输出劳动力5 664人，实现收入1亿元，仅此一项全县农村人均增收近1 000元。

3月6日，东宁县第一所专业培训少年儿童乒乓球学校在徐悲鸿远东艺校成立。

3月15日，县规划委员会决定，将北河沿村列入县城统一规划区域，北河沿村沿206省道两侧被规划为行政办公区、企业写字楼建设区和商服中心。

3月22日，东宁电视台报道：全县6 292名城镇居民享受最低生活保障。

4月6日，县中医院引进一套价值60多万元的血液透析设备，填补东宁无法进行血液透析治疗的空白。

6月10日，东宁县“五排山城遗址”和“东宁要塞遗址”被国务院批准为全国重点文物保护单位。

是年，县垃圾处理厂建设工程开工。

7月1日，东宁县在国家公益林、退耕还林地、插柳护岸地、侵蚀沟治理地等范围内启动禁牧工程，保护森林资源。

7月21日，20集电视连续剧《幸存者》在东宁要塞举行开拍仪式。

8月14日，东宁县通过国家卫生县城首次国家级复检。

8月17日，由华宇集团与哈尔滨同帮建筑彩钢安装工程有限公司合作建设的境外加工企业——奥里奥恩彩钢有限公司正式投入运营。

8月22日，东宁县必得金食用菌研究所和必德金菌业有限责任公司正式挂牌成立。这标志着东宁县以黑木耳为主的食用菌产业已经上升到依托科研促发展的崭新阶段。

9月21日，东宁电视台报道：大城子村穆元魁培育五味子成功。22日，东宁电视台报道：欧洲杂交榛引种东宁获成功。

10月10日，县招商引资企业——东宁鑫顺硅业有限公司举行建成庆典。

10月13日，绥—绥木材加工园区正式开工。绥—绥木材加工园区位于绥阳镇内，毗邻301国道，是东宁四大工业园区之一。

2007年

1月1日，东宁电视台报道：县域经济综合实力连续三年进入全省十强县行列。东宁入选龙江经济最具活力县（市）；东宁口岸进出口总值突破20亿美元，贸易额占全省四分之一；2006年全县财政收入突破4亿元大关,成为全省财源建设先进县。

1月11日，东宁电视台报道：2006年东宁口岸旧机床进口继续保持黑龙江省各口岸首位。2006年东宁口岸共进口旧机床741台，实现贸易额1 536万美元，上缴税金1 894万元,位列进口商品第二位。继续保持黑龙江省机床进口的第一位。

1月16日，东宁交通广播正式开播。东宁交通广播全天播音15小时，自办节目9个小时，调频立体声发射，覆盖面可达到俄罗斯部分周边地区。它的开播，完成了东宁广播电台传播手段从模拟向数字、播出形式从录播向直播的历史性跨越。

1月19日，东宁开始对灵活就业人员发放社保补贴。全县3 980 多名国有企业职工和4 050名下岗失业人员，将陆续领到2007年的社保补贴金。

1月23日，参加“保护东北虎——百名志愿者巡护青山行动”东宁小分队的志愿者，在暖泉河林场东北两公里处发现野生东北虎踪迹。

是年，东宁镇一街村拿出5万元资金为全村60岁以上的老年人发放生活补助金。

1月29日，全县第一批机关事业单位公务用车实行货币化改革。

2月10日，县首批改制车辆专场拍卖会举行，参加车改单位的88辆公车在这次拍卖会上公开进行了竞价销售。

2月24日，东宁电视台报道：全县生态建设成果显著。2006年治理侵蚀沟845.5亩，使境内44%的侵蚀沟得到了初步治理；完成造林面积10 270亩，绿化河滩782.9亩，重点公益林面积扩大到了146.98万亩。

3月2日，东宁对改制车辆进行第二次拍卖，参加车改单位的20辆公车在这次拍卖会上公开进行了竞价销售。

3月28日，东宁县首家村级奖学金基金会在大肚川镇太阳升村成立。基金会由在事业发展中有成就，并热心教育事业的太阳升村人以个人身份自愿组成。基金会的基本宗旨是推广爱心，通过奖学金的方式，无偿资助品学兼优的太阳升村子女。基金会成立当天，共收到入会会员30多万元的捐款。

3月29日，县林业部门为9户承包人颁发期限为50年的《林权证》。

4月2日，东宁县与广东东送集团举行东升水电站建设签约仪式。

4月3日，全县粮食补助资金和良种直补资金开始全面发放。东宁县适合粮食直补和良种直补政策的土地面积共有50万亩，其中，粮食直补土地面积44.5万亩，良种直补土地面积5.5万亩。粮食直补资金的发放标准是每亩12.86元，总计574万元，良种直补资金的发放标准是每亩15元，总计82万元。

4月6日，由中央电视台和黑龙江电影电视剧制作中心联合投资的电影《冰坝》，在东宁县东宁镇胡萝卜崴村开机拍摄。

是年，东宁县对流经县城神仙洞至二道坝2公里长的绥芬河河段实施常年禁渔。

4月19日，东宁县又放流大马哈鱼苗41万尾 。至此，东宁县作为全国唯一一处向海洋连续19年放流鲑鱼的放流站，已累计放流大马哈鱼苗823万尾。

6月20日 东宁县30多名黑木耳种植户举办黑木耳高产大王比赛。22日，中国食用菌协会黑木耳分会成立大会在东宁召开。23日，中国·牡丹江（东宁）第二届黑木耳节召开。东宁县持续做大做精黑木耳产业，被中国食用菌协会授予“全国小蘑菇新农村建设优秀示范县”和“中国黑木耳第一县”荣誉称号。

6月26日，由东宁县吉信工贸集团与浙江康奈集团合资建设的俄罗斯乌苏里斯克市经济贸易合作区举行奠基剪彩仪式。

8月9日，东宁电视台报道：自全县农村自来水饮用工程实施以来，共规划设计了10批89个行政村的自来水工程项目，总投资1 569万元。10月末将全部完工，共钻深水井76眼，泉水井13处，铺设管网267公里，自来水入户率达74.6%，受益人口达8.5万人。

8月14日，经省政府批准，东宁镇转角楼村、北河沿村，三岔口镇新立村、幸福村，大肚川镇太阳升村，道河镇土城子村6个村被补划为革命老区村。

9月1日，由中央电视台、东宁县人民政府联合摄制的20集电视连续剧《清凌凌的水　蓝莹莹的天》在东宁正式开机。

9月19日，鸡图公路老黑山至吉林省界段公路开工。

9月30日，东宁境内首次发现猛犸象化石，发现地点位于道河镇道河村东南，东宁铁路与绥芬河道河段交汇处，化石埋藏点距地面10米左右。

是年，珍贵鲟鱼在东宁大规模人工驯养成功。

10月14日，在北京召开的第四届中国中小城市可持续发展高峰论坛上，东宁县被评定为全国最具投资潜力中小城市百强。

11月7日，东宁与香港吉祥集团签署投资1.2亿元建设煤制油项目。

11月28日，县文物管理部门在进行文物普查时，在位于县境内小乌蛇沟河右岸，发现一处旧石器时代遗址。

11月29日，中俄合资企业——东宁友谊豆制品有限公司投入生产。

12月13日，东宁电视台报道：为推动生猪产业发展，根据国家规定，2007年全县共发放可繁母猪补贴资金272 200元，近2 000户养殖户受益。

12月19日，总投资3亿元的东宁五排梯级水电站建设项目正式签约。

12月20日，在北京召开的全国文物工作先进县表彰会上，东宁县荣获全省唯一全国文物先进县光荣称号。

2008年

1月3日，东宁县与绥阳林业局正式签署区域安全合作协议。明确划分安全监察责任区、建立安全联查、信息共享、例会通报、责任追究、人员培训等机制，制定了区域内重大安全事故应急预案。

1月25日，东宁电视台报道：全县“新型农村合作医疗”报销基金突破280万元。2007年是东宁县实施新型农村合作医疗制度的第一年，东宁县农民参合率达到93.7%。

2月15日，由黑龙江影视制作中心在东宁拍摄完成的电视电影《冰坝》在中央电视台电影频道播出。

2月28日，东宁电视台报道：2007年，东宁口岸机动车辆出口成为东宁口岸对俄贸易的最大亮点，全年东宁口岸共出口机动车辆1 358台，实现贸易额4 479万美元，分别比上年增长349.67%和352.88%。

4月8日，俄罗斯乌苏里斯克康吉经贸合作区获得国务院批复。由东宁吉信和康奈两家集团投资建设的俄乌苏里斯克康吉经济贸易合作区是中国此前唯一一家在俄罗斯设立的经济贸易合作区。

4月14日，县鲑鱼放流站将39.5万尾人工孵化繁育的大马哈鱼苗放流到绥芬河，至此,东宁县鲑鱼放流站已连续20年累计向绥芬河水域放流大马哈鱼苗862.5万尾。

4月22日，鸡图公路老黑山至省界段全线开工建设。鸡图公路老黑山至省界段是纵贯黑龙江省东南部地区以及吉林省珲春、图们、延吉地区的一条交通要道，全长49.6公里，项目设计为二级公路标准，水泥混凝土路面。

6月23日，东宁与江苏雨润集团在南京雨润总部举行年加工2万吨黑木耳产品项目签约仪式。

7月17日，绥阳黑木耳大市场有限公司的“绥阳耳”注册商标，被认定为黑龙江省著名商标。

8月3日，举行东宁—波尔塔夫卡口岸七天工作制启动仪式。

8月8日，老黑山镇和全县37个老区村挂革命老区标志牌。

8月20日，位于老黑山镇二道沟村的老黑山水电站举行开工仪式。它的开工兴建标志着绥芬河流域水利梯级开发的开始，也标志着东宁县清洁能源建设步入一个崭新阶段。

9月1日，东三线收费站自9月1日起停止收费。

9月9日，中国·牡丹江（东宁）第三届黑木耳节暨食用菌新产品新技术展销会隆重开幕。

9月26日，东宁与省电力开发公司综合开发煤炭（油页岩）项目投资合作协议签约仪式在哈尔滨辰能大厦举行。

10月10日，全省首家村镇银行—东宁远东村镇银行股份有限公司开业。

12月10日，东宁县改革开放30周年影响东宁发展大事记评选揭晓。黑木耳产业发展、口岸开通、生态建设、206省道开通、通村公路建设、城市建设、东宁要塞开放、东宁地方铁路修建，被评为改革开放30年来影响东宁发展的8件大事。

12月28日，东宁县与大唐黑龙江发电有限公司开发绥芬河干流东升水电站合作协议签约。

2009年

2月3日，全县企业离退休人员基本养老金再次上调，全县5 723名企业离退休人员月人均增发养老金 145 元。本次上调的企业离退休人员养老金将于春节前发放完毕。

2月23日，根据东宁县农业和农村发展实际，重新确立了农村四大主导产业，分别是袋栽木耳、境外农业、劳务经济和特色农业。

2月24日，由东多江子和永井佑子组成的日本TBS电视台采访组日前来到东宁县，就“二战”侵华日军给东宁百姓所造成的伤害进行实地采访。

3月27日，农机局农机具销售中心新到第一批享受国家农业机械购置补贴的农机具，主要有大中型拖拉机和水稻插秧机，总计54台套。按照国家新的补贴政策，农民购置这些农机具将享受总值30%的补贴。

4月30日，东宁县正式启动边境旅游异地办照试点业务。游客可以办理一次性临时旅游护照出境赴俄罗斯旅游。

5月18日，在全国社会治安综合治理表彰电视电话会议上，东宁县首批被中央综治委评为2005—2008年度“全国平安建设先进县”。

5月19日，江苏雨润集团投资10亿元建设的全国第一个黑木耳及山产品进出口产业集群在东宁绥阳破土动工。

5月19日，东宁县在东宁镇北河沿村投资2 000万元建设的占地面积45公顷的国家级黑木耳标准化示范园区建成并投入使用，有120多户黑木耳种植户进入东宁镇北河沿黑木耳标准化生产示范园区。

5月20日，首届中俄（东宁）机电产品展销洽谈会签约总额达7.1亿美元，共有东宁华信集团、中国重汽、陕汽集团、北奔重汽集团、青年汽车集团、中集车辆集团、中通客车、徐工集团等几十家国内著名汽车和机电产品生产厂家或经销商与俄方企业签订了近30个项目的购销合同。

5月26日，东宁县黑木耳越冬栽培技术试验成功，标志着东宁县黑木耳产业实现了由以往春秋连做的生产模式，向春耳、秋耳和越冬栽培三季连续生产模式的转变，黑木耳产业生产链条得到进一步延伸。

6月2日，全县38名白内障患者在县人民医院成功接受了免费复明治疗手术。县人民医院争取扶贫份额，最后将白内障患者减、免费治疗名额由30名增加到38名，全部手术在一天内完成。

6月27日，中国·牡丹江（东宁）第四届黑木耳节暨食用菌产品展览交易会上，东宁县黑木耳招商引资居本届木耳节各县市之首，全县有4个签约项目，签约总额达17.5亿元。

7月4日上午，东苑小区建设项目正式开工建设，这是我县首个开工建设的平房区改造工程。

8月19日，由绥阳镇绥西村仁翔菌业有限公司研制的多功能木耳拌料、装袋设备开始投入批量生产。

8月29号，全县30个重点建设项目之一——东宁鸿达石材工业园区一期工程正式竣工投产。这是全县首个集生产、加工、销售为一体的矿石生产项目。

9月15日，国家绿色农业示范区专家组来到东宁县，东宁县顺利通过规划论证，被认定为国家级绿色农业示范区建设单位、国家级绿色黑木耳示范基地建设单位。

10月15日，绥芬河至东宁高速公路正式开工，东宁—珲春省界公路竣工通车，这标志着东宁县已构建起南达吉林，北通哈尔滨、满洲里，东接俄罗斯的“大交通”格局。

10月15日，东宁至珲春铁路项目建设启动仪式隆重举行。

10月19日，县招商引资项目——黑龙江东宁华富风力发电有限责任公司大架子山和西大岗山风电厂一期工程投产发电。

10月27日，雨润集团东宁绥阳黑木耳山产品进出口产业集群一期工程已经进入到收尾阶段，二期工程提前开始施工建设。

11月6日，华富风电项目一期工程竣工、二期工程启动仪式在绥阳大架子山风力发电场隆重举行。

11月6日，永合铁矿开发项目开工。

11月19日，全县全面推广小孔（单片）黑木耳栽培技术。

12月23日，东宁污水处理厂正式投入运营。

12月24日，东升水电站建设项目正式开工建设，这是我县实现“当年立项、当年开工”的能源开发项目，它的开工建设标志着作为我省四大独立水系之一的绥芬河水系水能建设进入新高潮。

同日，罗家店水电站开工。

2010年

4—10月，在工、农、教育、卫生、财税、服务、机关、交通、公安、林业等十个行业系统牵头组织开展了全县生产及劳动技能大赛。有建设工人技能、护理技能、烹饪技能、警务技能、木耳配料、木耳袋装等为主要内容近20项劳动技能大赛，全县近50个单位近万人次参与到大赛中来。

5月15日，东宁县与俄后贝加尔边疆区阿金斯克州毛盖图区缔结为友好城市。

5月16日，举办2010中俄（东宁）机电产品展销洽谈会，并举行中俄两国机电企业签约仪式。

7月11日，全省城镇污水处理技术经验推广交流现场会在东宁县召开。2009年，东宁县投资3 200万元建成日处理污水2万吨的污水处理厂，实现了投资最少、人员管理最少、运营费用最少、占地最少的高标准的污水处理目标，成为全省5个污水处理示范项目之一。

8月20日，由中央主流媒体和香港媒体组成的“走口岸、品文化、看经贸”媒体龙江行采访团聚焦东宁县，采访团先后参观采访了东宁口岸、中俄机电产品展示交易中心、金隆昌服装厂、东宁要塞。

9月2日，“俄罗斯滨海边疆区行政公署向东宁苏联红军纪念碑赠牌仪式暨我县纪念世界反法西斯战争胜利六十五周年庆典活动”在东宁要塞隆重举行。

9月17日，东宁要塞被全国旅游景区质量等级评定委员会评定为国家AAAA级旅游景区，成为牡丹江地区仅有的4个国家AAAA级旅游景区之一。

10月1日，县重点建设项目——绥芬河道河大桥新桥建设项目开工。

11月25日，在2010黑龙江东宁黑木耳供需洽谈会签约仪式上，东宁县高品质的黑木耳及其他农副产品受到了各大高校的欢迎，近百所高校与绥阳黑木耳批发大市场签订合同78份，签约额2 000多万元。

12月8日，由国家电网、省发改委等部门组成的新农村电气化县建设验收考核组对东宁县新农村电气化县建设工作进行省级验收，成为黑龙江省仅有的四个电气化县之一。

12月17日，东宁县残疾人举重运动员李凤梅在2010年12月17日广州亚残会上获得82.5公斤级金牌。

2012年

3月6日，牡丹江市委、市政府专门出台了《关于给予特殊政策 支持东宁加快发展的意见》。意见明确指出：第一，同意支持东宁县申办国家、省、市三级中俄地方合作基地，允许东宁县在机构设置、干部管理、经济体制、金融体制、涉外经济体制及中俄文化交流上，创新改革，先行先试。第二，给予东宁县地市级经济社会管理权限，同意将原需市政府为东宁县向上呈文审批的33项行政许可权限下放东宁。

3月29日，天施恩有机米业生产的有机大米，经国家有机产品认证机构——北京五岳华夏管理技术中心的评审鉴定，获得了国家级有机食品认证。

4月10日，全县黑木耳大棚挂袋栽培现场会在东宁镇大城子村黑木耳标准化生产示范基地举行，全县近百名耳农前来参观学习黑木耳大棚挂袋栽培技术。

5月4日，黑龙江省出入境检验检疫局珠宝玉石检测鉴定中心暨广州珠宝玉石鉴定实验室东宁工作室正式成立，标志着东宁县在全省率先具备了开展珠宝玉石进出口业务的条件及金伯利进程毛坯钻石的验证、检验能力。

5月18日，全国公安系统英雄模范立功集体表彰大会在北京人民大会堂隆重召开，县公安局再次被公安部授予“全国优秀公安局”荣誉称号，这是县公安局第七次获此殊荣。

5月18日上午，罗家店水电站项目开工。

6月9日上午，由东宁县人民政府主办、乌鲁木齐宝玉石商会、苏州市玉石文化行业协会、东宁县宝玉石协会协办的东宁县首届宝玉石文化节开幕式暨黑龙江省珠宝玉石产业基地招商启动仪式在东宁宝玉石城隆重举行。

6月9日，世界最高站式翡翠玉观音雕像，现身东宁宝玉石城。翡翠玉观音由北京一位企业家捐献，雕像由一块重14吨的缅甸翡翠毛料历经10年雕琢而成，为世界上最高的站式翡翠玉观音，净重5.9吨，高3.9米，玉质精美，雕工精湛，堪称绝世珍宝。

5月15日，老黑山镇西大桥新桥建设项目正式开工。

8月27日，中国东宁东北亚宝玉石文化节在东宁县宝玉石城隆重开幕。

是年，我县绥芬河第二大桥主体工程正式合拢，绥芬河第二大桥位于二道坝下游转角楼村附近，大桥按照国家一级公路双向四车道标准设计，设计时速80公里/小时，全长457.6米，宽24.5米。

8月30日，东宁县金光大桥工程开工建设，金光大桥位于东宁镇北河沿村，桥梁按照国家双向四车道标准设计，总投资800万元，设计时速每小时80公里，上部采用3空20米预应力混凝土空心板，下部采用柱式墩，大桥全长70.06米，中间行车道宽30米，两侧各有1.25米人行道。

9月20日，哈尔滨银行东宁支行正式开业运营。

10月9日，东宁县玉石文化博物馆正式免费对外开放。

10月26日上午，南村至道芬段省界公路工程正式竣工通车，工程全长32公里，于2010年9月20日开工建设，采用双车道二级公路标准建设，工期25个月，总投资9 374万元。

10月31日，绥阳镇至道河镇八里坪通村公路全线通车。工程于2011年5月开工建设，总投资1 936万元，其中国家匹配资金240万元，县政府自筹1 600余万元，工程采用双车道三级公路标准建设。

12月6日，东宁要塞景区三期工程正式开工建设，项目计划总投资2 000万元，将新建浮雕墙、雕塑群、兵器园等设施，建设面积1万平方米。

12月11日，国家农业部和黑龙江省政府在北京市举行《部省共建国家级牡丹江（东宁）木耳批发市场合作备忘录》签约仪式。东宁木耳批发市场晋升为国家级重点大型批发市场。

12月12日，县人民医院自筹近千万引进的0.35T西门子核磁共振仪正式投入临床应用。

2013年

1月24日，县电视台报道: 县医院成功引进了法国“爱仑”腹腔镜进行微创手术，已能开展微创胆囊切除、肝囊肿开窗、阑尾切除等手术。

2月16日，东宁电视台报道：东宁县图书馆公共电子阅览室和东宁镇北河沿村基层服务点通过层层筛选，被评为“全国文化信息资源共享工程公共电子阅览室示范点”，是牡丹江市仅有的两个全国基层公共电子阅览室示范点。

3月6日，东宁电视台报道：东宁县医院四维彩超设备投入使用。该设备是目前世界上最先进的彩色超声设备。

2014年

1月9日，由旅游局承办的中国·黑龙江·东宁2014“华鼎杯”国际冬泳表演赛在东宁县开幕，来自俄罗斯、乌克兰等国家及辽宁、吉林、内蒙古等地的9支代表队参加。

1月，东宁县《朝鲜族击打舞》在全省234个非物质文化遗产项目中脱颖而出，荣获首届黑龙江省非物质文化遗产博览会一等奖。

2月，县林业局朝阳沟林场布设的远红外线监测相机再次拍摄到野生东北豹的照片，是自2013年7月首次拍摄到野生东北豹活动踪迹以来，第四次拍摄到野生东北豹。拍摄时间显示为2月25日7时49分，画面中出现一只野生东北豹的头部及部分身体，共拍摄到6张照片。

3月26日， 移动通信公司召开4G试商用发布会，标志着东宁正式步入4G时代。

4月12日，位于绥阳镇联兴村的全县首个自动化黑木耳生产示范基地投入使用。基地内建有16栋可移动式黑木耳棚室吊袋大棚，凭借其装卸简单、可移动、使用寿命长、自动化程度高等特点，受到农民的广泛青睐。

5月23日，在深圳举行的第四届全国生态旅游文化产业发展高峰论坛上，发布了“中国深呼吸小城100佳”，东宁县以“林海雪原 菌园耳乡”的美誉位列第57位，成为牡丹江地区唯一一个入选城市。

5月，东宁县被农业部确定为全省唯一一个土地确权整县推进试点县。

6月7日，残疾人举重运动员李凤梅，在湖南省株洲市举行的2014年全国残疾人举重锦标赛上，以125公斤的成绩夺得女子86公斤级冠军。

6月20日，东宁县禄源酒业、五星优质米加工厂、友谊豆制品有限公司等9家企业的22个产品顺利通过中国绿色食品发展中心审核，获得国家绿色食品标志使用权。

6月30日，东宁县食用菌研发中心正式启动，由县人事局和县供销联社共同招聘录用8名硕士研究生全部到位。

7月29—30日，大肚川镇、东宁海关、光明社区和东宁镇等“边疆万里数字文化长廊”等5个流动站和基层服务点被国家文化部授予“边疆万里数字文化长廊示范点”。

8月，东宁县综合性大型水利工程——东升水电站下闸蓄水发电。东升水电站项目于2009年开工建设，是绥芬河干流最大的水利枢纽工程，项目总投资6.15亿元，总装机容量3.3万千瓦，水库库容5 824万立方米，年发电量8 372万千瓦时，具有发电、城市供水、防汛灌溉、改善生态和养殖、旅游等多项功能。

9月16日，由祥丰环保塑料厂自主研制的首台大型废弃菌袋分离机进入试生产阶段。该机器将塑料和菌料分离后将分别用于塑料颗粒和有机化肥的生产。每小时可以处理1.7万袋废弃菌袋。这项发明不仅打破了东宁县大型废弃菌袋分离机全部依赖于外地生产的现状，而且对于降低机器设备的价格、完善设备售后服务、加速废旧菌袋回收利用、促进产业发展将发挥积极作用。

10月11日，绥满高速公路东宁口岸连接线正式竣工通车。绥满高速公路东宁口岸连接线起点为绥满高速公路零公里处，终点为东宁口岸，全长58.7公里，采用一级公路建设标准，总投资5.54亿元，其中国家投入1.96亿元，其余3.58亿元由东宁县自筹解决，成为全省第一个由县级作为承建主体修建的一级公路。

10月15日，由人民日报社和俄通社、塔斯社主办，省委宣传部、人民日报社黑龙江分社承办的中俄边境口岸城市巡礼——“龙江行”中俄主流媒体大型联合采访团来到东宁县，对全县外经贸建设、口岸通道建设及重点财源项目建设情况进行了集中采访。

10月，位于绥阳林业局施业区内的黑龙江老爷岭东北虎自然保护区的工作人员，又发现了野生东北虎、东北豹的高清影像。

拍摄时间为10月10日23时33分至10月18日5时22分。照片上的野生东北虎、东北豹拍摄地点都在绥阳林业局三岔河林场施业区内，与之前拍摄的野生东北虎、东北豹照片对比，这两只野生东北虎、东北豹是首次被拍到的。

11月1日，东宁县中俄跨境电子商务产业园投入运营。

11月，老黑山镇大甸子村小学教师曲兆文入选“最美牡丹江人”名单，被评为“最美乡村教师”。32年前，风华正茂的曲兆文来到老黑山镇大甸子村，登上三尺讲台，开始了自己的教师生涯。2014年9月，曲兆文突发疾病，不幸离世。

12月，东宁县2014年共有103 083人参加了新型农村合作医疗，参合率达99.6%。新农合报销补偿金额已突破3 000万元。

12月31日，省委省政府颁布实施《“中蒙俄经济走廊”黑龙江陆海丝绸之路经济带建设规划》，东宁县成为其中重要节点，重点发展进口木材、宝玉石等资源加工、绿色食品、商贸物流、建材、机电、电子信息、旅游会展等产业，建成物流集散中心、贸易投资服务平台、进出口加工基地和国际旅游目的地。同时事关东宁县的东珲铁路、东乌铁路等重大交通基础设施也列入规划。

12月，农机局积极助推东宁县阳光现代农机合作社做大、做强、做精，帮助合作社采购机具31台， 提高了合作社的生产经营能力。2014年末，合作社入社成员发展到111户，经营土地面积5 330亩，总盈余达到64万元，对现代农业发展起到了巨大的引领作用。

2015年

1月，东宁15万亩黑木耳基地被农业部确定为“全国绿色食品原料标准化生产基地”。

5月16日，佰盛现代农业科技园项目举行开工仪式。佰盛现代农业科技园项目占地11.2公顷，预计总投资1.8亿元，2015年投资1亿元建设4座智能温室，全年可种植黑木耳4 000万袋，实现产值8 000万元。

7月，住房城乡建设部、国家旅游局公布了第三批全国特色景观旅游名镇名村示范名单，东宁县道河镇列为第三批全国特色景观旅游名镇名村示范。

8月29日，中国第二次世界大战史研究会、中国日本史学会、中国抗战史学会等数十名知名专家学者齐聚东宁县，举行“东宁与抗战历史文化”学术研讨会，专家学者们认定，东宁有着厚重的抗战文化，是重要的“二战”文化城市。中共中央党史研究室和省市领导、抗联老战士及抗联后代出席研讨会。

是年，全国广播电视系统“双十佳电台电视台”评审工作会议在东宁县召开。经过专家、评委初评和复评，东宁广播电视台获得全国十佳电视台终审资格。

8月，国家发展改革委、国家林业局印发实施《长白山林区生态保护与经济转型规划（2015—2024年）》，将东宁县定位为面向东北亚区域、内外贸一体化的区域性物流基地；将东宁镇列为重点扶持的特色小城市；绥阳镇列为重点扶持发展的小城镇；三岔口镇列为边境口岸型小城镇。将东宁县跨境连锁加工区、境外乌苏里斯克工业园区、珲春—东宁铁路、东宁吉信木业集团纳入规划，被列为进口木材加工基地。

9月26日，东宁县2015首届“美丽乡村”金秋旅游文化节正式启动。活动由县政府举办，县旅游局承办，以“环游美丽乡村，享受绿色生活”为主题，设有“绿道乡村骑乐游”和“醉美金秋采摘季”等活动。

10月12—18日，黑龙江省第十四届“群星奖”开赛，东宁县文化馆获金奖3个，银奖4个，铜奖1个，列全省“群星奖”比赛市县级排名之首。

10月28日，东宁黑尊生物科技有限公司投产运营，开启了东宁黑木耳工厂化生产的新篇章。

11月12日，东宁县广播电视台获评全国县级广播电视系统"十佳电视台"，是黑龙江省唯一获此殊荣的县级台。

11月28日，东宁县残疾人举重运动员李凤梅在匈牙利埃格尔举行的欧洲举重锦标赛上，荣获86公斤级推举比赛冠军。

11月，东宁黑木耳被农业部农产品质量安全中心评为"国家级农产品地理标志示范样板"。

12月12日，2015年中国品牌价值评价信息发布活动在北京举行。东宁黑木耳在59个上榜区域品牌产品中与贵州茅台酒等产品进入前10名。东宁黑木耳品牌价值经中国品牌建设促进会评估为433.14亿元。

12月31日，经国务院批准，民政部批复同意撤销东宁县，设立县级东宁市，以原东宁县的行政区域为东宁市的行政区域，东宁市人民政府驻东宁镇通政路1号。东宁市由黑龙江省直辖，牡丹江市代管。

2016年

1月8日，东宁举行撤县设市揭牌仪式。

1月16日，东宁市首届国际冬泳邀请赛开幕，来自中俄两国和其他各地十支代表队的一百余名运动员，参加了7个竞赛项目和5个表演项目的冬泳竞赛。

3月5日，东宁市博物馆正式开工建设。

4月19日，国务院批复同意设立绥芬河—东宁重点开发开放试验区，东宁成为国家第六个重点开发开放试验区，也是东北三省首个重点开发开放试验区。

5月2日，2016年度农村数字电影免费放映活动全面启动，市文广新局组织6支电影放映队，走进全市各镇、村为群众放映电影。

5月25日，市政府拨出74.96万元，为全市5 679名残疾人交纳“意外和疾病保险”。

5月，国家旅游局公布了2016年度全国优秀旅游项目747个，东宁碧水湾国际养老旅游度假区项目成功入选。

5月，东宁市检察院荣获全国先进基层检察院荣誉称号。

7月9日，东宁首家大型水上综合游乐项目——碧水湾水上乐园举行盛大开园仪式，由著名笑星潘长江主演的乡村题材喜剧《双喜盈门》开机仪式同时在碧水湾举行。

8月17日，纪念东北抗联组建80周年国际研讨会暨东宁要塞景区三期工程竣工剪彩，来自国内外的专家学者、革命先辈及抗联后代代表共同参加了活动。

8月30日，省委副书记、省长陆昊来东宁视察葡萄酒产业。

9月，黑龙江省科学技术协会授予东宁要塞博物馆“黑龙江省科普教育基地”奖牌。

11月，根据黑龙江省文化厅《关于印发黑龙江省第四次全国文化馆评估定级名单的通知》文件，东宁市文化馆被国家文化部评定为国家一级馆。

东宁市广播电视台新闻综合频道节目在微信平台成功试运行，东宁市新闻宣传实现广播电视与新媒体同步运行。

11月，国家旅游局公布了第二批国家全域旅游示范区创建名单，东宁市位列其中（黑龙江省有7家单位获批国家全域旅游示范区创建单位）。

11月，国家农业部公布了2016年全国休闲农业和乡村旅游示范县（市）名单，东宁市榜上有名。黑龙江省仅有两个县（市）上榜。

12月5日，中央全面深化改革领导小组第三十次会议审议通过了《东北虎豹国家公园体制试点方案》，黑龙江省东宁市纳入东北虎豹国家公园试点建设范围，试点区域面积达三万七千多公顷。

2017年

4月10日 俄罗斯乌苏里斯克市政府代表团来东宁市访问，东宁市同俄方共同举办了“小江南之春”中俄民族音乐会。

4月19日，东宁市污水处理厂竣工验收。

4月26日，中国·绥芬河水系第二十九届大马哈鱼苗放流仪式在东宁放流站举行。

6月14日，桃花源生态保护基金会、永续自然保护基金会在东宁市建立大马哈鱼保护区。

7月26日，东宁市东宁镇智能共享单车正式启动。

8月9日，第五届中国国际口岸贸易博览会暨东宁宝玉石文化节在东宁口岸互贸区隆重开幕。

9月12日，首届中国——东宁大榛子节在东宁开幕。

9月13日，东宁地区东北虎豹国家公园揭牌仪式在绥阳林业局举行，同时举行了东宁虎豹公园国有资源资产管理体制试点工作调研座谈会，国家林业局动物保护司领导一行参与了调研。

10月10日，绥芬河·东宁机场开工启动仪式在绥阳镇举行。

11月1日，“黑龙江省残疾人举重训练基地”揭牌仪式在东宁举行，省残联副理事长盖景福和牡丹江市残联理事长龙德军参加了活动。

12月2日 第三届中国·东宁芬河帝堡国际酒庄冰葡萄采摘节在东宁举行。

12月13日，东宁口岸新安装的边境通关新型智能查验系统投入使用。

2018年

1月9日，东宁市对绥东试验区重点工作任务举行推进会议。

1月19日，东宁市政府与绥阳林业局就国家虎豹公园有关事宜进行对接。

3月13日，东宁市举行全市对外开放暨旅游工作会。4月12日，确立开展全域旅游和边境旅游试验区创建工作。

4月9日，浙江大学中国西部发展研究院专家组到东宁市修改绥东试验区总体规划。

4月11日，法国驻沈阳总领事馆总领事马克·拉米一行3人来东宁市进行非正式访问。

13日，省政府制定出台《关于进一步支持绥芬河-东宁重点开发开放试验区建设若干措施》,赋予试验区15项省级行政许可权、3项省级审批权，牡丹江市“绥芬河—东宁重点开发开放试验区建设”推进组举行第一次例会。

5月5日，国家林业和草原局调研组到东宁市调研东北虎豹国家公园体制试点和东北虎豹国家公园健全国家自然资源资产管理体制试点。

5月21日，东宁市制定《旅游市场开发奖励办法（暂行）》。

5月，中共黑龙江省委任命孙涛为中共东宁市委书记。

5月29日，黑龙江省中俄首笔人民币现钞陆路跨境调运启动仪式在东宁口岸举行。龙江银行东宁支行与俄罗斯亚太银行合作开展人民币现钞跨境调运业务，填补了黑龙江省陆路跨境调运本币现钞的空白，推动了人民币国际化进程。

7月20日，东宁市国税、地税征管体制改革，国家税务总局东宁市税务局举行揭牌仪式。

7月28日，东宁市24辆纯电动新能源公交车投入运营，为市民提供了全新的绿色便捷出行选择。

8月8日，东宁市举办2018宝玉石中俄文化节暨第十一届中国边境口岸城市市长论坛开幕式，持续叫响东宁宝玉石文化品牌，进一步奠定东宁在全国宝玉石界的地位。

8月28日，国家自然资源部公园督察组来东宁检查虎豹公园相关工作。

9月28日，东宁市政府研究《东宁市2018年棚户区（城中村）改造项目房屋征收与补偿安置方案》。

10月16日，市政府主要领导赴京与国家林业规划设计院对接东北虎豹国家公园分区划定范围。

11月7日，在中国国际进口博览会上，东宁市的华宇集团与俄罗斯贝加尔湖有限责任公司就进口俄罗斯食品、东宇公司与俄罗斯矿业有限责任公司就进口俄罗斯宝玉石、同心伟业公司与乌苏里有限责任公司就进口俄罗斯鹿角举行了签约仪式。

11月29日，市政府现场督办扶贫菌包厂、黑尊二期、经济开发区基础设施建设、中新肉牛产业园、银河进口大豆深加工以及专题研究庆财牧业“两牛一猪”规模化养殖基地验收事宜。

附 录
（特记）

特记一　百年口岸　百年风华

一、潮起瑚布图

这是中国东北部一条流淌了千百年的河，或粗犷豪放，或温文尔雅，在白山黑水间栉风沐雨，流淌成了一条边界之河，这就是瑚布图河。沿瑚布图河逆流而上，穿越岁月的苍茫，寻找那些闪光的历史碎片，就像仰望朗月下的星空，那些耀眼的星辰闪烁着光辉照耀着这片土地。

东宁市三岔口镇，因瑚布图河、乌蛇河、绥芬河在这里交汇而得名。瑚布图河在这里停留了一下脚步，随之留下了一片繁华和热闹。东宁人的祖先走出故土，来此拓荒，恶劣的生存条件锤炼了他们坚强的意志和超凡的适应能力，富饶的北国江南赋予了他们创造的灵气和创业的激情，广阔的日本海培养了他们博大的胸怀和冒险精神，经济政治得以迅速发展，各种店铺的招牌、幌子交相辉映，带有方言特色的俄语和俄罗斯风味的汉语随处可闻，各种肤色的人群川流不息、人来人往。“填不满的海参崴，拉不完的双城子，装不尽的三岔口”写照了当年中俄民间商贸的繁荣情况。中东之战后口岸闭关，直至1990年再次开通，长达

60余年的时间里，东宁人民饱尝战事之苦，历经巨大变革，但探索边境贸易发展的步履却从未间断。苏联十月革命胜利后，对边境地区实行封禁，却挡不住中俄市场的暗流涌动。勇敢的东宁商人把白酒、丝绸、服装打成包，捆在背上，利用夜色掩护穿河越岭，将货物贩运到双城子（乌苏里斯克市）和海参崴（符拉迪沃斯托克市）卖了，再把成包的西药、毛皮和海盐运回国内，人们称之为“背背儿”，又叫“跑崴子”，虽屡遭磨难，但这种贸易形式却一直得以延续到新中国成立。秉其天赋，溯源根本，几代东宁边贸人对俄贸易的经验不仅为后来的与俄沟通交融积累了丰富的经验，也为东宁边贸的跨越腾飞铺垫了厚重的人文底蕴。

瑚布图河畔潮起潮落的喧哗和三岔口壮观的塞外风云已经湮没于历史的尘埃，然而，“跑崴子”的经商基因却根植在了瑚布图河畔，中俄之间的交流和沟通永远印刻在了这片土地上。1956年到1959年是新中国成立后中苏友好的蜜月时期，往来比较多，时任县委书记王占鳌和慕振英时常率东宁代表团到苏方的农庄、学校和农机站去参观访问，同时苏方也派代表来东宁，到三岔口、东方红、绥阳等地访问，双方相互学习交流农业生产技术方面的先进经验。

历史常常在某一个节点出现惊人的相似：早在1897年，中东铁路开工庆典就在瑚布图河边举行。后来因为国际形势和施工等多方面原因改道绥芬河。一百多年后的今天，当我们透过中东铁路的印记，纵观东北亚经济与文化发展的过去和未来，不免会有些许慨叹，两座火车站近在咫尺却是相隔百年。然而中俄两国河海相通，血脉相连，注定要跨越时空，在某一个历史节点上交汇三岔口的集市，瑚布图河畔的火车站，昭示着瑚布图河上已经架起了一座沟通与联系的桥梁，然而这座桥却在一个特殊的历史时期断开了。1959年，中苏关系因为政治、军事等一系列问题，两国关系进入僵持状态，东宁和对面城市也断绝了往来。然而中苏之间的交流却像奔涌的瑚布图河水一样从来没有间断过。

1987年8月18日，新华社播发了一条消息："中共中央总书记胡耀邦8月10日到16日由中共黑龙江省委书记李力安陪同，到黑龙江省黑河、伊春、绥芬河等市县进行视察……"就是这条消息，融化了中苏之间尘封了二十几年的交流坚冰。

当时，时任东宁县委书记孙永岱赶赴绥芬河等待接见。在站台上，胡耀邦总书记对在场的人说："我告诉你们，现在中苏关系已经正常化了。两党关系也要正常化了，你们要积极寻求与苏联方面开展贸易往来，前景将非常可观，至于上面的事情，你们不要考虑。你们就研究怎么与苏联方面好好合作就行了。"孙永岱听了总书记的话，精神为之一振，热血沸腾。而此时，绥芬河乘着先发优势，已主动和苏联的戈城方面取得了联系，绥芬河人给戈城带去了啤酒、西瓜，进行易货贸易。

一石激起千层浪，将中苏贸易往来从边境唤醒，通贸兴边，辟建口岸，这些陌生而又久远的概念在东宁掀起了一场波澜。走进东宁档案馆，翻开那段影响深远的历史，一封封发往界河彼岸的信函，近乎一年没有收到任何回复。然而，审时度势的东宁人已经看到了东宁在中国扩大沿边开放、推进东北亚区域一体化进程中的特殊战略地位，他们坚信，这里必将成为东北亚国际贸易通道上重要的一站。

二、雄关漫道

1988年5月7日50分，注定这是一个被东宁人永远铭记的历史时刻，宽阔的瑚布图河面上，三艘渔船漂流而过，随之开启了一座城市改革开放波澜壮阔的历史。

在时任牡丹江军区副司令员张玄的多方努力下，在中苏交界处的绥芬河与瑚布图河汇合口，由苏联格罗捷克沃区段边防军代表日杜诺夫上校等四人组成的代表团以向东宁苏联红军烈士纪念碑敬献花圈为名，进入东宁境内——这是自1959年春天以来，东宁与苏十月区30年没有接触、与其军方43年没有接触后，苏联军方人员首次进入东宁境内。由于当时两党关系还没有恢复正常化，只好以中苏友好协会的名义出面接待苏方客人。

中苏双方代表在东宁县宾馆进行了友好热烈的会谈，时任县长向苏方代表介绍了东宁的经济与物产，代表县委县政府殷切地表达了同苏十月区、格罗捷克沃、海参崴建立贸易关系和经济合作的意愿，并通过苏方军代表转交给苏十月区执委会一封信，表示随时欢迎十月区代表访问东宁，东宁也可以应邀前去访问。同时，他希望苏联军方代表们回去后能够为东宁县与以上地区的交往架设友谊的桥梁。苏方代表日杜诺夫上校非常真诚，他表示，我们可以为你们牵线搭桥，衷心希望我们两地能够合作成功。

苏联代表团在东宁逗留了一小时四十分钟，就要带着东宁人的问候和邀请回国，中方绥芬河边防代表团一行7人同时前往苏联十月区进行友好访问。一艘艘渔船划过了43年的间隔，满载着中苏两座城市的深情厚谊驶向彼岸。时任县长梁克义在河边等候迎接中方代表团回国之际，苏联方面突然邀请梁克义县长越过界河到苏联一侧与十月区方面领导会谈。这期待了太久却又来得如此突然的邀请，使梁克义陷入了深思：如果接受邀请，在没有护照、没有相关部门批准的情况下擅自跨越国境，那是违反党纪国法的；如果不接受，那将会使东宁与这次百转千回创造的与苏联接触的机会擦肩而过。接受还是不接受，该怎样抉择？经过短暂的思索，梁克义县长毅然接受了邀请。

伴随着梁克义县长踏上瑚布图河对岸的脚步，在中国边境线上沉寂了太久的东宁县“忽如一夜春风来，千树万树梨花开”。

1988年5月28日，中苏边境经济贸易牡丹江洽谈会，东宁县421种参展商品首次登上中苏贸易的舞台，与苏联滨海边疆区执委会就开展经济贸易和技术合作，双方领导互访达成共识。与苏联远东国外贸易局就加强互访、促进合作达成共识。

1988年7月20日，东宁代表团应邀访问苏联十月区，双方就辟建东宁三岔口和苏联波尔塔夫卡之间公路及修建口岸达成共识，签署了建筑业、餐饮业、种植业等相关协议和18份贸易合同，成交额达32.43万瑞士法郎。

1988年8月24日，苏联十月区代表团访问东宁并参加东宁县边境贸易商品展销会，双方就争取上级批准开通三岔口口岸达成共识，签署了24万瑞士法郎的贸易合同。

1988年10月15日，东宁与苏联十月区签署了80公顷瓜菜种植和五个农场基础建设的协议。

东宁与苏联远东地区的交流与合作紧张有序地进行着，然而东宁没有开通口岸，履行合约的物资和人员交流都需要经由绥芬河口岸中转，这成为横在东宁贸易发展面前的一道鸿沟。得天独厚的地理条件和日益红火的对苏贸易让原本就不甘附庸的东宁人开始产生了自建口岸的大胆设想，开通东宁口岸势在必行。然而，北有百年口岸绥芬河，南有吉林龙头口岸珲春，均属国家级口岸，且三点成一线距离不过百公里，在这样的夹缝中再建一个国家级陆路口岸，谈何容易。东宁人没有气馁，一面派人跑省进京，争取政策。一面全力借助外埠力量壮大自己的实力，以超常的业绩书写着几近不可能的可行性报告。东宁边贸发展遇到了红灯！一向“敢想敢干”的东宁人带着“为民负责”的使命，“锲而不舍”地寻找着机遇。

东宁县委政府一班人曾经于下午4点从省长办公室出来，深夜赶至牡丹江市政府，与市长和相关部门起草申报材料；曾经与苏联十月区官员研究口岸申报材料直到次日凌晨3点……申请开通东宁口岸困难重重，但他们坚持着、努力着。他们甚至不知道是否会有结果，只是坚持着这样一个信念：想尽一切办法，寻找一切希望，不惜一切代价。

1989年6月7日，东宁县政府与苏联十月区执委会就在瑚布图河上修建临时过货桥达成共识。然而按照规定，修建跨越国界的边境桥需要外交部、公安部等十几个部门审批，如果按照规定办理批准手续，至少需要半年甚至一年的时间。为了早日建成边境桥过货，1989年12月，国务院批准东宁设立口岸的通知还没有传达，县委县政府集体决定：冒着政治上的风险，自费建口岸，先干起来再说。时任县长徐维众亲自带队，顶风雪、冒严寒，在瑚布图河老口岸的旧址上，租用驻军部队的洲际战备桥，架起了长128米的中苏贸易的第一条简易通道。正是这座简陋的贸易之桥，让东宁人民从此走出国门，跨境创业，踏上了兴边富民之路。

为东宁的发展做出抉择，需要的不仅仅是胆量，更多的是责任和担当。1988年5月，东宁边境经济贸易公司成立，政府办公室主任郎丰廷出任经理，他肩上的担子并不轻松。原口岸委主任尹光华被任命时，他正在田间地头支农搞秋收，在对口岸工作一无所知的情况下就走马上任了。

今天，我们面对繁荣的口岸，翻开那段历史，剥丝抽茧般地探寻当年决策者和建设者“逢山开道，遇水搭桥”的胆略和气魄，我们感受到的是一串串的惊叹。一代又一代的建设者们为东宁口岸贡献着汗水与力量，然而时至今日，他们之中有的已离开了原来的工作岗位，有的已经调离了东宁，有的业已辞世，他们在付出了百倍、千倍的艰辛努力后，用生命的色彩和血肉的质感，在这座亚欧大陆桥中国端的桥头堡上，镌刻下了建设者们气势恢宏的搏风浮雕。在《东宁人精神侧记》一书中有这样一段文字概述了东宁那段激荡的历史：他们用自己坚强的意志力和超前的思维、大胆的行为以及超出常规的举措，使得历史机遇的大门一下子为东宁人打开了。

1989年12月27日，国务院正式批准东宁县三岔口口岸为陆路口岸，1990年3月，中苏两国政府换文确认东宁为双边公路汽车运输口岸，1990年5月16日，东宁口岸完成了国家有关部委验收，正式投入使用，东宁真正步上了第二批沿边开放边境市县的航班并同时被确定为“通边兴贸试验区”。百年的夙愿终于实现，腾飞的梦想得以实践。小城东宁从半个多世纪的沉睡中苏醒过来，仿佛一夜之间，大街小巷到处都充满了外地人和金发碧眼的苏联人。东宁成为海内外关注的热点和焦点，19个省市自治区的各级部门和客商聚集东宁设立办事处、开办边贸公司，东宁的历史从此翻开了崭新的一页。

三、开启国门

今天，当我们在东宁口岸建设亲历者们看似轻松的叙述中，寻找那段历史留下的启示，我们发现：那些创造历史的时刻已经成了这座口岸和这座城市的巨大财富，并且熠熠生辉。

东宁人就这样带着国际贸易的梦想开启了国门。1989年6月，东宁与苏方达成共识：建设简易过境桥，双方各出资50%。

东宁口岸成为中国对俄罗斯出口第一大公路口岸的序幕是这样拉开的。就在东宁一切准备就绪，着手建桥的时候，意想不到的事情发生了，东宁县按照双方约定，前往苏方要求支付50%的建桥款时，苏方的答复却是：“这钱我筹集不上来，没钱，滨海边区不给我，我没什么财政，农场的钱我也拿不出来，这怎么办？那往后推推吧，我再想办法，桥暂时先别干了。”中苏贸易合同陆续签署，东宁口岸批文即将下发，工程物资准备就绪，建桥通车迫在眉睫，时不我待。县委、县政府经过研究，果断决定：建桥资金由中方垫付，苏方日后偿还。再度前往苏方谈判，得到的答复是，日后也没有条件偿还。怎么办？是建？还是不建？时任县委书记孙永岱说："当时我们县委常委研究，有人说拉倒吧，还不起咱们不建了；有人说不行，这个桥咱们无论如何得建。后来我说要是建呢，咱们就得免除他的投资，咱们全包下来，当时36万等于现在360万呢。后来大伙商量说行，宁肯咱们勒勒裤腰带，开支紧一点，36万块怎么也能整起来。"简易过境桥形式已经是12月份了，建设者们接到的任务是：12天内完工通车。寒冬时节，在这么短的时间内架起一座32米长、4.5米宽、载重30吨的桥梁，即便是在机械化水平较高的今天，也几乎是无法做到的，然而二十几年前他们却超乎想象地破解了这个难题。

1989年12月20日，边境桥顺利通车，比国务院正式批准东宁口岸通关整整提前了7天，东宁在这里打开了国门。1990年5月4日，苏方十月区领导受邀来到东宁口岸参加开关仪式，自此，东宁—波尔塔夫卡口岸正式通关过货。

口岸开通了，中苏之间的贸易往来和交流不断走向深入，口岸联检大厅的建设也随之摆上日程。然而对于财政收入不足3 000万元、人均收入不足800元的东宁县来说谈何容易。

在东宁人勒紧裤腰带、砸锅卖铁也要建成口岸联检大厅的勇气和信念支撑下开工了。县政府动员社会各界挖潜增收，压缩支出，举全县财力完成项目建设。

上到政府领导，下到一线工作人员，用好手里的每一分钱、全力推进口岸建设已经成为共识。工程紧张而有序地进行着，然而由于苏联方面政治格局发生变化，原定由滨海边疆区投资建设的苏方口岸联检大厅却迟迟没有动工。时任苏联十月区负责人的克里文科请求东宁出资帮助建设。他说："你们帮我们吧，你给投资吧，我没有钱。”他那个联检厅的设施得七八十万元钱。后来县委商量，咱们这边快建完了，咱们现在给他建，一切咱们都包了。就这样，东宁人历时两年，投资460万元，相当于当时县财政五分之一的财力，建成了东宁口岸和苏方波尔塔夫卡口岸的联检大楼，并于1991年11月投入使用。

1992年，随着国务院33号文件的颁布实施，进口关税进一步优惠，东宁的外经贸迎来了第一个高峰期，形成了工农商学兵、老少青妇武齐搞边贸的热潮，一时红红火火，热闹非凡。到1993年，在工商局注册的边贸公司突破1 400家，大型商贸市场26个，商饮服务网点3 000多个，迅速成为全省乃至全国的木材、钢材、俄产汽车、工程机械、机电产品进口基地，同时轻纺、鞋帽、服装、日用百货通过东宁口岸大批量进入俄罗斯市场。东宁口岸已经成为一个功能完备、设施齐全、区位优势明显、发展潜力巨大的中苏口岸。当年进出口货物就达到12万吨，出入境人员达到12万人次，出入境车辆达到2 600辆次，平均每天进出口货运量400吨，出入境人员400人，出入境车辆86辆次。为了全面发挥口岸优势，拉动县域经济发展，县委、县政府创造性地出台了多项优惠政策，鼓励各单位、各行业、各部门利用各种优势发展边贸事业。于是机关干部、教师、工人、农民纷纷走出国——汇集成了一支边贸大军。为了解决翻译不足问题，县委、县政府到学校去请，到公安局去要，甚至到部队请求支援。同时从黑龙江大学聘请俄语教授在东宁办起了俄语大专班，将翻译人才源源不断地输送到边境贸易的第一线。东宁口岸繁荣的信息传到了俄罗斯，也传到全国各地。北京人来了，上海人来了，广东人也来了……来自全国各地的商贸人才给东宁带来了新的生活理念、新的思想意识、新的时代信息，沉寂了太久的东宁仿佛在一夜之间商贾云集，店铺林立。一时间东宁口岸成为中国对俄最红火的口岸。

口岸的红火带动了跨境旅游的兴起，出入境游客逐年增加。1993年，东宁口岸出入境旅游人员达6 000人次，1994年突破2万人次，2001年超过10万人次，2008年达到了28万人次。东宁先后开通了至俄罗斯莫斯科、圣彼得堡、符拉迪沃斯托克（海参崴）、堪察加等多条对俄旅游线路。东宁县在不断规范旅游市场的同时还加强软硬件建设，接待能力和水平不断提高，能够为旅游者提供“吃住行、游览、娱乐”一条龙服务，俄罗斯游客每年携带出入境的商品价值将近3亿美元。

随着外经贸事业的蓬勃发展，出入境人员和货运量迅猛增加，原有的口岸规模已经无力承担这一使命。1998年，县委、县政府决定采取招商引资的方式，兴建能够适应其发展的新口岸。历时5年，在经历了难以历数的曲折和失败之后，新口岸终于在2002年建成投入使用。占地面积68 000平方米的新口岸，年货运通关能力100万吨，年通过旅客可达100万人次。

新口岸建成后，东宁县委、县政府提出了口岸每天12小时、每周7天工作制的大胆构想。历时4 年、5次参加中俄政府会谈，县领导先后十几次赴俄进行商谈。即使是年关将至，县领导仍然在外奔波，寻求上级主管领导和部门的支持。功夫不负有心人，2008年8月3日，东宁人盼望了多年的12小时通关、每周7天工作制终于得以实现。2008年三季度出入境人数达到51万余人次，比上年同期增长了42.8%，过货量达22万多吨，比上一年同期增长了10.4%。

东宁人迎来了又一个大发展、快发展的新的历史机遇，从不固守陈规的东宁人以更加包容和开放的姿态迎接着八面来风。

四、跨国寻梦

这是一条前人没有走过却渴望开通的路，他们作为前行探路的排头兵出发了，带着铺路者的决心和探路者的勇气，带着东宁未来发展的责任和希望出发了。

1988年7月20日，东宁代表团首次出访苏联十月区获得圆满成功，双方签署了《中国东宁县和苏联十月区边境贸易和经济技术合作协议书》，双方正式结成贸易伙伴关系，双方还签署了在十月区建设综合服务楼、彩色照相馆、中餐馆和种植西瓜、西红柿等相关协议及18份贸易合同。东宁对外开放、发展对苏贸易乃至全球贸易从此拉开了序幕。

贸易通道打开了，东宁提出“贸打头、工当家、农为基础”的发展思路，明确了边贸在县域经济发展中的牵动地位。由200人组成的3个劳务合作团，经绥芬河口岸中转分赴十月区3个农场，从此揭开了东宁阔步前进的历史新篇。

在没有人走过的地方走出一条路来，考验着探路者的勇气和智慧，然而探路终究是要冒风险的。

他们在探索中前进，在前进中探索，执着而艰难地行走着。在国家还没有批准东宁为口岸之前，截至1989年11月末，东宁县边贸公司与苏联滨海边疆区、阿穆尔州、黑海地区、莫斯科地区等地的34家单位建立贸易伙伴关系，与国内20几个省市的200多家企业建立了联系，签订易货贸易合同1 197万瑞士法郎，签订经济技术合作合同3项，成交额达41万瑞士法郎。

苏联对中国日用品的需求，国内对钢铁、木材、工程机械的需求，为东宁人开展边贸提供了难得的历史机遇。县内1 400多家边贸公司成立，工人、农民、教师、机关干部，不甘人后的东宁人纷纷“下海”到俄罗斯淘金。“一盒口香糖换一件皮大衣”的贸易塑造着、磨炼着东宁人经商的意志。

随着贸易经验的丰富，一批眼界开阔的东宁人尝试着把国内的服装、鞋帽、水果、蔬菜等运到国外，把国外的木材、水泥、废旧金属、工程机械、化肥等运回国内。1993年，东宁口岸进出口贸易额首次突破了1亿美元，东宁的企业家们经历了市场的洗礼和锤炼，挖到了“第一桶金”。1992年到1993年进口俄罗斯轿车期间，最多一天验收进口车辆403辆次，这可以说只是东宁口岸辉煌的开始，那时候的钢材、废旧金属、大小车辆遍布整个口岸，海关监管仓库没有地方存放，在大街上摆得满满的。

东宁的边境贸易迅速膨胀，1 400多家边贸企业鱼龙混杂，良莠不齐。无序的竞争，非法的贸易注定要承受市场的重创。1994年，东宁口岸的贸易额由上一年的1亿美元下降到了4千万美元，1995年，东宁的边贸公司仅剩下了400多家。大浪淘沙，黄金始现，东宁人在中俄边贸受挫的日子里，在荣耀与失败中挣扎，在痛苦和茫然中艰难探索，重新审视着中俄贸易的发展之路。东宁人在修补、弥合着市场的裂痕，在波折和探索中完善着最适应中俄贸易的市场规则。

1997年前，党的十五大还没有召开，东宁县的边贸主体是国有企业和集体企业，在这个时期由于机制和体制问题，经营上遇到了坎坷，当时县委、县政府下大决心让所有的边贸企业背着债权、债务，带着经营权进行了转制，实现了率先在全国最重要的一步跨越。县属200多家“国字号、集字号”外贸企业全部改制为私营性质，并赋予私营企业享受原企业待遇、保留外贸进出口权。在这个时期，由主管省长带领省厅二十几个部门在东宁开了边贸经验座谈会，开了口岸工作现场会，原则上同意东宁“摸着石头过河”，同意边贸企业进行改制的这个重大突破。以“吉信”“华宇”“华信”“宏达”等为代表的第一代边贸企业脱颖而出，并开始进军大宗贸易和境外市场领域。吉信集团率先在俄乌苏里斯克建设了中国商品批发市场，成为俄远东地区最大的中国商品集散地，吸纳6 000多中国人跨境创业。

1998年，亚洲金融危机爆发，俄罗斯卢布贬值，中俄边境贸易风云又起，许多边贸企业和个人的财富大幅度缩水，有的甚至在一夜之间蒸发殆尽。复杂的边贸形势，残酷的现实考验着羽翼并不丰满的东宁边贸企业。

针对国内和国际形势，东宁县委、县政府提出了“利用口岸和资源优势，境内建基地，境外辟市场，实施产业化、外向化的双化联动战略”，并出台了一系列扶持政策，引导东宁边境贸易和边贸企业提档升级，东宁人在纷繁复杂的中俄贸易中闯出了一条独具特色的外贸发展之路。

出口建基地，境外辟市场，首先得到了省政府外经贸厅政研室的首肯，先后两次派工作组帮助指导，国家外经贸部对俄合作司也派了工作组到东宁多次调研，到俄罗斯市场多次考察，肯定了东宁的做法。

在政府和市场的引导下，东宁边贸人不断调整发展思路，在逆境中寻求突破，历经坎坷的东宁边境贸易终于峰回路转，柳暗花明。吉信集团审时度势，先人一步在俄罗斯发展木材进口加工产业，华宇集团进口俄产矽钢片，顺风、拓源、鹰鹿公司进口俄产松子，长城公司进口俄产机床分别成为全国最大，华信集团废旧船只拆卸，银丰公司对俄肉类出口发展成为黑龙江省最大，中远花润公司的鲜花、华洋公司的香蕉出口，一度占到俄罗斯远东市场八成的份额。天马公司出口干调，蓝洋公司出口果菜，也是全国对俄贸易的专业大王。随着进出口品种的增加和货运量的上升，东宁口岸的贸易额也迅速固态，成为黑龙江对俄的第一大公路口岸。2005年，东宁外经贸企业进出口总值超千万美元的达17户，超亿美元的3户，华宇集团跻身中国进出口500强企业之列，东宁口岸已经成为中俄边境线上一颗璀璨的明珠。东宁海关积极实施支持地方经济发展的各项优惠政策，实行5+2工作制、

12小时无午休通关、24小时预约式服务，推行“属地申报、口岸验放”、分类通关监管模式，降低了通关成本，加强了与俄罗斯海关的沟通和联系，就加快通关速度等业务问题进行经常性的探讨，共同打造守法便利、通关顺畅的国际通道。东宁口岸环境不断优化，通关更加便捷，业务飞速发展，货运量、贸易额、进出境人员等指标连创新高。

东宁人活跃在中俄两国之间，灵活运用市场资源，发现商机抢先融入，遇到问题迂回变通，在对俄贸易中把握前行方向，引领发展潮流，东宁成为中俄贸易平台上一道靓丽的风景。

五、异域崛起

2012年俄罗斯符拉迪沃斯托克（海参崴）APEC会议期间，东宁县委书记到机场为国家领导人送行时，国家领导人胡锦涛说：“东宁我知道，代我向东宁人民问好！”

2010年，时任国家副主席的习近平在听取东宁县委汇报时，勉励东宁要成为“中俄特别是远东地区合作的典范”。

俄罗斯总统普京在谈到中俄合作时指出：“希望俄罗斯的‘经济之帆’乘上快速发展的‘中国之风’，将‘中国潜力’用于俄罗斯西伯利亚和远东地区的‘经济崛起’”。

东宁人在对外开放仅仅20多年的时间里，缔造了中国对俄出口最大的公路口岸，开辟了中国在俄最大的加工园区，最大的农场，创造的跨境连锁加工模式全国领先，被外交部命名为中俄地方合作示范基地。

这就是东宁人走出国门的路，曾经只会用“欠欠”和“哈拉少”与俄罗斯人交流，用泡泡糖和运动服与俄罗斯人换东西的东宁人，在这条路上走出了国门，走向了世界。这条路上有跨出国境的胆量和气魄，有踏上世界经济舞台的智慧和胸怀。

早在2005年，东宁人在探索对外贸易转型升级的过程中，面对国际贸易壁垒和广阔的欧洲市场，吉信集团首先尝试着出口鞋类半成品，到国外进行成品组装加工，变中国制造为俄罗斯制造的发展模式。然而受到资金和政策等诸多因素的影响，吉信集团只能在“小作坊”式的经营规模中徘徊。

2006年初，国家扶持走出去的企业在境外辟建经济贸易合作区，为中国中小企业走出国门开拓国际市场搭建平台。东宁人意识到这是实现对外贸易战略升级不可多得的机会，时任县长带队多次前往有“鞋王”之称的康奈集团进行洽谈，最终实现了东宁吉信集团与康奈集团的强强合作，在俄罗斯远东地区建设了乌苏里斯克经济贸易合作区。东宁吉信集团实现了从“小作坊”到我国首批境外经贸合作区的华丽转身，并获得了国家商务部2亿元人民币的资金扶持。目前合作区完成投资9亿元人民币，入驻加工企业近30户，2012年，实现销售收入3.5亿美元，为俄罗斯缴纳税金2 700万美元，连续三年成为乌苏里斯克第一纳税大户。园区为中国企业走进俄罗斯乃至欧美市场搭建了一个崭新的平台。近年来，欧美等国对中国轻工商品实施贸易壁垒，在这种情况下，中国的企业如何走向国际市场成为一个难题，正是因为我们境外园区的建设运营，使中国的半成品，从东宁口岸通关之后运到我们园区内进行成品组装，使我们的产品由中国制造变成俄罗斯制造，再重新打入欧美市场，这样就使我们国内中小企业、轻工企业有效地规避了欧美国家的贸易壁垒。

在商海中饱经历练的东宁人清醒地认识到：在国外辟建园区是更好地利用国际国内两个市场、两种资源，发挥中俄两国间产业互补优势，扩大国际经贸合作的必然选择。华宇集团顺势而上在俄罗斯滨海边区辟建了滨海华宇经济贸易合作区，合作区总规划面积260公顷，建筑面积60万平方米，农场种植面积4万公顷，计划总投资60亿元，招商入驻企业60家，重点发展轻工、机电、建材、能源和农业开发、国际物流、文化旅游等产业，合作区有波克洛夫卡、扎伊姆、格连基等五个片区组成，五个片区优势互补、资源共享，创造了符合俄罗斯市场发展需求，又独具“华宇思维”的发展理念。那就是华宇集团董事长所说：我们根据市场的需求不断地探索俄罗斯市场适合我们做啥、不适合我们做啥，俄罗斯人不做的，我们做，俄罗斯人做的，可能我们就不做，这样的话，俄罗斯政府也好，俄罗斯当地的百姓也好，和俄罗斯的商人起码不造成对立面，按咱们中国话叫错位发展，错位生产，这几年我们和俄罗斯当地政府、商人没有竞争，互相都支持。

探索俄罗斯市场发展需求，用俄罗斯当地的“本土思维”融入当地，错位发展，优势互补，东宁境外园区的建设正迈向中俄长远共赢的合作之路。俄罗斯的企业也利用自己已有的资源和能源与我们的资金、技术、人才进行深度合作和整合，从而实现他们自身生产力的提高和管理层次的提升，这样在整个中俄区域内实现了市场要素的有效整合，因此可以说：东宁境外园区的建设和运营，对整个东北亚区域的经济一体化起到了推动作用。

东宁县宏达经贸有限公司实施“向俄罗斯腹地发展战略”，在距离莫斯科110公里处辟建了弗拉基米尔宏达经贸合作区。合作区的总体定位是根据国内外两个市场和两种资源，吸纳高科技、高附加值品牌加工企业入驻，重点发展承载国内产业转移和国际对我国设置技术壁垒型项目。园区已投资1 000万美元用于基础设施建设，部分入驻企业已经投产。

东宁宏达经贸有限公司莫斯科办事处主任，曾经背着一箱方便面走出国门寻找创业之路，俄罗斯宏达股份有限公司经理曾经奔走于俄罗斯各劳务点做翻译谋生，然而今天他们已经走进莫斯科，研究探讨公司在欧洲和亚洲的市场情况。今天，东宁边贸人的脚步已经跨过了亚洲立足于欧洲，他们的视线横亘在亚欧两个大洲。

弗拉基米尔宏达经贸合作园区引导中国对外贸易企业向俄罗斯腹地发展，使拓展对俄经贸合作领域迈出了坚实的一步。

华信集团在后贝加尔边疆区阿金斯克辟建了莫戈伊图伊工业园区。为推动境外园区的建设和经营，东宁有关职能部门积极创造条件、出台政策。东宁检验检疫局成功推动扶持对俄境外工业、农业园区建设措施上升为国家质检总局对俄战略。这一国家战略的取得，就是质检总局在总结东宁对俄境外园区建设，特别是检验检疫服务园区发展的十项措施的基础上形成的。通过设立境外园区企业专用报检窗口、为出境劳务人员预约办理健康体检等多项服务措施，为东宁境外园区企业发展送来了及时雨。

截至2014年末，东宁在俄罗斯4个境外园区建设已累计投资26.3亿元人民币，入驻企业50多户，实现销售34.5亿元人民币，缴纳海关税及地方税金2.7亿元人民币，拉动东宁口岸进出口贸易额9.8亿美元，安排中方赴俄劳务2 894人，俄方就业346人，还带动境内十几个服装厂、鞋厂相继投产。境外园区的建设运营，让东宁的外经贸实现了脱胎换骨，由原来单纯的商品贸易衍生出了投资贸易。

在辟建园区增强东宁对外贸易企业国际竞争力的同时，东宁人还积极探索多领域深层次的对俄合作。华信集团针对国内机电产品销售特点建设了境外机电产品销售和售后服务网络，为国内机电产品出口俄罗斯打开了方便之门。在境外农业开发领域，华信集团积极与国内有实力企业开展合作，创造了华信集团负责国外业务，国内农垦企业负责设备、技术和资金的“华信模式”，牵头成立了全省对俄农业合作产业协会。华信农业园区设有9个农场14个作业区，现拥有耕地面积75万亩，年生产粮食近9万吨，连续5年被评为俄罗斯滨海边疆区最佳农业企业。

据统计，到2012年底，东宁县在俄罗斯的农业种植面积达340万亩。在境外种植业的带动下，境外养殖业也正蓬勃发展。华宇集团投资建设的伊娃农场年出栏生猪两万头、肉鸡两万只，产蛋540吨。华洋公司饲养奶牛1 500头，每天生产鲜奶15吨。境外养殖产业集群已经成为滨海边疆区的肉、蛋、奶等副食品的主要供应商。

以育泉公司为代表的宝玉石产业，以宏达公司为代表的对俄物流产业，以拓源公司为代表的采矿业，等等，正在不断地发展壮大，2012年东宁口岸进出口贸易额完成了31.3亿美元，成为全国沿边对俄出口第一大公路口岸。

东宁人从这里走出国门，走向世界，没有现成的规律可循，没有成型的模式可以借鉴，东宁人在探索和创新中寻找新的贸易品种、新的贸易方向。在俄罗斯创建园区规避俄罗斯“灰色清关”创造了“吉信模式”，农业合作创造了“华信模式”，东宁边贸人以独有的魄力和智慧，将海内外的物流、人流、资金流、信息流兼容并蓄，推动东宁口岸不断向前发展，他们的智慧不仅仅是东宁的，更是黑龙江的，也是中国的。

六、北方玉门关

2010年，随着资源不断减少，价格不断上涨等问题的出现，新疆和田玉渐渐失去了在市场上的主导地位，而与其一脉相承的俄罗斯玉却在逐渐崛起，中国每年都要从俄罗斯进口2 000多吨宝玉石毛料，这对处于中、俄、朝三国交界地带、拥有百年外贸历史的东宁来说，无疑是一个潜在的巨大商机。

此后的两年间，东宁县领导多次率团赴俄罗斯联邦滨海边疆区、萨哈共和国、布里亚特共和国和伊尔库茨克州等地进行考察，为东宁谋划出一条通向富民强县的“新丝路”。

这是一条前人没有走过的道路，每前进一步，都伴随着前所未有的超越与挑战。

谋划珠宝玉石产业，对整个黑龙江省来说都是第一次，设备相对缺乏，经验无从借鉴，一切只能是摸着石头过河。黑龙江省检验检疫局在听取了东宁局关于建设珠宝玉石检验检测中心的汇报后，立即选派人员到广州、上海去学习，并聘请外省检验检疫局的专业人员驻扎东宁。投资500多万元，购置珠宝玉石检测专用设备，使东宁口岸真正具备了开展珠宝玉石进出口业务的条件及金伯利毛坯钻石的验证、检验能力。哈尔滨海关打破常规，特许东宁建设宝玉石保税仓库实行边申报边进行建设。2012年2月1日，东宁县宝玉石协会挂牌成立，两个月后，互贸区投资方、互贸区管委会与育泉公司、华洋公司等16家企业就入驻珠宝玉石产业基地正式签约，拉开了东宁宝玉石产业集群化经营的序幕，一座崭新的“北方玉门关”正从中国的最东北角悄然崛起。

2012年5月，东宁宝玉石进口保税仓库正式进入试运营阶段。

2012年8月25日，第一届中国·东宁东北亚宝玉石文化节首日，成交量就突破了1个亿。这让每一个来到这里的商客都看到了东宁未来发展的无限潜力，坚定了他们投资的信心与决心。

好风凭借力，送我上青云。东宁仅用了两年的时间，就走出了一条从无到有、从小到大、从弱到强的宝玉石产业之路。

2013年5月2日，由东宇贸易公司办理的3.8吨俄罗斯宝玉石毛料经东宁口岸正式通关，位于中俄边境的黑龙江宝玉石产业基地终于在这一天迎来了第一个里程碑，开启了东宁口岸的新纪元。

俄罗斯玉石从东宁口岸入境，为宝玉石产销企业带来了福音。

2013年8月9日，第二届东北亚（东宁）宝玉石产品展销会在这里盛装启幕。来自俄罗斯、朝鲜、蒙古以及全国各地的数百家采购商和数万名游客齐聚东宁，共同谋求宝玉石发展商机，领略宝玉石文化的无穷魅力。第二十三届哈洽会上，来自东宁的3 000多件宝玉石毛料和成品，一经亮相便引来了无数惊叹，县领导亲自向现场人们介绍展品，东宁展区引起了省市领导和中外客商的兴趣，还吸引了新华社、中央电视台、黑龙江电视台等各大媒体的关注。

2013年哈洽会上，全国政协副主席齐续春对东宁县调整对俄贸易结构，从无到有，从小到大，在全省率先引进俄宝玉石毛料，打造东北亚宝玉石产业基地的做法给予了充分肯定，并鼓励东宁继续利用区位优势，不断开拓经贸合作新领域，为全国对俄经贸合作战略升级开辟新路。

为了吸引更多的企业入驻基地，东宁县先后出台了多种利于产业发展的优惠政策，并与北京、广州、河南、江苏等国内各地专业协会建立了长期的联系。截至2015年入驻毛料、成品、加工、经销企业100多户，年销售玉石400多吨，每年加工成品5万余件。为了推进这一产业发展，黑龙江省政府专门成立了由副省长任组长的工作组。为推进基地建设，省政府办公厅下发了《关于推进建设黑龙江省珠宝玉石产业基地的意见》，详细阐述了推进宝玉石产业的目标和任务。

省委书记在视察时说："嘉峪关在古时也叫玉门关，西域的和田美玉经过丝绸之路，由玉门关进入中原。今天要将东宁口岸打造成北方的'玉门关'。"

古往今来，人们在玉器上镌刻着对自然的崇拜与对神灵的敬畏，书写着世代的辉煌，古老的图腾中蕴藏着中国人的梦想、品格与情操。而今的东宁人，正在细腻温润的玉石上镌刻着新的荣耀，谱写着壮美的诗篇。

目前，东宁育泉宝石公司已发展成为东北地区最大的宝玉石贸易、加工企业。由他们设计、加工的玉石产品销往全国各地，供不应求。东宁人以独特的胆识和气魄，怀揣着展翅九万里的博大情怀，将珠光宝气的画卷沿着瑚布图河两岸铺展开来。

七、面向大海

“跑崴子”一词，对东宁人来说并不陌生，19世纪初，伴随着“闯关东”的移民大潮，东宁这片幽禁多年的满清王朝龙兴之地终于再次重现生机，也就是从那时起，三岔口先民就开始通过“跑崴子”，将海参崴即现在的俄罗斯符拉迪沃斯托克盛产的海参、扇贝、大马哈鱼等海产品，通过东宁这个中转站运往东北及关内各地，“填不满的海参崴，装不尽的三岔口”之说由此开始蜚声海外。

虽然“跑崴子”让东宁这个名不见经传的沿边小城迅速崛起，成为中俄边境的商贸重镇，但这其中也饱含着东宁先辈的无尽心酸，“渤海风掀恶浪摧，三更雨打断船桅。多人尽做波中鬼，不敢回头任泪垂”就是对当时“跑崴子”环境的真实写照。也正是从那时起，东宁人在祖国的边疆，立足三国四方商贾，与俄、朝、日等国的商人竞争合作，通过艰难的原始积累，建立起了最早的龙商市场，让后来人对俄贸易从这里起航。

历史已经跨入了崭新的纪元，但“跑崴子”精神一直在东宁人身上传承。

北京的雅宝路，从20世纪80年代后期开始，来自各地的商人就聚集在北京市朝阳区雅宝路上摆起地摊，兜售价廉物美的各种服装，经过20多年的发展，这里已经成为中国最大的服装出口交易中心。东宁县宏达公司、金迪公司、天驰公司等对俄贸易知名企业也都先后在这里建立了分公司，凭借东宁人特有的“跑崴子”精神，在这里艰苦创业，成长为经验丰富、实力雄厚的贸易商。目前，雅宝路上60%的轻工产品经东宁口岸、俄罗斯乌苏里斯克远东大铁路、阿尔焦姆国际机场到达欧洲市场，已经形成最通畅成熟的“黄金大通道”。

2002年，东宁宏达经贸公司踏入莫斯科物流市场，当年货物量实现2万立方米，贸易额实现1亿美元，历经十年的努力，东宁宏达经贸有限公司物流公司在国内广州、北京、成都、绥芬河、东宁5个分公司和乌苏里斯克、哈巴、新西伯利亚、叶卡、莫斯科、圣彼得堡6个国外办事处，员工150多人，年货物量突破14万立方米，贸易额实现5亿美元。如今东宁边贸企业发展国际物流已经在雅宝路开创了自己的经营模式，并赢得了市场。

东宁的边贸企业进驻莫斯科国际物流行业之初，许多华商在莫斯科经营是走灰色清关、灰色身份、灰色销售的老路，常有华商货物被扣押没收、经营场所被取缔、身份不合法被驱逐的情况发生。在商海中饱经历练的赵亮绩敏锐地意识到：中俄物流市场的“灰色清关”必将成为中俄贸易的障碍，“灰色清关”不通了，路堵了，必须开发出一个新的道路，最稳妥的就是“白色清关”。2007年，宏达经贸有限公司董事长赵亮绩积极奔走于中俄两国之间力推物流“白色清关”。这件事得到了中俄两国政府，中俄两国海关支持。宏达经贸有限公司被两国政府和有关部门指定为中俄两国海关数据交换企业，开创了中俄贸易的“白关”时代。

2008年9月11日，位于莫斯科市的8个仓库里存储着6 000多个中国货柜，都是被扣商品。2009年6月29日，切尔基佐夫斯基市场被关闭，由于东宁宏达经贸有限公司积极推行并坚持“白色清关”，让许多在俄华商躲过了灾难，奠定了宏达物流在中俄物流领域的地位。

东宁县鑫源贸易公司是众多外地人到东宁创办的边贸公司之

一，今天的鑫源贸易公司已经和宏达经贸有限公司一样，成为中国在莫斯科享有盛誉的物流公司，活跃在莫斯科市东南区的柳布林诺市场和萨达沃特花鸟园艺市场，为在俄华商提供着安全可靠的服务。他们在广州、北京、福建、温州、乌苏里、莫斯科都有办事处，公司一年的货物运输量约2万立方米，与阿富汗、俄罗斯、乌兹别克斯坦均有合作。随着一家家规模企业落户莫斯科，并提供着越来越安全的经商环境和商业保障，因为越来越多的东宁人开始走进莫斯科，探索着更加广阔的发展空间。

莫斯科距离东宁市近1万公里，坐火车要走8天时间，坐飞机也要10个小时以上，然而时间与空间的距离并不能阻断东宁人探访世界的脚步，东宁人把创业的决心、经商的理念远播到这里并不断延伸。

八、扬帆远航

东宁真正的早晨，并不始于日出和鸡鸣，而是从边境口岸的忙碌开始的。

一批批货物从这里流向四面八方，金发碧眼的欧洲人和黄肤黑眼的东方人在这里无比自然地擦肩而过。得天独厚的区位优势是上天赐予东宁人最好的礼物。截至2014年底，东宁口岸已累计完成进出口总值235.5亿美元、过货量597.5万吨、出入境人员832.3万人次，连续多年成为全国沿边对俄出口第一大口岸，形成了一条经东宁口岸、俄罗斯乌苏里斯克列车编组站、阿尔乔姆机场、纳霍德卡港到达俄罗斯欧洲市场的最通畅、最快捷的“黄金物流大通道”。

伴随着互联网时代的来临，网上购物的人越来越多了，不需出门，只要鼠标轻轻一点，各式各样的商品，就可以送货上门。顺应这种发展趋势，依托良好的口岸区位优势，东宁在全省率先创新发展对俄电子商务，为全省对俄贸易的转型升级趟出了一条新路。中远花润公司是东宁较早从事对俄贸易的企业之一，借助15年的对俄贸易优势，企业在2010年成功打造了“达俄通—中俄电子商务综合服务平台”，这也是黑龙江省乃至全国第一家对俄专业在线交易平台。

“达俄通—中俄电子商务综合服务平台”依托近20年的对俄贸易经验、稳定的俄罗斯客户群体、强大的仓储物流网络，被列为俄罗斯滨海边疆区电子商务跨境贸易重点项目，实现了在线交易、快递、第三方支付金融三大平台的无缝对接，为中俄跨境电子商务贸易中小企业提供网络商城、在线支付、通关退税、快递配送、外汇金融等一体化的综合服务。

目前，“达俄通”电子商务平台已经招引了1 000多家国内外企业入驻，成功打通中俄网上贸易的双向通道，根据东宁《全面对接“龙江丝路带”加快发展开放型经济三年规划》，未来三年，东宁将在“达俄通”电商综合服务平台基础上，进行功能拓展和提升，打造集中俄进出口贸易全产业链服务商、电商服务平台、集仓储服务和展示交易中心四大功能区于一体的“互联网+中俄跨境电商”试验产业园区，发挥产业引领和以商招商作用，引进战备投资者与“达俄通”合作，在对俄电子商务领域先行先试，形成“买全俄、卖全俄”的电商营销网络，引领全省对俄贸易再上新台阶。

“如果你爱我，就带我去东宁买玉。”在跨境电子商务建成对俄贸易双向通道的同时，2015年，全省最大的琥珀交易中心落户东宁宝玉石城，璀璨夺目的珠宝玉石、琥珀蜜蜡让全国各地的游客纷至沓来。

坐拥中国北方唯一可以进口钻石、宝石、玉石的专业口岸，建成了全省唯一的宝玉石产业基地，东宁宝玉石产业已经成为

“龙江陆海丝路带”的重要产业项目，东宁的宝玉石人正在积极构筑“玉石毛料买俄罗斯、产品卖全国”的外向型发展格局，将东宁宝玉石城打造成为东北亚玉石原料集散地、成品批发市场及玉石文化旅游观光的目的地。

东宁被称为远东地区的“菜篮子”，由于中俄双方达成“出口商品互认”协议，经东宁口岸对俄出口的水果、蔬菜由中方职能部门进行检验检疫后，运抵俄罗斯境内无须再次进行通关查验，这为果菜运输车辆在中俄两国之间快速通行创造了有利条件。从这里发往俄罗斯的果菜，当天就可以摆上俄罗斯人的餐桌。近年来，东宁宝荣公司、天翼公司先后建成海关监管仓库，推出对俄“果菜直通车”业务，通过拓宽外贸通道、缩短物流时间、降低经营成本，促进了中俄双方的经贸合作。

长期的对俄合作，使东宁人开创了中俄农业合作的典范。从分布区域看，东宁县对俄农业开发合作已经由过去的滨海边疆区向内陆延伸，发展空间不断拓展。从就业领域、务工人员方面看，目前东宁有2万多人常年在俄罗斯境内从事粮食种植、果菜种植、畜禽养殖、森林采伐、渔业捕捞等工作，约占东宁人口总数的10%，在顺利解决农村富余劳动力就业问题的同时，也为促进俄罗斯经济发展、增加就业、扩大税收做出了贡献。

华信集团是我县较早走出去的企业之一，通过多年的发展，企业在俄创建的中俄现代农业合作区已经发展成为集种植、加工、养殖于一体的中俄最大的农业合作区。

2015年4月，中俄（滨海边疆区）现代农业产业合作区正式晋升为国家级境外农业产业型经济贸易合作区，成为东宁县乌苏里斯克经济贸易合作区之后又一国家级境外园区。截至2016年，东宁已经在俄建设了6个境外园区，累计完成投资近40亿元，入驻光伏发电、服装、鞋帽等生产企业近160户；境外农业园区累计投资突破7.2亿元，对俄农业合作开发面积达到340万亩，占全省对俄总耕种面积的46.3%，每年粮食产量40万吨，成为全国对俄农业合作第一县。

东宁口岸开通二十几年来，历任县委、县政府主要领导都把口岸当成关乎东宁经济发展的命脉，当成眼珠子一样地呵护、培育，并制定出切合实际的围绕东宁口岸发展的良好思路。他们一棒接一棒地出入东宁口岸，到俄罗斯就扩大口岸服务功能、加强基础设施建设、完备通关条件、简化通关手续等一系列棘手问题进行洽谈。正是有了他们的不懈努力和超前的思维，才使东宁口岸始终在全省19个沿边口岸中名列第二，出入境货物总额占全省的四分之一，连续多年位列陆路口岸第一，并培育出了一大批民营边境贸易的企业家，成为县财政收入的台柱子。

眼下，“一带一路”“龙江丝路带”成为全国、全球的经济热点词汇。作为黑龙江省重要的对俄沿边口岸城市、位居中俄朝三角交界地带中心的东宁，当仁不让地成为“龙江丝路带”的“桥头堡”和“枢纽站”，责无旁贷地扛起全面对接“龙江丝路带”发展战略的大旗，为推动黑龙江省对俄经贸、牡丹江市开放型经济升级发展，当好遇路先行、逢山开路、逢水架桥的急先锋。①

特记二　八路军战俘暴动

日本关东军在“满洲里”为了掠夺更多的战略物资以及强化边境地区的军事化建设，不仅在“满洲里”征派劳工，而且，在

①上文摘自庄俊刚、宋吉富、徐光昊、庄丽娟著《追溯——东宁跑崴子精神探源》，哈尔滨：黑龙江朝鲜民族出版社，2017年版。

史我国华北地区招骗劳工。特别是从1941年开始，将在战场上俘获的中国抗日军政人员也作为获得劳动力的一种手段。日军为了掩盖使役战俘的罪行，便将他们作为“特殊工人”，秘密运往东北的工矿和边境军事工程地带，在日军的严密看押下，从事超强度的劳役并受到非人的待遇，甚至在秘密工程结束时，将他们全部杀害。为了生存，为了中华民族的解放，这些“特殊工人”与日军展开了各种形式的斗争。暴动逃跑就是他们所采取的一种重要的斗争形式。

据关东宪兵队档案记载，被押解到东宁县的“特殊工人”，是1943年由华北日军于同年3月26日和5月7日分两批移交的，共有1 935名。他们被配属到驻东宁县的日军第1271部队（老黑山附近修道路）、第160部队（军事工程）、第844部队（军事工程）、第3611部队（杂役）管辖，从事繁重的劳动。这两批“特殊工人”，自到达东宁，从4月7日至6月26日的两个多月中，就先后发生8次逃跑事件，有53人试图逃跑，但是，只有9人逃脱，44人被抓回。而“特殊工人”采取暴动逃出成功的，就是日军第570部队所使役的43名战俘劳工。

1943年9月11日，在黑龙江省东宁县发生了日本关东军第570部队使役的“特殊工人”的暴动，有31名暴动者逃跑成功，2名被日军开枪打死，10名被日军抓捕后处死。这个事件发生后，关东军司令部和关东宪兵队司令部甚为震惊，立即采取严密措施加强对“特殊工人”使役和监督。

一、43名“特殊工人”的来源

东宁43名暴动的“特殊工人”，是日军在华北战场上进行扫荡时俘获的八路军战士和人民群众。从《关东宪兵队司令官关于军用特殊工人结伙袭击日军逃走的报告》的附件《结伙逃走工人名簿》上可以看出，属于八路军部队的有8人（其中第10团4人，属新四旅；第21团1人，属新七旅；骑兵团1人，该团由军区直辖；游击队2人）；属于地方武装的有24人；平民百姓有7人（东光县1人、任丘县5人、曲周县1人）；抗日县政府干部3人（枣强县、唐县）；所属部队不明的1人。他们是在1939年至1943年春季期间，由于日军大扫荡而被俘的。他们被俘的地点，大多数是在河北省的冀南地区，其中有的是在战场上被俘；有的是负伤后养病期间，被汉奸告密而被俘的；有的就是日军抓捕的老百姓。

在这43人中，目前找到唯一健在的张世文（真名叫张思问）。老人回忆他被日本军俘虏的经过时说："1940年时我18了，八路军来了，就自愿当了八路军。刚当兵时就在10团4连，司令员是陈再道。我们主要活动在新河、南宫、枣强一带。1943年春天，在冀南一带，日军从南往北横推，日军人多，能有1万人；而我们人少，不超过3个团的兵力。在枣强我们4连100多人也被日军包围了，我们边打边退，我右上臂挂彩了，在老乡家养病。有一天，我正在炕上躺着，被汉奸告密了，日军就把我抓走了。在一个炮楼里，问了两次话，我也没跟他们说真的，我当了2年多八路军，就说当了三四个月，啥也不知道。关了一阵子，就把我押送到山东德州去了。"

二、被押往东宁修工事

东宁地处中苏边境的东部，战略地位重要。关东军侵占东北后，就把东宁作为对苏进攻的战略据点，并被列为第一批构筑军事要塞的地方。日军不仅驱使大批中国普通劳工构筑要塞和永久阵地，而且还役使战俘劳工。为了掩盖日军违背国际公约的罪行，日军把战俘劳工称为"特殊工人"。

张思问说，记得是1943年春天，我们40多人就被用汽车送到东宁县石门子碱厂沟，就是张思问所说的小乌蛇沟的地方。具体时间是1943年5月31日，这43名“特殊工人”被移交到日军的攻城部队第570部队管辖。张思问所说的与档案中的记载基本相符。这批“特殊工人”中，当时年龄最大的是44岁，最小的只有17岁。

“特殊工人”的宿舍位于东宁县石门子碱场沟附近的夕阳丘之西北侧，而管辖使役他们的日军第570部队则在夕阳丘的东南侧。为了日夜监视“特殊工人”，日军设有监视哨，监视哨的岗位分别位于宿舍的南北两侧，还设有可以俯视全景的监视台。

“特殊工人”的宿舍，据张思问的回忆，是一座泥墙的草房，里面搭着对面炕。里面的一间是翻译的住室。说是炕，不烧火，有炕席，他们没有被服，日军给他们每人发了一条旧军用毯子。晚上睡觉时，就弄些干草铺在炕席上，也不脱衣服，裹着毯子睡。没有电，晚上点的是油灯。

在这43人中，有一名叫陈恩的八路军，陈恩是假名，他的真名叫吕庆林，原籍是河北省冀县，他报给日军的是兰县马城镇。他被日军指定为这43名特殊工人的队长。在日军编制的《结伙逃走工人名薄》中得知，他是八路军某部第10团第3连连长。根据当时八路军的建制，他所在的团应当是冀南军区所属新编第4旅第10团，在这43人中他的军阶是最高的。

这批“特殊工人”的任务，整天就是干活。按照张思问老人的回忆，开始是到河沟挖沙子、抬沙子。然后，就搅拌混凝土，在山上修炮台。炮台很大，是修在底下的，上面是圆的，下面是方的，像个房子，混凝土墙厚有40～50厘米。他们担任修建炮台的地方应当属于日军勋山、胜哄山阵地工程的组成部分。

勋山、胜哄山阵地工程是日军东宁要塞中机密度很高的，凡是在这个工程里干活的中国人，在工程结束时都难逃活命。因此，每个人在心里都在考虑如何能够逃脱被日军杀害的厄运。战俘劳工与一般的劳工相比，他们曾经受过严格的军事训练，有对日军斗争的经验，一旦时机成熟，就会立即结成团体，听从指挥，或者秘密逃跑，或者举行暴动。

三、制定暴动计划

参加暴动的李久林（李九林）回到家乡后，多次对家人讲述他们在东宁当“特殊工人”时的情况。他的堂侄李成西回忆说：“听久林说，有个叫陈恩的是八路的一个连长，他也是报的假名，他的真名叫吕庆林。有一天，陈恩对久林说，生活一天不如一天，也不知道这是什么地方。咱们这些人都是有死没有活，早晚都得被弄死。”

正当他们为自己的命运担忧时，一个偶然的事情，给他们带来了希望。“有一次在山上干活，日本兵站岗，看见野鸡就打，打了一枪没打着，有的日本兵就追。那个日本兵追着追着，野鸡飞过了一条河，再也不追了，也不放枪，日本翻译官就说，那边是大鼻子，不能再打枪了。打这时起，就知道河那边是苏联。”而《关东宪兵队司令官关于军用特殊工人结伙袭击日军逃走的报告》中也说：“1943年7月上旬，他们在东宁县高安村采砂石期间，从翻译那里得知对岸就是苏联，受到刺激，此后就谋划逃走并考虑劫掠。”由此可见，他们得到对面是苏联的消息，最早是在7月上旬。

还有，张思问老人回忆说：“有一次，卫兵押着我们几个人到小乌蛇沟村一个有碾子的人家压棒子面。趁卫兵不注意时，那个老乡告诉我们，河那边是苏联，你们咋不跑呢？再不跑，干完活就被日本人杀了。我们这时才知道河那边是苏联……我把知道的情况告诉了陈恩，陈恩也验证了河那边是苏联。”

有了确切情报，陈恩就开始考虑如何带领大家逃出虎口的方案，便与王伸（真名叫王坤）暗地里商量，研究办法。首先对全体人员进行摸底，搞清谁是八路军，做过什么。当陈恩找到张思问时，张说是八路，又都是一个团的。经过一段秘密摸底，摸清了每个人的经历。

陈恩与王伸在全面了解情况后，就秘密地制订了一个完整的行动计划。

实施暴动的前几天，就准备了几把锤子、砍柴刀，还有菜刀、尖镐、铁锹等。这一切，都是在秘密中进行的。

四、暴动的实施

1943年9月11日，对于这43名“特殊工人”来说，是生与死的分界线，逃得出的就获得解放，如果失败，那就是死亡。

陈恩和他的难友们，都默默期盼这一天的到来，都在为这一天做着各自的准备，也就在这一天到来之前，一切准备就绪。

日军对这批“特殊工人”，每天早上出工、晚上收工都要进行点名。东宁宪兵队的报告说：“9月11日晚上19点50分，日军卫兵司令若林义太郎军曹对工人实行点名，没有发现异常，确认全员进入工人宿舍后，司令返回了卫兵所。”与工人一同回到宿舍的还有翻译松岛胜三。

陈恩等43名“特殊工人”与翻译官回到宿舍后，就准备马上开始暴动。张思问说：“我们都到了屋里，有的站在地上，有的坐在炕上，翻译官站在炕前，催大家洗澡。陈恩像往常问‘谁洗澡？’”“谁洗澡？”就是发出暴动的命令。这时，“在炕上的王坤，站在翻译官身后，摸起准备好的尖头锤子，朝着翻译官的脑袋猛打了一下，好像打在翻译官的后脑勺上，一下就把翻译官打倒了，躺在地上嘴里光咕嘟沫，一声也没喊出来。”张思问也抽出藏在袖子里的尖头锤子，朝翻译官又砸了几下，只看见翻译官嘴里冒着沫就扔了锤子往门口跑。平时，这批“特殊工人”与翻译官接触最多。而这个朝鲜半岛的日本人，依仗日军的势力，竭力压榨中国人，凶暴蛮横，经常殴打、谩骂这些“特殊工人”，陈恩等43人早就恨透了他。这次，暴动一开始，就首先把这个监视他们的日军走狗作为攻击目标，扫除了暴动的障碍。

然后，各班按照事前的分工，分别行动。

当他们从宿舍出来，第一班首先遇到在大门值勤的哨兵荻野顺次。张思问说：“到了门口，看见门口旁边的卫兵还拿枪站在那里，分工打这个哨兵的人在门口来回走，我问那个人，你咋还不动手？看我的眼色行事。我拿了一把铁锹走出房门，直奔哨兵，走到跟前，装着要烟，说了一句日本话：‘有烟吗？请给我一只’。哨兵说有，就一手向衣兜摸烟。这时我看跟上来的人还不敢动手，我急了，说：‘还不快下手’，那个人一下子抱住了卫兵，我用脚又把卫兵绊倒，朝着卫兵的脑袋就是一铁锹，好像砍在脖子上。”这个哨兵被击中头部当即死亡。然后，组织病弱者从西门逃出。

陈恩带领10人从宿舍出来攻击日军卫兵所。这里是卫兵的指挥机关。他们首先打掉照明灯。当时在卫兵所里有卫兵司令若林义太郎军曹、步哨值勤者温浅末吉上等兵、待岗的井原次男一等兵、丰田某以及天野吉、中村秀佳等人。

陈恩等冲进卫兵所，在夺取放在枪架上的枪支的同时，将这些日军堵在卫兵所里。张思问在回忆攻击日军的情形时说：“这时大批人都拿着菜刀、镰刀涌向卫兵所，我也跑上去。卫兵所是单独一栋房子，一铺炕，有12个卫兵换班住在里面。有的在睡觉，枪放在墙边。当时我们见有卫兵往门外跑，前面的人就往里拥，用肩膀扛，把惊醒的卫兵扭出来打。我也这样喊。里面的人就摸一个，扭一个，弄到门口就是一刀。”将卫兵司令若林义太郎打倒在地，不久死去，其他日军都被打倒。然后陈恩就指挥大家从西门逃出。

张思问说：他当时“奔向房后的卫兵岗，跑到房后一看，那个卫兵岗没人了。可能是后门岗那个哨兵听到了什么动静，跑去打了电话，要不日军不会知道这么快”。

五、逃出虎口

这43名“特殊工人”在陈恩的指挥、带领下实施暴动的壮举，是日军所料不及的。在东宁要塞被迫服役的“特殊工人”中，这次暴动是成功的。不仅打死、打伤日军卫兵，而且夺得武器，无疑使日军十分震惊。按照他们秘密制订的暴动计划，应当说是很周密的。但是，有1名哨兵开枪，引来日军的追击和抓捕。据东宁宪兵队事后的报告称：“内门哨兵点名结束后，巡查工人宿舍时，目送2名工人上厕所直至归来（此间有七八分钟），这时，工人宿舍正门方面一阵地喧哗，哨兵赶忙跑向那里，发现工人正结伙逃走，遂开枪射击，到卫兵所与待岗哨兵共同追到栅栏外二三十米远，没有捉到任何人。”

“特殊工人”在出逃的路上，得到暴动消息的日军立即出动，并且迅速调集日军第160部队、570部队、396部队、777部队、108部队以及东绥报国农场队员、青少年义勇军队员携带军犬进行搜查、封锁国境，企图全部抓回暴动的“特殊工人”。

按照陈恩的部署，各组在完成各自的攻击任务后，分别向边境出逃，越境去苏联。他们出逃的路线是从驻地出来后，大体是沿着小乌蛇沟经高安村，渡过瑚布图河越境。有关逃出的情形，张思问回忆说：“我和一些人是最后跑的。我们在前面跑，卫兵所里跑出来的卫兵在后面追，还打枪。我们一共抢了4支枪，是九九式步枪，有人还递给我一把枪刺，打死几个人也闹不清楚。我把鞋都跑掉了。跑到一条河边，我们这伙一共9个人。那时，我成了指挥官了。我说别乱跑，听我的。我看了一下地形，发现河不宽，辨认一下方向决定越过河向北跑。等指挥大家越过河往北跑时，北边响起汽车声，还一个劲地打枪，就决定往东跑。这时，日本兵追过来了，还有狗叫，好像有四五条狗。我是最后一个下河的，追上来的日本兵差点就抓住我。我一边上岸一边喊'快跑'，边打边跑，许多人都把鞋跑掉了。再往东跑，让一道刺鬼（铁丝网）挡住了。我叫大家都脱光了，把衣服搭在刺鬼上，垫着爬过去。之后就听见俄国兵打枪，不一会好像马队也过来了。我们还是往东跑，又遇一条河，水挺深，能没脖。我们只好顺着河边走，看见有露石头的地方，我带头踩着河里的石头，一个挨一个过了河。俄国兵还在放空枪。我指挥大家往一条山沟里跑，跑进山沟里停下来。我就拍着巴掌向俄国兵走去，表示我手中没有武器。俄国人一看我们是中国人，就把枪放下问我几个人，我说9个。我们把4支枪和一把军刺交给了俄国人，他们领着我们走了。我们穿着湿衣裳，冷得很，俄国人就让我们生火、烤火。烤了一阵子火，又让我们走。遇见一个房子，我们又烤火，烤完火后又领我们来到一处有两座房子的地方。这时看见陈恩他们20人早到那里了，也正在烤火。后来来了一个汽车，把我们拉到双城子，整天过堂，挨个人问事。我有什么就说什么。问了不知多少遍。我就说我是八路，让日本鬼子抓了当劳工，怎么闹暴动逃跑的。"

这次暴动的43人，在逃跑的途中，有2人被追击的日军开枪打死，有10人被日军抓获，有31人越境到了苏联。宪兵队对被抓捕的10名"特殊工人"进行了刑讯逼供，他们受尽折磨，最后全部被杀害。①

---

①上文节选自《东北沦陷史研究》，2004年1期，作者李茂杰、宋吉庆、果莹。

特记三　东宁要塞之战

1945年8月9日零时，苏联红军向侵占中国东北达14年的日本侵略军发起进攻，战斗沿中苏、中蒙边境长达5 000公里的国境线同时展开。8月15日，日本裕仁天皇宣布无条件投降，但日军的抵抗并未停止。至8月30日，日军第一国境守备队132旅团的783大队才被迫在东宁要塞中的胜哄山阵地山顶挂起白旗，这标志着第二次世界大战的又一场战斗终于结束了

一

向东宁发起进攻的是苏联远东第一方面军契斯佳科上将指挥的25集团军，总兵力为步兵6个师，机械化部队9个旅，配备火炮1 669门,坦克和装甲车266辆，飞机两个师。在东宁县沿中苏边境防守的是日本关东军第一国境守备队（独立混成132旅团）的783大队和786大队。783大队防守胜哄山要塞，总兵力1 051人，大小火炮31门。786大队防守庙沟要塞，有步兵4个连，炮兵一个连，通信和工兵2个排，总兵力近千人。此外，主阵地后还有1万多名后勤人员，前后方合计总兵力不超过2万人。

战争开始前，日军情报部门通过种种迹象已分析出苏军即将出兵，因此开始了有计划的撤退。最先撤出的是132旅团司令部，撤至大碱厂一带（现黑龙江省穆棱市境内），随后是医院、兵工厂、发电厂、汽车队以及日本开拓团人员和“慰安妇”，还有大批档案文件。苏军曾经在大连截获一艘日军运输舰，上面装载的几乎全是档案文件。

在这次撤退之前的1941年至1942年，由于太平洋战争爆发，

驻守东宁的侵华日军已撤走总兵力的90%，飞机、坦克、装甲车、骑兵、大口径火炮全部撤往太平洋战场。1931年1月10日，日本关东军侵占东宁时总兵力约1 500人。1935年，关东军最高长官南次郎大将视察东宁，随后制订了“对苏前哨战”战略计划，并开始大量增兵及大规模修筑军事要塞。当时东宁县总人口不足3.5万人，关东军却驻守了第八师团、第十二师团、第三师团东宁支部、两个国境守备队和庞大的后勤兵力，总兵力计13万人。关东军修筑的东宁要塞南起大肚川镇干河子，北至绥阳镇双桥子，沿中俄边境线绵延110多公里，要塞成梯次排列，深入东宁县老黑山镇和光村，纵深50多公里。

日本侵略军把东宁要塞自夸为攻打不破的，日军山下奉文大将亲临视察后说：“这个阵地在全世界也是无可比拟的，是真正的铜墙铁壁”。

二

1945年8月9日苏军25集团军分三路向东宁发起进攻。南路苏军在炮火支援下，将胜哄山、勋山、朝日山等阵地的地面暗堡、火力点大部摧毁后，沿胜哄山要塞南平坦地带越过胜哄山，向石门子等日军阵地发起进攻。一向以冷静出名的胜哄山日军指挥官斋藤大尉，面对潮水一样涌来的苏联红军，他命令783大队全体进入工事，严阵以待，没有命令不准开枪，任苏军从眼前浩浩荡荡通过，始终一枪未发。

中路苏军从三岔口一带越过中苏边境界河——瑚布图河后，即边打边向东宁县城挺进，天亮时分占领距边境线11公里的东宁县城。苏军未作任何停留，立即沿今鸡图公路向吉林方向追击先期撤退的日军。追击120公里后，在黑龙江、吉林两省交界处的七十二道顶子追上了日军一部，日军就地挖战壕阻击。双方激战四昼夜，都付出了惨重代价，日军阵地才被苏军攻破。

防守在三角山、庙沟和409高地（原415高地）的786大队的运气远没有783大队好，当苏军的机械化部队隆隆地开进日军阵地后，786大队凭借坚固的地下工事和地上暗堡，下令一起开火。密集的炮弹把进攻的苏军死死地压在山谷里，寸步难行。苏军被激怒了，飞机、各种口径的榴弹炮、火箭炮一起向这一带日军倾泻着钢铁，方圆20多平方公里的山林全部燃起了熊熊大火。炮击持续了十几个小时，苏军一天之内倾泻了2 000多吨炮弹。

无情的轰炸，三角山、庙沟、409高地（原415高地）表面的暗堡、战壕、炮阵地被彻底炸毁，日军转入地下工事中，从射击孔、出入口、残余在山腰的暗堡中向外射击。炮弹对这些地下工事几乎不起作用，交叉火力仍然遏制着苏军前进的道路。苏联红军战士实施了逐个爆破的办法。据参加这次战斗的苏军将领写的回忆录《结局》、《远东的胜利》等书记载，苏军战士波波夫在爆破作业一个日军火力点时，因为炸药包未能完全炸毁厚达3米的钢筋混凝土火力点，就用胸膛堵住了日军的枪眼，使苏军端掉了一个内有100多名日军的堡垒。苏军战士瓦西里在与3个日军肉搏时拉响了手榴弹，与日军同归于尽。

这场艰苦的战斗一直持续到8月13日，日本关东军第一国境守备队786大队全部被歼灭。可恨的日本侵略军，在最后战败之前，分段炸塌了地下工事，3 000多名修筑要塞的中国劳工仅逃出了30余名，其余都被活埋了。

三

8月12日，除绥芬河北岸的三角山、庙沟、409高地（原415高地）仍有激烈的枪炮声以外，绥芬河南岸已是一片寂静，苏联红军的大部队已越过此地向吉林和牡丹江方向追歼残余的日军，只有少数维持治安和打扫战场的苏军留守。1939年，日军为修筑要塞和维持边境治安，曾强迫中苏边境线5公里内所有居民搬迁到小城子（今东宁县城所在地）。但防守胜哄山、勋山、朝日山要塞的日军却留下了10户农民为他们种菜，这10户农民就居住在勋山北侧的太阳升村。

当8月12日这天早晨的浓雾散去后，这10户农民相约着来到勋山捡“洋捞”。这里的道路他们很熟悉，每天他们都要赶着马车把新鲜蔬菜送到山半腰，由日军哨兵接过马车再赶往里面阵地，卸完菜后再赶出马车还给他们，因此，阵地里面的情况一无所知。这次是他们第一次进入阵地里面。据至今仍然健在的84岁的（2001年）张福忠老人回忆，他们走进一个已被苏军炮火炸飞屋顶的混凝土营房里，里面空无一人。张福忠从墙上先摘下一把日军指挥刀，再四处寻找可用之物，当他抽走床上的军用毛毯时，他惊讶地发现床下有通道同地下相通，通道口有日军端着上了刺刀的步枪。他们四目相对，几秒钟后，张福忠“妈呀”一声惊叫，扔掉毛毯和军刀，从窗口向外逃走。窗上的钢筋混凝土划破了张福忠的后背，鲜血直流，但他浑然不知，只顾向山下跑去。至今老人的后背仍留有伤疤。

他们跑到山下后，向遇到的第一个苏军哨兵比画着日本兵端枪上刺刀的样子，但苏军一句也听不明白。不久，这名哨兵喊来了一位苏军军官，这名军官懂汉语，他详细询问了他们“捡洋捞”的经过，记下了他们的名字和住址。

8月13日上午。在胜哄山地下工事东面有一个小型的地下工事——出丸地下工事，它就是一个缩小的胜哄山地下工事模型，里面的构造同胜哄山几乎完全一致。这天，出丸阵地哨兵报告，大约500名苏军正悄悄地向阵地摸来。苏军小心翼翼地前进，日军守卫一个排约50名士兵全部进入战斗状态。傍晚，苏军已接近前沿阵地不足20米，日军从各个射击孔突然一起开火，前进中的苏军突然遇挫，许多战士在第一个齐射中就壮烈牺牲了，无险可守的苏军被迫撤回山下。日军指挥官斋藤大尉明白，这是苏军的小股部队侦察行动，残酷的战斗就要开始了。天色渐黑，苏军在近一个小时的炮击后，再次出动了2 000多名官兵发起攻击，午夜，出丸地下工事被苏军炮火击中出入口，苏军涌入地下工事内部，至此出丸阵地被苏军占领（日本佐藤和正所著《最后的关东军》称出丸阵地失守是守军783大队主动放弃）。

四

8月14日早晨6时左右，胜哄山日军哨兵报告，苏军有1 000人左右正在集合，有发起进攻的可能。从望远镜中看得见苏军在荣山阵地前反坦克壕附近列队集合，约有一个营兵力。稍纵即逝的机遇，斋藤大尉下令所有炮兵指向目标，约30分钟齐射，500多名苏军士兵倒下了。早饭前取得的这一意外战果，给几天来士气低落的日军打了一针兴奋剂，他们狂呼起来。傍晚时分，通信军曹向斋藤大尉报告，日本广播电台，明日中午12时有重要广播，“大日本帝国臣民，不论国内国外都要敬听”。

在8月9日苏军出兵当天，胜哄山等日军的电台就被苏军炮火击毁，他们实际上已同旅团司令部、同友邻部队完全失去联系，目前所剩的唯一联系方式就是通信班还有一台收音机。8月12日他们还从收音机中听到天皇诏令，要全体日军将士同苏军决一死战。

8月15日拂晓，苏军开始了报复性炮击。炮弹像暴雨一样向胜哄山、勋山、朝日山、荣山倾泻，天空飞着苏军的炮兵校正机，使龟缩在地下工事里的日军一步也不敢迈出，2名通信兵刚爬出洞口就被炸飞了。

按常识，苏军炮击最多不会超过正午，炮击过后是步兵进攻。但今天反常，天已过午，苏军不但没有停止炮击，反而集结了大批坦克，坦克炮也加入了炮击，苏军的轰炸机也出动了。在密集的炮击中，日军3个地下工事炮台被摧毁，胜哄山指挥所被炮击中了，唯一的无线收音机也被炸坏了。

傍晚，苏军停止了炮击，但并未发起进攻。

胜哄山日军错失了听广播的机会。这天中午，日本天皇颁布了停战诏书，宣布无条件投降。由于这机会的错过，致使日军、苏军许多生命又白白葬送了。

8月16日一早就下起了雨，从苏军进攻以来这是下的第几场雨，谁也记不清了，好像是天天下雨，太阳偶尔露一下头就算晴天了。这种天气给苏军的进攻带来很多麻烦。阵地一天平静，偶尔一二发零星炮弹也是毫无目标。昨天一整天被苏军炮火轰炸得晕头转向的日军，又渐渐清醒了。

天黑透了，斋藤大尉下令出动敢死队。胜哄山原783大队只有守军600多人，8月9日苏军进攻的当天，斋藤大尉又从783大队营地浪洞沟村紧急调来了最后的400多名敢死队员。敢死队员都曾宣誓誓死效忠天皇，训练有素。出动敢死队的目的是切断苏军的通信线路，向苏军指挥部扔手榴弹，偷袭苏军炮阵地，总之是骚扰苏军，没有事先明确指定目标。

敢死队每3人一组，共派出9组，天明前回来8组，都小有成绩。偷袭苏军炮阵地的一组被歼灭了。

8月17日苏军一炮未发。中午，日军哨兵报告，山下有人上来，从望远镜中看见，给日军种菜的农民张福忠举着一根树枝，树枝头上绑着一条白布，边走边不停地摇。张福忠的身后跟着一名苏军士兵。

他们走到阵地最前沿的铁丝网附近，苏军士兵把手中拿着的文件摆动了一下，然后用块石头压在阵地前。做完这一切，两人快步向山下走。这时候，敢死队员中一名射手开了一枪，苏军士兵被打倒在地。

取回的文件用日文、俄文、汉文和英文书写，上面写明了日本天皇在8月15日宣布无条件投降的内容，并约定日军明日9时派1名军官、2名士兵到第三渡河口商谈具体问题。

斋藤大尉召开了紧急会议。近两个小时的分析，他们一致认为这是苏军的“阴谋”，理由如下：

一是日本天皇决不会投降。

二是即使投降，投降命令也不应由天皇颁布，而应由关东军总部下达。

三是信使不应该是俄国人和“满洲人”。

基于以上分析，他们决定信的内容不允许告诉士兵，同时派出侦察小队到附近联络友邻部队，对苏军要求明日派出军官一事不予理睬。

午夜过后，侦察小组陆续返回，报告786大队阵地已失守，整个战线只有783大队一支部队在抵抗，旅团司令部不知去向。斋藤大尉心情异常深重，他的部队已陷于孤立无援的境地。什么命运在等待着他们呢？

由于8月18日上午9时日军783大队没有派出谈判代表，这等于日军拒绝了投降命令，苏军在18日中午恢复了炮击。

从18日到26日间，苏军的炮击没有停止过。据有关方面资料介绍，苏军在这几天内倾泻各种炮弹、炸弹达7 000吨，胜哄山等地下工事的地面部分被彻底摧毁，地面的树木、杂草被全部烧光，整个地面被翻松了30厘米，最深炸弹坑达10余米，日军厚达3米的钢筋混凝土暗堡被炸得粉碎，山上混凝土碎块和炸弹皮俯拾即是。但苏军的步兵仍难以接近胜哄山主阵地。日军夜间仍派出敢死队骚扰苏军，苏军的一个炮阵地被日军敢死队在8月18日夜炸毁。

五

吉林省延吉市附近原是日本关东军一个大本营，关东军第三军司令部1945年7月由牡丹江市铁岭河镇迁至此地。因此地原有日军陆军医院和机场，8月15日日本天皇宣布投降后，苏军就将陆军医院和驻军营房改为日军俘虏收容所。关东军第三军后勤参谋河野贞夫中佐也在此收容所。8月25日，苏军单独叫出了河野。

苏军军官说，日本天皇虽然下了命令，但783大队斋藤大尉仍不投降，分析是他已中断了同外界的联系。苏军虽然一定能夺取胜哄山阵地，但双方的伤亡都要增加，在已经停战的时刻，再增加人员伤亡毫无意义，因此，派你去送日本天皇的投降诏书和日本关东军司令部下达的停战命令书，明晨出发。

8月26日晨，苏军大尉特鲁宾乘汽车来接河野中佐到机场。上午10时，河野中佐与特鲁宾大尉分乘两架苏军侦察机出发。为防止地面残余日军射击，飞机沿图们江至海岸，从海岸线转飞至胜哄山东面苏联境内一个军用飞机场降落，日军称这里叫“扶桑台”。河野中佐一下飞机，就听到东宁要塞方向激烈的枪炮声。晚饭后，特鲁宾大尉与河野中佐再次乘汽车越过中苏边境线，到达三岔口镇后，在苏军指挥所里河野中佐同苏军前线指挥官见了面。

河野中佐鞠躬后请求：“请贵军先停止炮击，否则停战是难以实现的。”

苏军前线指挥官：“可以停止炮击，但胜哄山守军必须遵守以下条件。”指挥官交给河野中佐一份日文写就的文件，其内容如下：

（1）明日中午12时，在胜哄山最高处挂起白旗。

（2）日军按下列顺序走出阵地，顺序为：伤员、苏军战俘、非战斗人员、军官、士官、士兵、军属。

（3）走出阵地的官兵，在胜哄山北面出口列队集合，武器集中堆放。

（4）阵地内各种设施不准破坏。

苏军指挥官又说明晚间上山是非常危险的，胜哄山日军每天晚上都派敢死队破坏，可以明天上山。河野中佐晚间就住在指挥部附近一所房子里，苏军指挥官还派了一个班的士兵守卫着这所房子。河野中佐尚未睡觉前，苏军的大炮果然停止了射击。

8月27日上午9时。苏军派人送来了日军中佐肩章，要求河野中佐佩戴。在延吉收容所，所有日军的肩章都被摘掉了。然后，苏军指挥官、特鲁宾大尉一起同河野中佐乘车来到胜哄山阵地前一个岔路口，并派了两位中国农民张福忠、李其侯为他当向导。

他们3人一同向胜哄山阵地走去。到阵地前沿时，50米外日军哨兵喊话：

"站住！再走就开枪了。"

张福忠捅了一把河野中佐："快答话，他们要开枪啦。"

河野中佐用日语喊："我是第三军后勤参谋河野贞夫中佐，要见斋藤大尉或其他指挥官，传达天皇诏书和关东军司令部命令。"

很长一段时间，大约一个多小时以后，日军阵地有人答话，大意是让他们马上下山，否则就开枪。说着，真向天空开了一枪。阵地上有人喊："苏军间谍，快回去，这个时候哪还有戴肩章的。"

河野中佐未等答话，张福忠、李其侯已向山下飞跑，河野中佐也随之下山。

在苏军指挥部里，苏军指挥官非常气愤，让河野中佐明日再次上山，因为他已熟悉道路，不再派向导。苏军命令，即使牺牲，也是为人类的和平而牺牲，无论如何，明日必须将诏书和命令送上山。

28日中午，河野中佐独自一人再次上山。他把天皇诏书和司令部命令、苏军命令捧在胸前。他认为，即使死了，这些文件也一定会传进阵地里。

胜哄山阵地一片寂静，所有射击孔里的枪口都瞄着他，假如此时下达射击命令，他的身体一定像筛子眼一样被子弹穿透。

斋藤大尉正在观察孔用望远镜观察，突然一个见习士官打来电话，报告说来人的确是河野中佐。这位士官在第三军时曾同河野一起工作。斋藤大尉同这位见习士官共同在胜哄山地下工事的指挥所同河野贞夫中佐见了面。河野中佐拿出了天皇诏书、司令部命令和苏军命令，委婉地辩解：国内已被两颗特殊炸弹炸死了很多人，天皇陛下不愿更多的臣民死伤，所以颁下“终战诏书”，这是为了拯救祖国。

28日中午12时，胜哄山一片寂静（部分专著据此论证胜哄山战斗是1945年8月28日结束），但只有河野中佐独自下山。河野中佐传达说：783大队指挥官斋藤大尉愿意服从命令无条件投降，但部分军官不同意，斋藤大尉要说服他们，因此要给他们5天左右时间，还包括火化战死将士的尸体，包扎伤员，处理各种善后事宜。如不能理解，全体将士宁肯“玉碎”。

苏军指挥官不满意地说：“先头部队已攻进朝鲜平壤，而我们还在原地。”最后苏军同意最后期限是8月30日中午12时，日军尸体火化由苏军处理，逾期再不投降则发起总攻。“这是最后期限”，苏军指挥官强调。

在这两天的时间里，日军783大队又犯下了不可饶恕的罪行。胜哄山阵地由于尚未完工，仍有部分中国抗日军队战俘在修筑要塞。日军783大队投降后，这批战俘就不知去向，很可能是被日军炸塌某一处山洞而活埋了。日本人佐藤和正所著的《最后的关东军》一书中记述：这50名“特殊工人”被日军投降前遣散，并把阵地里所有的钱都分给了他们。其实这是不可能的，当时苏军已把胜哄山阵地围得铁桶一般，不要说“50名特殊工人下山了”，连只野兔也溜不出去。此外，战斗开始后，附近来不及撤走的日军家属、孩子以及阵地内原有的“慰安妇”都失踪了。据部分资料记载，内有64名日军妇女和儿童，投降前日军担心这些人被苏军侮辱，因此采用了“家属自绝”方式，用手榴弹炸死了这批人。1994年夏，日本一名摄影家上羽修先生到东宁要塞拍摄“写真集”，当地一名农民给上羽修讲了一件事：战后不久，这名农民和其他几人一起到洞内捡“洋捞”，当打开一个被乱石堵塞的洞口时，里面全是尸体。这些农民用毛巾堵住鼻子，拖着穿皮靴的脚把腐烂的尸体拖出洞外，竟全是日本妇女。上羽修先生当年十分感慨，他叹息说：“真是咎由自取。”从这捡“洋捞”农民的叙述中，“家属自绝”方式是真实的。

8月30日中午，胜哄山顶最高处挂起了白旗，901名日本关东军783大队官兵抬着150具尸体走出胜哄山地下工事。

东宁要塞之战就这样结束了。许多天以后，当地农民还看见胜哄山山顶上的白旗仍在随风飘动着。①

---

①上文摘自2001年8月17日《牡丹江日报》，作者陈学泉、韩茂才、宋吉庆。

后　记

在中华人民共和国成立七十周年之际，《东宁市革命老区发展史》面世了，这是东宁革命老区建设史上的丰硕成果，也是抚今追昔、饮水思源，向为东宁解放和振兴发展而献身的革命先驱表达的敬仰和感恩。

编纂出版这样一部时间跨度大、涉及范围广、资料搜集难度艰巨的专著面临着诸多困难，如时间短、任务重、责任大等，但是今天它能够同读者见面，这是上级老区建设促进会、东宁市委、东宁市政府及有关各部门大力支持的结果，是许多老前辈殷切关怀和积极支持的结果，也是全体编审人员艰苦努力、通力合作的结果。

2018年4月，东宁老区建设促进会接到上级老促会安排的编纂《东宁市革命老区发展史》任务，5月成立了《东宁市革命老区发展史》编审委员会和编辑部，退休县级老领导、东宁市老促会会长赵春同志亲任主编，张传林（退休干部）、庄俊刚（市文联主席）任副主编，聘请了市委宣传部新闻中心原主任陈学泉（退休干部）担任第一编辑，负责史稿的起草工作。经过紧张艰难的资料征集、档案查询、踏寻查访、史料编辑等工作，12月中旬，第一稿如期完稿。2019年1月，在主编赵春同志的授权下，执行主编庄俊刚统稿，其他编辑人员根据主编意见补充修改；2

月至4月执行主编对修改稿再度审阅修改，四易其稿，终于在5月末完成了最终修改，得以送交出版部门出版印刷。

东宁历史悠久，人杰地灵。在这片广袤神奇的土地上，不仅有取之不尽的物华天宝，更有光照千秋的仁人志士、革命先驱，特别是在抗日战争和解放战争时期，东宁各族人民共同抗击日本侵略者，抵御外辱，谱写了一曲曲惊天地、泣鬼神的壮烈诗篇。新中国成立以来，东宁大地上英才辈出，不断开启新的建设征程。

《东宁市革命老区发展史》从市域概况、东宁革命老区人民坚贞不屈的抗日斗争、解放战争时期东宁剿匪、东宁革命老区经济建设、外经贸、老区人物传略和特记等方面，真实记述了东宁第一个党支部的建立、抗日战争时期东宁人民浴血奋战、解放战争时期党领导下的剿匪斗争以及新中国成立后东宁人坚定跟党走经济建设道路的光辉历程，较为详尽地展示了一代革命先辈的伟大胸怀和执着追求，充分揭示了“没有共产党就没有新中国”的这一历史必然。

编纂《东宁市革命老区发展史》，一是执行上级老区建设促进会的安排，更主要是深入贯彻落实习近平总书记关于革命老区建设系列讲话和重要批示精神，深情缅怀革命先烈，大力宣传弘扬博大崇高的革命老区精神，时刻牢记革命老区人民艰苦昂扬的奋斗历程，不断传承革命先辈忠于党、忠于人民的优秀品质，激励全市人民饮水思源，感恩老区，助推建设富庶、开放、和谐、幸福东宁的步伐。

在《东宁市革命老区发展史》集结成书的过程中，东宁市老区建设促进会人员和文稿起草人员、编审人员以高度的责任心和使命感以及严谨的工作态度，查阅了大量的历史档案资料，外出查阅了黑龙江省档案馆、辽宁省档案馆、吉林省延边自治州档案馆大量馆藏史料，采访听取二战史研究专家学者的当面讲述，认真考据，用心修改，力争全面、客观、真实地记录历史，还原人物，圆满完成了编纂任务，对此特向这些辛勤工作的同志表示敬意。他们的辛勤工作成果必将功在当代，泽被后世。

相信《东宁市革命老区发展史》的出版发行，将成为一部缅怀革命先驱的好史料，颂扬革命先驱的好教材，必将激发全市人民群众热爱东宁、建设家乡的自豪感和自信心，成为建设美好东宁的又一动力。

此书在搜集资料、起草和修改过程中，得到了市委宣传部、市委办公室、市政府办公室、市档案局、市志办、市委党史研究室、市文联以及各有关部门的大力支持，在此一并表示感谢！本书引用的资料出处和照片出处，由于提供单位众多，数量较大，我们对提供资料和照片的单位和作者难以一一记述，敬请有关部门和作者予以谅解。对书中疏漏和不妥之处，亦请读者批评指正。

《东宁市革命老区发展史》编辑部

2019年5月28日